2020

广东省黑龙江省
对口合作工作报告

广东省发展和改革委员会
黑龙江省发展和改革委员会 编

经济管理出版社
ECONOMY & MANAGEMENT PUBLISHING HOUSE

图书在版编目（CIP）数据

广东省黑龙江省对口合作工作报告.2020/广东省发展和改革委员会，黑龙江省发展和改革委员会编.—北京：经济管理出版社，2021.7
ISBN 978 - 7 - 5096 - 8140 - 4

Ⅰ.①广… Ⅱ.①广…②黑… Ⅲ.①区域经济合作—工作报告—广东、黑龙江省—2020 Ⅳ.①F127.65 ②F127.35

中国版本图书馆 CIP 数据核字（2021）第 137473 号

组稿编辑：白　毅
责任编辑：杨国强　白　毅
责任印制：黄章平
责任校对：张晓燕

出版发行：经济管理出版社
　　　　　（北京市海淀区北蜂窝 8 号中雅大厦 A 座 11 层　100038）
网　　　址：www. E - mp. com. cn
电　　　话：（010）51915602
印　　　刷：唐山昊达印刷有限公司
经　　　销：新华书店
开　　　本：787mm×1092mm/16
印　　　张：16.5
字　　　数：329 千字
版　　　次：2021 年 8 月第 1 版　　2021 年 8 月第 1 次印刷
书　　　号：ISBN 978 - 7 - 5096 - 8140 - 4
定　　　价：98.00 元

编 委 会

编撰单位

中共广东省委组织部	中共黑龙江省委组织部
中共广东省委机构编制委员会办公室	中共黑龙江省委机构编制委员会办公室
广东省发展和改革委员会	黑龙江省发展和改革委员会
	黑龙江省营商环境建设监督局
广东省教育厅	黑龙江省教育厅
广东省科学技术厅	黑龙江省科学技术厅
广东省工业和信息化厅	黑龙江省工业和信息化厅
广东省人力资源和社会保障厅	黑龙江省人力资源和社会保障厅
广东省住房和城乡建设厅	黑龙江省住房和城乡建设厅
广东省农业农村厅	黑龙江省农业农村厅
广东省商务厅	黑龙江省商务厅
广东省文化和旅游厅	黑龙江省文化和旅游厅
广东省卫生健康委员会	黑龙江省卫生健康委员会
广东省人民政府国有资产监督管理委员会	黑龙江省人民政府国有资产监督管理委员会
广东省广播电视局	黑龙江省广播电视局
广东省地方金融监督管理局	黑龙江省地方金融监督管理局
广东省粮食和物资储备局	黑龙江省粮食局
广东省人民政府发展研究中心	黑龙江省社会科学院（省政府发展研究中心）
广东省工商业联合会	黑龙江省工商业联合会
广州市扶贫协作和对口支援合作工作领导小组办公室	齐齐哈尔市与广州市对口合作工作领导小组办公室
深圳市扶贫协作和合作交流办公室	哈尔滨市发展和改革委员会
珠海市发展和改革局	黑河市经济合作促进局

汕头市发展和改革局	鹤岗市发展和改革委员会
佛山市发展和改革局	双鸭山市发展和改革委员会
惠州市发展和改革局	大庆市发展和改革委员会
东莞市发展和改革局	牡丹江市经济合作促进局
中山市发展和改革局	佳木斯市发展和改革委员会
江门市发展和改革局	七台河市发展和改革委员会
湛江市发展和改革局	绥化市发展和改革委员会
茂名市发展和改革局	伊春市发展和改革委员会
肇庆市发展和改革局	鸡西市发展和改革委员会
揭阳市发展和改革局	大兴安岭地区行政公署发展和改革委员会
中国（广东）自由贸易试验区广州南沙新区片区创新工作局	中国（黑龙江）自由贸易试验区绥芬河片区管理委员会
中国（广东）自由贸易试验区深圳前海蛇口片区管理委员会	哈尔滨市松北区商务和国际合作促进局
中国（广东）自由贸易试验区珠海横琴新区片区管理委员会	黑河边境经济合作区经济合作局

目　录

第一部分　总报告

第二部分　领域篇

第三部分　地市篇

第四部分　案例篇

第五部分　资料篇

第一部分　总报告

广东省与黑龙江省对口合作 2020 年工作情况和 2021 年工作思路

广东省发展和改革委员会　黑龙江省发展和改革委员会

2020 年，广东省和黑龙江省认真贯彻落实习近平总书记对两省的重要讲话和重要指示批示精神，按照党中央、国务院关于东北振兴的一系列重大决策部署，坚持"政府搭台、社会参与，优势互补、合作共赢，市场运作、法制保障"的合作原则，立足双方资源禀赋和比较优势，以深化对口务实合作为牵引，努力克服新冠肺炎疫情带来的不利影响，全力推动各项工作任务走深走实，圆满完成了国家部署的第一阶段目标任务，对口合作工作取得了重要实质性成果。

一、对口合作工作进展及成效

（一）高度重视，系统谋划强力推进对口合作工作

1. 高位推进，组织领导坚强有力。对口合作是以习近平同志为核心的党中央作出的重大战略部署，是中央在深化区域合作、促进协调发展方面交给两省的重要政治任务，是党中央、国务院支持新一轮东北振兴的重要举措。广东省与黑龙江省省委、省政府始终坚持政治高站位，深入贯彻落实习近平总书记重要讲话、指示精神和党中央决策部署，把对口合作工作纳入两省主要工作日程。广东省委常委、常务副省长林克庆与黑龙江省委书记张庆伟共同组织召开两省对口合作工作会议，研究部署相关工作。黑龙江省政协主席黄建盛与广东省政协主席王荣开展交流座谈，共商合作大计。

2. 紧密联动，合作基础愈加牢固。13 对结对城市深入落实签订的合作协议，省直对

口部门之间交流合作持续深化，干部人才交流、商贸活动开展、科技创新合作已成常态化、制度化。两省各结对城市间开展高层互访活动 20 余次，省直部门开展互访活动 6 次。深圳、东莞、汕头等城市将结对关系延伸至县区，结对县区达到 58 对，部分乡镇也建立了结对关系。

3. 协同聚力，工作机制运转高效。两省对口合作办建立了良好的常态化沟通协调机制，省市层面横向、纵向均建立起友好协商、沟通顺畅的对口协作关系。两省联合印发《黑龙江省与广东省 2020 年重点工作计划》，有序推进对口合作工作。编辑出版《黑龙江省广东省对口合作工作报告（2019)》，共享合作经验。

（二）深化改革经验交流，理念和机制创新不断深入

4. 共享改革创新经验。两省在事业单位改革、乡镇街道体制改革、综合行政执法改革、消防机构改革等方面深入交流，共同提高行政管理水平。广东省住建厅协助黑龙江省实行建设工程企业资质电子证书应用，与黑龙江省营商局电子印章管理系统、黑龙江省政务服务网统一身份认证平台实现数据对接，为当地建设工程企业办事带来便利。佛山市禅城区将自主打造的"一门式一网式"核心软件免费提供给双鸭山市使用，帮助双鸭山全面实现"一次叫号、一窗受理、一网通办"服务新模式，该模式被黑龙江省纳入典型案例汇编并在全省推广。哈尔滨市学习复制深圳 90 项先进经验，形成落地成果 34 项，印发了《复制深圳经验在我市工程建设招标投标领域开展"评定分离"改革试点工作的指导意见》，实现网上可办率 93.52%，"不见面"审批率达到 45%。江门和七台河共同推进"数字政府"综合改革，实现 58 项高频政务服务事项"跨省通办"。

5. 国企合作不断深入。黑龙江龙粮集团与广东储备粮管理总公司签订省级储备粮异地储备稻谷合作协议，探索粮食异地储备的产销区合作模式。黑龙江旅游投资集团与深圳华侨城签署合作协议，共同出资搭建黑龙江文旅产业发展投资基金。广东交易控股与黑龙江产权交易集团签订合作协议，推动两省农村产权交易合作项目同步信息发布、市场发动、挂牌交易和市场撮合。在国企合作方面，广东肇庆星湖科技在黑龙江开展的肇东生物发酵产业园一期建设项目顺利投产并完成多批试产工作，项目核心关键技术"呈味核苷酸二钠高活性酶法转化清洁生产新技术及其产业化"达到国际领先水平。黑龙江建投集团在广东累计完成产值约 18.1 亿元。黑龙江交投集团与华为技术联合成立"龙江交投与华为联合创新中心"，在智慧园区、数字物流、智慧高速、车路协同等方面开展合作。

6. 民营合作势头良好。两省工商联发动企业参与"服务龙江民营经济高质量发展农副产品对接会"，大力推广国务院认定的 7 批《黑龙江扶贫产品名录》，其中深圳市现代粮食交易物流中心有限公司与黑龙江省五常金禾米业有限责任公司签约额为 5.5 亿元。广东省工商联积极引导民营资本参与黑龙江全域旅游项目建设，珠海、黑河共同推进"互联网＋旅游产品"上线运行，提升旅游服务水平。汕头、惠州、珠海、佛山等市工商联分别与鹤岗、大庆、黑河、双鸭山等市工商联走访交流，达成系列合作协议，引导两地企业开展经贸活动。组织两地民营企业、商会协会开展"黑河行""珠海行"等系列活动，扶持在黑龙江建立产购加销基地的广东民营企业，与黑龙江企业建立农产品展销中心、专营店和仓储物流设施，构建线上线下营销网络体系。

7. 对内对外开放合作。商务部、国家知识产权局、广东省人民政府共同举办"第十二届中国加工贸易产品博览会"，邀请黑龙江作为主宾省。其间，两省商务部门在商务部举办的全国加工贸易梯度转移对接交流会上签署了合作协议，支持广东加工贸易企业向黑龙江省梯度转移。广东省商务厅发动碧桂园、富之源等企业参加由中国食品土畜进出口商会和黑龙江省贸促会、俄联邦工商会、俄油脂联盟举办的"第二届中俄大豆贸易与投资对接会"，《中国黑龙江省商务厅、广东省商务厅与俄罗斯滨海边疆区国际合作厅大豆合作协议》正在推进签署过程中。深圳宝能三产服务项目落户哈尔滨新区，广东云鹰农业集团30亿元农产品加工项目落户克山，中山国信科技15亿元电子设备制造项目落户鹤岗。

（三）聚焦产业合作，项目建设稳步推进

8. 装备制造业和新兴产业合作。广州数控与齐重数控继续落实《共建重型数控机床系统国产化及智能化重点实验室合作协议》，合作建立的黑龙江省智能机床研究院有序运营。中国一重为黄埔造船厂量身定做14套船舶关键部件，成为南北装备制造业产用结合典范。七轴五联动数控机床项目、哈尔滨万鑫石墨谷科技产业园项目、鸡西市贝特瑞石墨产业园项目等一批项目建成投产。正威集团哈尔滨新一代材料技术产业园项目已开工建设。广东风华高新科技与鸡西市唯大新材料科技合作研发电容和新能源电池，目前进展顺利。中国科学院深圳先进技术研究院、深圳迈瑞生物医疗电子股份有限公司、上海联影医疗科技有限公司、先健科技（深圳）有限公司和哈尔滨工业大学等单位联合牵头在深圳创建广东省高性能医疗器械创新中心，2020年获工业和信息化部批准升级为国家高性能医疗器械创新中心。通过产学研合作，推动哈尔滨工业大学"机器人技术与系统国家重点实验室"手术辅助机器人及其配套微创手术器械的关键技术、高端人机共融康复机器人生机感知交互技术、融合多模态医学成像的计算机智能辅助诊疗技术等高端医疗器械科研成果产业转化。

9. 农业和绿色食品产业合作。绥化望奎县在湛江遂溪县成功实施"稻—稻—薯"项目，种植规模扩大到1.3万亩，产生良好示范作用。新冠肺炎疫情期间，项目建设单位提前抢收首批 5 吨马铃薯送往湖北重点疫情地区，供应 7 所武汉方舱医院的配餐。举办冬种马铃薯现场观摩会、稻田冬种马铃薯中期管理现场会，推广"北薯南种"成功经验。开展 2 场粤黑县域结对农产品直播活动，9 万名采购商在线观看，有效拓宽营销渠道。推动总投资 12 亿元的北安温氏畜牧一体化生猪产业项目、广东海纳农业与林甸县合作建设 10 万吨有机肥料厂、总投资 1.58 亿元的北大荒米高农业年产 8 万吨高效钾肥等项目落地建设。广州、齐齐哈尔农业农村部门组织符合条件的企业申请列入粤港澳大湾区"菜篮子"生产基地。

10. 粮食合作。两省粮食部门联合召开粮食对口合作协调小组会议，总结合作成效经验。在已建立省级储备粮（黑龙江）异地储备规模 32 万吨基础上，将广东省省级储备粮（黑龙江）异地储备规模扩大至 35 万吨，异地储备品种拓展至玉米、稻谷两个品种。推动两省地市间开展异地储备合作。深圳市在双鸭山市落实 15 万吨异地储备任务，汕头市在鹤岗市落实 0.5 万吨异地储备任务，湛江市在绥化市落实 1.15 万吨异地储备任务。两省粮食部门在哈尔滨举办"第十七届金秋粮食交易会暨产业合作洽谈会"，签订粮食购销合同和意向协议 22.5 万吨。深圳和哈尔滨、中山和佳木斯分别联合举办农产品宣传推介会。广东新供销天润集团采购东北玉米 6 万吨。湛江市广东怡丰米业与绥化市庆安华鑫米业购销大米 8000 吨。惠州市储备军粮供应公司、惠州伴永康粮油食品有限公司、惠州市合益粮油有限公司等企业与黑龙江春华秋实粮油有限公司（大庆市）签订 4.7 万吨大米购销意见协议。

11. 金融和生产性服务业合作。广东省金融机构在黑龙江省开设银行分支行 7 家、证券公司分支机构共 22 家，黑龙江省在广东省设立证券公司分支机构和金融类机构共 8 家，为两省实体经济发展提供有力支撑。协助黑龙江省 2 家企业 IPO 上市、2 家上市公司再融资、3 家企业开展并购重组、6 家企业发行公司债券等，推动黑龙江省优秀企业合理运用资本市场做大做强。加强跨区域物流业合作，共同建设农产品物流配送中转仓、寒地黑土优质农产品"北菜南销"，热带瓜果、海产品"南货北运"模式运行顺利。将俄罗斯木材资源和广东家具制造业优势相对接，东莞铧为物流与牡丹江先锋物流联手打通木业运输通道，探索开通龙粤联合班列。

12. 文化和旅游合作。两省持续实施"南来北往，寒来暑往"省际旅游工程、组织黑龙江游专列、"2020 年请到广东过大年"等系列旅游交流活动，促进文旅交流进一步深入。举行第十六届中国（深圳）国际文化产业博览交易会（云上文博会）、牡丹江·粤港澳大湾区招商推介会等活动，共签约项目 38 个，总投资额 81.1 亿元。中山和佳木斯、广州和齐齐哈尔分别联合举办了《哈普都·隽明书法》作品展和"鹤舞雪原、冰韵鹤城"旅游展览会。南方网络电视与黑龙江广电网络共同开发推广的"熊猫乐园"幼教互动娱乐产品已覆盖黑龙江终端用户 50 万户。广东铁青、广东中旅、广之旅、南湖国旅等旅行社，通过联合航空公司买断机位等多种方式，持续推动送客入黑龙江，组织了黑龙江专列 22 趟，游客人数达到 12672 人。

13. 中医药和健康产业合作。利用广东先进中药研发能力和黑河口岸中药材试进口政策，建设中医药科技产业园，推动中医药走向世界。广东中瑞医药股份有限公司在哈尔滨市投资 6 亿元，建成全国首家血液制品应急储备中心和重症急救药物产业基地急救药物中心，成为全国首家省应对疫情指挥部指定新冠肺炎疫情治疗药物供应企业。哈尔滨医科大学附属第一医院、牡丹江医学院附属红旗医院，正式加入由钟南山院士牵头设立的"国家呼吸系统疾病临床医学研究中心病毒诊断研究和推广区域平台"。深圳光明新区医疗集团成功引进黑龙江中医药大学龙江韩氏妇科名医团队。中国中药控股有限公司在黑龙江投资 4 个项目。广州医药集团在齐齐哈尔设立原材料采购基地，与当地药农采购合作持续开展。

（四）着力推动科研合作，科技成果转化潜能加速释放

14. 科技研发转化和创业创新合作。广州中广核集团在齐齐哈尔市投资建设龙江龙一分散式风电项目、讷河东郊分散式风力发电场项目、铁锋祥鹤新能源 150 兆瓦风力发电项目、铁锋祥鹤新能源 100 兆瓦风力发电项目四个新项目。中国一重与黄埔文冲船舶有限公司就共建船用铸锻件研发中心签署合作协议，共同解决制约我国船舶行业关键铸锻件制造技术瓶颈问题。南方医科大学附属齐齐哈尔医院的会诊中心远程会诊平台成功实现两地院校间远程会诊、远程教学等"互联网＋"医疗服务。协助黑龙江省在高发病地区开展应用结核病防治手机一体化管理系统（"微督导"系统）项目。

15. 高校院所合作。华南理工大学与建龙北满特殊钢有限责任公司合作开展"高品质模具钢关键技术研发及应用研究"项目，推动齐齐哈尔市高品质模具钢在华南市场的应用。天鸿孵化器联合中国科技大学、东北林业大学、哈尔滨理工大学、黑龙江科技大学、佳木斯大学、上海电缆研究所、哈工大数据集团等单位组建科研战略合作联盟，共同打造科技成果转化平台，并在环保及材料领域成功转化 10 余项科研成果。广东粤海水务与哈尔滨工业大学签署战略合作协议，并以 6922 万元出资实现对哈尔滨工业大学国家水中心的控股，共同推进国家水中心建设。

16. 职业教育和人力资源交流合作。两省院校共建现代学徒制专业 6 个，共享精品在线开放课程 489 门、教学资源库 7 个。新建专业实训基地 5 个，新增高质量合作企业 14 家。联合立项和结项国家、省级课题各 3 项。黑龙江建筑职业技术学院 102 名教师免费参加了广州番禺职业技术学院国家教学名师阚雅玲教授主讲的"教师职业发展与课程思政建设"线上培训班。广东农工商职业技术学院与黑龙江农业工程职业学院开展线上交流，探讨合作路径。广东科学技术职业学院与黑龙江旅游职业技术学院共同举办"东西部职教协作实验班"，实施"1＋2"模式培养，2020年首批录取了111名东西协作职教实验班大一学生。

（五）突出平台载体建设，合作层次不断拓宽

17. 产业园区合作。深哈合作产业园建设进展顺利，累计完成投资17.29亿元。科创总部项目一期Ⅰ标段全部主体结构封顶，综合展览中心正式开馆，"深哈·万科城"项目顺利开盘。江门市—七台河市江河产业园基础设施项目完成投资12.47亿元，新引进5家企业入驻，项目总投资152亿元。广州—齐齐哈尔现代农业产业园进展顺利，计划总投资20亿元的依安福美低碳经济产业园项目已累计完成固定资产投资3.08亿元；粤旺农业产业化综合开发项目完成办公楼和3栋生产车间的建设。佛山—双鸭山合作产业园成功引进佛山市冠牌不锈钢有限公司等5家企业，项目总投资约8亿元。

18. 自由贸易试验区合作。广东自贸区广州南沙新区片区、深圳前海蛇口片区、珠海横琴新区片区积极落实与黑龙江自贸区绥芬河片区、哈尔滨片区和黑河片区签署的合作框架协议，围绕推进改革创新经验复制推广、人才交流合作机制等8方面开展务实合作，在哈尔滨片区复制推广改革创新经验167项、黑河片区复制推广140项、绥芬河片区复制推广125项。

（六）注重学习交流，多层次交流体系建设扎实推进

19. 交流培训合作。截至2020年底，黑龙江共派出311名干部到广东省挂职锻炼，广东省共派出30名干部赴黑龙江省挂职。两省组织各类培训交流108次，累计近万人参训。受新冠肺炎疫情影响，2020年两省人才交流培训主要采取减少次数人数、线上线下相结合等办法开展。其中，广东省接收黑龙江省10名厅级干部到省委党校市厅级领导干部进修班学习。广东技师学院与黑龙江大庆技师学院开展网上交流，邀请大庆技师学院学生参加广东省技师学院国家级技能大师刘建的线上技能培训。广东机械技师学院与黑龙江技师学院针对如何做好世赛选手培养开展了线上交流。两省人力资源和社会保障部门共同举办4期国家级高研班，培训黑龙江省高层次专技人才和企事业单位管理人才共12人次。广东省旅游、医疗卫生领域2位专家参加在漠河市开展的人社部高层次人才专家助力脱贫攻坚服务行活动。

20. 多层次交流合作。两省各级工商联、商协会、会员企业进行频繁互访交流，形成了多层次合作体系。特别是新冠肺炎疫情暴发以来，两省工商联紧密合作，充分利用广东防疫物资生产优势，组织号召企业向黑龙江捐赠防疫物资，协调防疫生产设备采购。广东省工商联积极协调广州、东莞等地口罩机生产企业，帮助齐齐哈尔企业采购口罩机以及提供口罩及生产原料信息清单。珠海市总商会与黑河绿色产业协会签订了500万元的购销合同，东莞市工商联捐赠牡丹江市1万只、绥芬河市1.2万只口罩。两省政府发展研究中心共同开展区域一体化发展调查研究。广东省政府发展研究中心提供了"十四五"期间广东新型基础设施建设规划思路等材料，为黑龙江发展数字产业、培育创新新动能提供参考。

二、黑龙江省与广东省对口合作2021年工作要点

2021年是实施"十四五"规划、开启全面建设社会主义现代化国家新征程的第一年，也是两省对口合作进入新一阶段的开局之年，两省对口合作迎来新的重大机遇，对口合作工作要立足新发展阶段，全面贯彻新发展理念，助力构建新发展格局。全面贯彻落实两省对口合作工作座谈会精神，在全面巩固和提升现有合作成果的基础上，紧紧围绕国家部署的18项重点任务，努力推动合作不断取得新突破。

（一）深化重点领域合作

1. 干部人才交流合作。强化系统化的干部人才交流培训，加快推进人才交流培训制度化、常态化、多元化。强化党政干部交流，继续互派各级干部到对方挂职锻炼、轮训培训、"插班"学习，根据需要合理商定互派挂职干部数量，扩大教育培训规模，为挂职培训的干部人才创造良好的工作和生活条件。强化技术人才交流，提高两省职业院校、科技院校结对共建水平，持续推进院校共办、学科共建和学生联合培养，深入推进教育、医疗卫生等领域人才培训交流，推动创业创新，带动和促进专业技术人员更加便捷地在粤黑两省创业、发展。强化企业人才交流，进一步强化两省各类企业、商（协）会和其他社会组织的常态化交流，有针对性地举行各类技术岗位专题培训，组织企业管理人员、高级人才、技术骨干开展形式多样的学习交流活动。

2. 体制机制改革合作。黑龙江省以广东市场化、法治化、国际化营商环境为模板，借鉴"数字广东"经验，聚焦审批制度改革和政务服务能力提升，加快黑龙江省"数字政府"改革建设，持续打造办事方便、法治良好的营商环境。在市场化改革、要素市场建设等领域，学习借鉴广东省行之有效的做法，力争再出台一批惠及各类市场主体的政策

举措。以黑龙江（广东）重点产业合作交流推介会和黑龙江（深圳）重点产业合作交流恳谈会为契机，进一步宣传黑龙江省营商环境改善情况，提升广东省投资者对黑龙江省的认知度和友好感，激发广东省企业家到黑龙江省创业兴业的信心和热情。进一步推动两省自贸区之间经验交流、互学互鉴。

3. 产业合作。紧紧围绕黑龙江省"五个要发展""五头五尾"和广东省 20 个战略性产业集群发展目标，以互利共赢为产业合作的出发点和落脚点，深度分析、挖掘合作潜力，找准合作方向，突出优势互补点，加大招商引资力度，深入拓展合作领域深度和广度。加快推进开工项目建设，全力推动 57 个重点合作项目尽快落地，着力推进项目线索和意向深入对接，并尽快签约实施。

一是加强先进制造业合作。对接两省在先进制造业中的比较优势，促进装备制造产业互动发展，带动产用结合、产需对接和产业链上下游整合，进一步推动双方产业基础高级化和产业链现代化。加快推动军民两用高精度变速箱生产基地、哈尔滨市智能绿色轻量化玻璃瓶生产基地建设，进一步深化齐重数控与广州数控、中国一重与黄埔文冲船舶有限公司合作，推动哈尔滨御能新能源产业一体化项目、大庆汽车安全主动刹车系统项目、长城哈尔滨基地计算机适配中心早日开工建设。

二是加强新兴产业合作。利用广东省资金、技术、市场，促进新材料、生物医药和新一代信息技术产业对接，培育壮大新兴产业集群。总结推广哈尔滨万鑫石墨谷、鸡西贝特瑞等石墨深加工合作经验，推进鹤岗、牡丹江、七台河、大庆等地石墨产业合作加快实施，助力石墨深加工千亿级产业加快形成。加快推进正威新一代材料技术产业园项目实施。推动佳木斯"百万吨健康纸"项目、双鸭山全回收高性能增产地膜（高堡膜）加工及回收再利用项目尽早落地。持续推动广药集团、华润三九医药等药企在黑龙江省的中药材产业基地建设和原材料采购基地建设。深化黑龙江省与华为、腾讯等信息技术龙头企业的合作，丰富双方在"云服务"、智慧城市建设等领域的合作内容。

三是加强优质高效农业合作。进一步挖掘黑龙江的绿色优质农业资源与广东的品牌设计、市场营销和加工能力互补优势，引导两省农业龙头企业加强对接，共同推动现代农业创新发展。放大直营店、连锁店、社区店等实体店与线上营销网络的协同效应，充分开发、发掘"粮交会""绿博会""五谷杂粮下江南"等农产品展销推介会的宣介功能，着力提升"龙粮入粤"的数量、质量，不断提升"寒地黑土、绿色有机、非转基因"农产品在广东市场的影响力。加快推进北安温氏养猪项目、克山县马铃薯全产业链建设项目、建三江农高区水稻全产业链建设项目、宝清北大荒米高农业科技有限公司二期项目、两山合作饶河县农业产业链建设项目达产见效，全力推动宝能双鸭山大食品产业园项目、佳木斯东古调味品加工及原料基地、齐齐哈尔上熙现代农业产业园等签约项目落地实施。积极复制推广绥化望奎在湛江遂溪开创的"稻—稻—薯"合作模式。

四是加强金融物流业合作。进一步落实两省金融领域合作实施方案，积极创造条件、提供机会，吸引广东省金融行业参与黑龙江省金融业发展。积极利用深交所等融资平台的优势吸引力，共同推动"紫丁香行动计划"，力争使更多黑龙江省的优秀企业成功融资上市。持续拓展两省在物流园区建设、冷链物流运输和供应链管理方面的深度合作。推动黑河君豪跨境商贸综合体项目、哈尔滨重症急救药物供应储备应急中心项目、顺丰哈尔滨市智慧物流产业园项目等一批物流项目落地实施。加快推进深哈金融科技城、哈尔滨蛇口金融中心、信同创科金融大厦项目建设。

五是深化文旅康养产业合作。进一步深化旅游合作，深化黑土文化与岭南文化交流互鉴，进一步推动市场互动、客源互送、资源共享，形成两省文化、旅游和经济发展相互促进、共同繁荣的新格局。继续实施"南来北往，寒来暑往"省际旅游工程，利用新媒体资源加强对对方营销活动的宣传推广，提升品牌知名度。推进两省文旅产业开发合作，推动哈尔滨宜康养老服务中心等项目建设。推动哈尔滨北方电竞产业中心、大庆赛车小镇等项目尽早开工建设。持续深化南方医科大学与齐齐哈尔市第一医院合作，总结、推广合作经验和模式。

六是加强碳交易合作。强化技术标准和市场合作，支持黑龙江省林业碳汇等中国核证自愿减排量（CCER）项目进入广东碳市场，在促进黑龙江温室气体自愿减排领域项目向经济资源转化的同时，进一步扩大粤港澳大湾区碳市场的影响力。强化能力建设合作，加强人员交流，开展企业与政府部门培训，支持全国碳市场能力建设（广东）中心等广东省低碳服务企业在黑龙江省拓展业务。推动广州碳排放权交易中心和黑龙江省联交所进一步拓展合作。

4. 智力资源交流合作。进一步拓宽科技创新合作领域，引导两地高校、科研机构与企业深化创新合作，在实验室建设、大科学装置共享、关键核心技术攻关、创新人才培育等领域加大合作力度，促进跨区域科研和成果转化，共同抢占创新发展新高地。深化产学研用合作，提升两省高校和科研院所、企业间交流合作的深度和广度，通过优势互补，带动更多科研成果实现产业化。强化孵化平台对接合作，深化两省科技企业孵化器、众创空间等孵化载体合作，推动更多科技成果转化落地。共同开展对俄科技合作成果转化，深化中俄联合创新中心共建，共同推进重要装备、工艺及技术的引进与开发，联手引入急需的先进技术和科技成果。巩固深化已有孵化器合作成果，推动已签约的孵化合作项目尽快实施。深化对口院校合作，打造精品示范专业。成立由行业企业、职业院校、学术研究等领域人士组成的龙粤职业教育协同发展联盟，助推两省职业教育产教融合、改革发展。

5. 平台载体共建。进一步发挥国家级新区等功能区的引领示范作用，不断强化吸引要素集聚、策源辐射、高质量发展目标功能。推动深圳（哈尔滨）产业园落户项目尽早实施见效。加快建三江农高区和黑龙江江河经济开发区等平台载体升级建设，吸引更多项目落户园区。研究、总结、推广深哈产业园区等典型示范园区发展模式，继续探索创新更加符合两地实际、符合企业需求的合作共建模式、利益分享机制，推动合作园区取得更大发展。支持示范园区设立异地分园，支持有实力的龙头企业牵头设立园区，带动产业链上下游企业，形成特色鲜明的主导产业集群。推动哈尔滨海峡两岸食品产业园项目、绥芬河中俄清洁能源产业园项目、大庆大满英联绿色包装产业园项目、哈尔滨海尔寒地新能源科技产业园项目尽早落地实施。着力推动哈尔滨新区精准承接深圳市产业转移。

6. 对外开放合作。共同融入以国内大循环为主体、国内国际双循环相互促进的新发展格局，共享共用"广交会""高交会""哈洽会""中俄博览会"等平台资源和渠道，推动开放资源融合、开放优势互补、开放举措联动，培育和塑造国际合作竞争新优势。以黑河大桥、同江大桥即将开通为契机，以参与粤港澳大湾区建设和俄罗斯远东开发为重点，共同拓展面向日韩、东盟、西伯利亚乃至欧美的经贸合作，力争年内实现黑龙江—广东—俄罗斯远东省州长多方会晤。充分发挥大湾区区位优势，共同开发东南亚等国际市场。持续推动自贸区哈尔滨片区万科中俄产业园、黑河片区跨境电子商务平台和绥芬河片区俄罗斯木材交易市场建设。支持引导广东企业依托黑龙江自贸区、跨境电商综试区对俄开放的独特优势，利用俄罗斯进口资源，引导广东省产业转移，实现俄罗斯原材料落地加工、仓储、转运、配送功能集约发展。扩大广东灯具、照明装备、汽车电子、轻纺等优势产品对俄出口规模，促进黑龙江省借助广东资源对接国际市场，拉动机电产品、农产品等商品出口。

（二）加强服务保障

1. 进一步加强督促落实。以国家对合作工作开展评估为契机，及时梳理总结好的经验做法，着力固根基、扬优势、补短板、强弱项，各结对城市和部门建立健全常态化的督导机制，合力推进签约项目建设，及时协调解决存在的困难和问题，确保各项工作落实到位、见到实效。按照国家评估意见，高标准做好各项落实工作。

2. 进一步优化对口合作环境。充分发挥对口合作领导小组及办公室的统筹协调作用，加强各层次对接会商和互访交流，强化对重大问题、重点领域的协同研究。结对城市和有关部门聚焦合作中的突出问题做好保障服务工作，对重点合作项目和园区开辟绿色通道，明确专人负责，在用地、用能、融资等方面给予支持，制定出台一批惠及两省各类市场主体合作的优惠政策，持续激发市场活力。

3. 进一步延伸对口合作层次。巩固深化结对城市合作，以产业合作为重点，开展全方位、多层次的经贸交流活动，动员更多社会资本积极参与对口合作。探索建立非结对城市合作机制，推动非结对城市企业、商协会、民间组织等社会团体，按照市场运作原则开展各种形式的合作，推进结对关系继续向基层延伸。

（撰稿人：陈晓聪、王希君）

第二部分　领域篇

第一章　行政管理体制改革对口合作

中共广东省委机构编制委员会办公室

中共黑龙江省委机构编制委员会办公室

根据广东省与黑龙江省对口合作框架协议内容，2020 年广东省委编办与黑龙江省委编办按照统一部署要求，结合部门职能职责，积极围绕体制改革和机构编制管理开展深入交流和务实合作，取得明显成效。

一、2020 年对口合作工作情况

（一）坚持以系统集成为原则，持续完善党政机构职能体系

广东省委编办和黑龙江省委编办紧紧围绕构建系统完备、科学规范、运行高效的党和国家机构职能体系这一改革目标，在坚持和加强党的全面领导、推动机构职能优化协同高效、提高改革综合效能等方面相互学习借鉴，主动担当作为，为两省经济社会发展提供更高效率的体制机制保障。

广东省委编办坚持和运用系统观念巩固深化党和国家机构改革成果，推动党政机构改革不断实现从"物理变化"到"化学反应"转变。一是健全优化党的全面领导体制机制和机构职能体系。制定具体措施规范管理省级议事协调机构。健全完善省直党政群部门机关党建工作机构设置、工作力量配备。完成省委组织部、省委军民融合办内设机构及编制调整事项。二是健全完善省级政府机构职能体系和管理运行机制。研究制定省政府办公厅、国资委、省海洋综合执法总队"三定"规定；统筹优化应急指挥体系，完善安全监管职责体系，研究修订省级党政部门安全生产工作职责；进一步调整完善广东省森林防

火、建设工程消防设计审查验收管理工作体系。三是持续推进群团机关改革和机构编制优化。制定出台省残联机关"三定"规定，印发省贸促会、法学会机关机构编制调整文件。理顺和规范省民革等8个民主党派省委会专职副主委、秘书长设置。四是不断完善市县党政机构职能体系。健全完善市县"两新"组织、港澳和侨务、经济责任审计、国防动员和海防、农业农村和乡村振兴工作体制机制。五是做好政法领域全面深化改革涉及的机构编制调整工作。研究推进公安机关机构改革工作，完成广州、深圳特勤机构政法专项编制划转。完成省法院部分内设机构、全省监狱系统机构编制优化调整，重新核定全省检察院检察官员数额。

黑龙江省委编办扎实做好党政机构改革"后半篇文章"，大力促进部门协同高效履职尽责，推动党政机构改革向纵深发展。一是调研"三定"规定执行情况，形成《省级党政部门"三定"规定执行情况调研汇编》。省市县党政机构基本实现"物理整合"到"化学融合"转变，"三定"规定得到有效落实。二是动态调整部门职能配置。健全了省委功勋荣誉表彰体制，加强了机构编制力量；完善了人才工作体制，并在原基础上增加了省直人才周转池编制规模；完善了省纪委监委追逃追赃机构设置。将原省对外友协由事业单位调整为群团机关，加强了人员编制力量。重新制定省退役军人事务厅"三定"规定，统筹优化全省药品稽查力量，加强全省林草部门防火、市县文物保护和对台工作等机构编制保障。三是配合推进农垦森工改革。原省农垦总局、省森工总局行政机构全部撤销，相关事业单位"撤并留放"和办社会职能移交工作基本完成，为超额接收原农垦森工系统中小学教师的地方核定周转编制2915名；推动农垦森工系统社区属地化管理，为相关市县核增行政编制269名。配合做好农垦森工改革涉改人员移交安置等工作。国家部委和省委改革专班对机构编制系统工作给予充分肯定。四是配合抓好政法领域改革。支持哈尔滨新区建设，加强了松北区法检机构编制力量。调整伊春市相关法检机构编制，完成4所监狱机构合并以及哈尔滨市法检两院军转行政编制与政法编制置换和省政法管理干部学院工勤占用政法编制置换等工作。调整规范黑河市地方铁路公安职能和政法编制、省法院内设机构设置和法警总队领导职数、农垦林区基层法检内设机构。五是推进其他专项改革。全面完成市生态环境机构和监测监察执法垂直管理。按照中央编委规范开发区管理有关要求，研究起草黑龙江省规范开发区管理机构实施方案。配合推进市医保体制改革等。

（二）坚持以深化事业单位改革试点为牵引，稳妥推进事业单位改革

两省同时作为深化事业单位改革试点省，在广泛深入探索交流改革试点做法的基础上，坚持以点带面、点面结合，着眼于改善人民生活品质、增进民生福祉，不断创新公共服务体制机制，推动两省事业单位改革和管理工作不断取得新突破。

广东省委编办结合推进改革试点工作统筹抓好事业单位布局优化和建章立制。一是高站位、高水平开展深化事业单位改革试点工作。提请成立省委深化事业单位改革试点工作领导小组及其办公室、专项改革组，制定工作规则，建立相应的工作机制并实行集中办公，全力推进改革。提请召开10余次领导小组办公室会议、2次领导小组会议、1次省委常委会会议，研究制定试点实施方案、涉改重点领域和系统机构改革框架及14项配套政策文件，从优化布局结构、建立健全制度机制、完善支持保障政策等方面谋划改革，并在探索政事权限清单、创新登记设立事业单位办法举措、增强社会多元主体举办公益事业权益保障等方面突出制度创新。二是着力推进重点领域事业单位改革。探索在高等院校、公立医院、科研机构等公益二类事业单位推行员额制管理改革，拟订《广东省省属事业单位员额制管理暂行办法》。出台《广东省省直高层次人才专项事业编制保障管理办法（试行）》。健全优化广东省生态环境监测体系。督促市县对2020年度剩余的618个经营类事业单位落实转企改制等改革工作。研究出台进一步挖潜创新加强中小学教职工管理办法，建立全省中小学教职工编制周转专户，完成首批中小学教职工编制跨市调整工作。三是进一步优化事业单位登记管理。印发并指导各地落实好《中共广东省委机构编制委员会办公室关于做好事业单位法人简易注销登记工作的通知》。

黑龙江省委编办坚持问题导向、目标导向、结果导向，健全完善公共服务体系，推动事业单位更好地服务大局、服务发展、服务民生。一是承担全国深化事业单位改革试点任务。黑龙江省是中央确定的全国5个全域试点省之一。省直层面现已形成1个实施方案、28个配套文件的"1+28"政策体系。13个市（地）事改实施方案已经省委编委批复实施。全面优化市县事业单位布局，实行机构总量管理和规格机构、党政直属机构限额管理；统筹市县事业编制资源，实行编制总量和层级管理，跨地区、跨层级调剂编制，阶段性收回事业编制4.7万名，推动编制资源向基层一线倾斜。制定市县处级及以下事业单位领导职数管理意见，印发市县事业单位内设机构设置文件，推进市县事业单位全面规范化管理。二是基本完成生产经营类事业单位改革。制定印发《黑龙江省从事生产经营活动事业单位改革工作方案》和《黑龙江省省直从事生产经营活动事业单位改革操作办法》，省直70家、市县498家经营类事业单位已全部如期销号，基本完成改革任务。三是优化日常登记管理服务。不断深化"办事不求人"服务，优化简化办事材料，推进信息共享，为债权债务承接关系明确的事业单位法人便利退出提供制度保障，规范失信联合惩戒工作，推行省直事业单位法人年度报告公示规范。

（三）坚持以构建简约高效的基层管理体制为目标，不断健全基层治理体系

广东省委编办和黑龙江省委编办始终做到以党建统领基层管理体制改革创新，互相借鉴推进改革的经验做法，及时交流研究解决改革中的共性问题，强力推动基层治理体系和治理能力现代化建设。

广东省委编办从巩固党的执政基础和维护国家政权安全的高度，结合正在推进的各项改革，持续发力，加快推进创新基层治理体系。一是按照中央决策部署，以省委名义印发实施《关于深化乡镇街道体制改革完善基层治理体系的意见》，压茬推进乡镇街道体制改革，全省乡镇街道共规范设置机构15048个，推动上级机关派驻机构实行属地管理4195个，省市县三级共向基层下沉编制48453名，着力为广东城乡区域协调发展、实施乡村振兴战略等方面夯实基层基础。二是结合镇街体制改革，持续推进综合行政执法体制改革。向镇街大力下放执法权限，建立综合行政执法委员会，完善综合行政执法统筹协调机制，整合镇街本级以及上级派驻的执法资源，组建综合行政执法办公室（综合行政执法队）。三是制定出台加强各类功能区安全生产监管职能配置、机构设置和工作力量的规定，进一步厘清行政区与功能区在安全生产方面的职责关系，重点加强广东31个化工园区的安全生产监管体系建设。四是健全完善重大疫情防控机制和救治体系，推动研究组建广东省公共卫生与重大疾病防治工作议事协调机构，按程序成立省公共卫生医学中心（省传染病医院），并印发加强乡镇卫生院和社区卫生服务中心疾病预防控制职能的规定，重点细化乡镇卫生院和社区卫生服务中心工作职责，进一步明确功能定位和重点工作，完善了基层疾病预防控制体系。

黑龙江省委编办针对基层治理中存在的问题，进一步完善工作协调机制、强化基层履职保障，全力打通服务群众的"最后一公里"。一是逐步深化乡镇街道改革。制定出台推进整合基层审批服务执法力量配套政策，明确乡镇、街道机构限额及编制配置标准，明确街道办事处领导职数核定标准。会同有关部门实地督查13个市（地）及所属部分县（市、区）改革落实情况。二是完成经济发达镇行政管理体制改革试点工作任务。制定印发黑龙江省试点改革检查验收工作方案，组织开展实地督查，全面了解评估试点改革任务完成情况。7个试点镇改革任务均已完成，基本实现预期目标。三是牵头开展全省应急、疾控体系研究。针对疫情防控需要，系统梳理分析黑龙江省应急管理、疾控预防、物资储备三个体系涉及的部门职责和机构编制情况，提出意见建议。

二、2021年对口合作计划

2021年，广东省委编办与黑龙江省委编办将根据两省省委编办对口合作框架协议，进一步加强沟通交流，推动对口合作各项工作不断迈上新台阶。一是紧紧围绕把握新发展阶段、贯彻新发展理念、构建新发展格局，不断完善对口合作协调工作机制，进一步找准合作的立足点和着力点，切实提升对口合作质量效益。二是围绕对口合作重点任务，继续加强在深化体制改革尤其是深化事业单位改革试点方面的交流合作，推动相关重大课题联合攻关。三是围绕机构编制人才队伍建设，充分依托两省相关师资力量和培训资源，在机构编制干部教育培训等方面加强合作，共同推动提升干部业务能力素质。

（撰稿人：郭亮、孟洋）

第二章　国有企业改革对口合作

广东省人民政府国有资产监督管理委员会

黑龙江省人民政府国有资产监督管理委员会

2020 年以来，广东省与黑龙江省国资委及省属国有企业立足广东省和黑龙江省经济实际，按照两省对口合作总体战略部署、任务分工和重点工作计划，积极克服新冠肺炎疫情的影响，适时调整工作计划，全力推动合作项目落地生根。

一、对口合作工作情况

（一）签署战略合作协议

2020 年 1 月，黑龙江省农业投资集团权属企业黑龙江省粮食产业集团与广东省储备粮管理总公司签订《广东省省级储备粮（黑龙江）异地储备稻谷合作协议》，探索粮食异地储备的产销区合作模式。

2020 年 6 月"深化国企改革、助力龙江振兴"央地合作视频会议期间，在国务院国资委、黑龙江省委省政府主要领导见证下，黑龙江省旅游投资集团与华侨城集团全资子公司深圳华侨城资本投资管理有限公司签署合作协议，共同出资搭建黑龙江省文旅产业发展投资基金（有限合伙）。基金规模 40 亿元人民币，首期规模 3 亿 ~ 5 亿元人民币，首期基金存续期 5 + 2 年，主要用于直接股权投资，通过普通股、优先股、可转债等方式投资国内未上市企业或上市企业非公开发行和交易的股份。目前，华侨城资本正在履行企业内部程序。为促成本次合作，黑龙江省旅游投资集团多次赴华侨城集团实地考察，围绕省级文旅产业基金搭建、优质项目合作展开深入交流。

2020 年 11 月，广东省交易控股集团与黑龙江省产权交易集团签订了《农村产权交易与资金融通业务合作协议》，推动两省农村产权交易合作项目同步信息发布、市场发动、挂牌交易和市场撮合，实现两省资源共享和生产要素的跨区域流动；双方将共同推动国企资金融通平台建设，进一步促进国有企业与金融机构透明高效合作、阳光交易，提升国企资金运营效益、有效降低财务成本，集中优势实现降本增效。

（二）合作对接项目取得阶段性成果

广东省广新控股集团控股上市公司广东肇庆星湖生物科技股份有限公司在黑龙江省开展的肇东生物发酵产业园一期建设项目顺利投产并完成多批试产工作。目前已完成多批鸟苷的发酵、提取生产工作，发酵、提取水平达到项目设计指标。2020 年 10 月，项目核心关键技术"呈味核苷酸二钠高活性酶法转化清洁生产新技术及其产业化"成果经专家鉴定达到国际领先水平。截至 2020 年 12 月，项目已签合同金额 5.48 亿元，项目累计投资 3.6 亿元。肇东星湖公司顺利通过 ISO9001 质量体系、食品生产许可审核，现已招聘新员工 395 人。

广东省交易控股集团积极与黑龙江省要素资本市场开展对口合作，在平台交易和合作活动两方面成果突出。2020 年，龙煤集团鸡西鸡矿医院有限公司等 6 家医院公司 15% 股权转让、牡丹江恒丰纸业集团有限责任公司 100% 股权转让、金沃国际融资租赁有限公司增资扩股等国企混改项目在两省信息平台同步发布，其中，龙煤集团鸡西鸡矿医院有限公司等 6 家医院公司 15% 股权转让项目以 4.855 亿元顺利成交。截至 2020 年，与黑龙江联交所实现实时对接的广东省交易控股集团交 e 汇系统已挂牌项目累计 16.58 亿元。两省产权交易机构在 2020 年联合举办盛大活动。2020 年 11 月 12～13 日，由中国企业国有产权交易机构协会主办、广东联合产权交易中心承办的中国产权协会"一带一路"产权交易分会成立大会暨产权交易资本市场服务"一带一路"专业研讨会在广州举行。11 月 14 日，广东省交易控股集团与黑龙江省产权交易集团在广州联合举办 2020 年"龙粤＋产权交易机构间交流会暨'三农'资源要素市场化配置创新发展论坛"，深入研究探讨构建双循环新发展格局下产权制度和要素市场化配置体制机制改革的推进，以及"三农"资源要素交易的创新发展，促进南北要素有序流动、资源共享，助力乡村振兴战略和龙粤对口合作大计。

广东粤海控股集团有限公司所属广东粤海水务投资有限公司（简称"粤海水务"）与哈尔滨工业大学积极开展科研合作。2020 年 7 月，广东粤海水务投资有限公司以 6922 万元出资实现对哈尔滨工业大学国家水中心的控股，实际参与城市水资源开发利用（北方）国家工程研究中心有关工作。同时，粤海水务与哈尔滨工业大学签署战略合作协议，双方将在技术研发与成果转化、人才培养、平台建设、资源共享等方面开展深度合作，共同推进国家水中心建设。

截至 2020 年底，黑龙江省建设投资集团（以下简称建投集团）在广东省累计完成产值约 18.1 亿元。其中，房屋建筑工程累计完成产值约 12.2 亿元，建设总规模达 110 万平方米，包括中山市"六坊商业广场（一期）"、惠州市"润发广场二期"两个大型商业综合体项目；中山市"绿茵豪庭二期"、惠州市"天骄公馆"、惠州市"海德尚园"等大型住宅项目。道路桥梁工程累计完成产值约 3.3 亿元，建设完成怀集至阳江港高速公路怀集至郁南段一期工程、广明高速公路陈村至西樵段二期工程路面工程，中标并签订空港新城启动区综合管廊及道路一体化工程路面结构工程项目、广佛肇高速公路广州石井至肇庆大旺段（广州段）交安工程项目。建投集团权属企业黑龙江省建筑安装集团 2020 年中标广州新白云国际机场第二高速公路南段工程项目中压燃气管线改迁工作（QG07 标）等安装改造项目，当年完成产值 1231.5 万元；建投集团权属企业黑龙江省水利投资集团中标禅西四涌二期（塱宝西路至南北大涌）工程等综合整治项目，实现新签订单 2101.2 万元。

黑龙江省交通投资集团（以下简称交投集团）2020 年 6 月与华为技术有限公司联合成立了"龙江交投与华为联合创新中心"，在智慧园区、数字物流、智慧高速、车路协同、行业数字化转型等方面开展广泛合作。依托华为公司在技术创新和技术服务方面的卓越能力和交投集团的行业主导地位和地域优势，研发并形成具有独立知识产权的、可复制推广的技术成果，促进黑龙江数字经济转型发展。2020 年 9 月，交投集团权属企业黑龙江省交投信息科技有限公司（以下简称"信科公司"）与深圳赛格集团权属企业赛格龙焱能源科技有限公司、赛格物业管理有限公司共同出资成立了黑龙江省交投赛格新能源科技有限公司，注册资本 2000 万元，其中信科公司占比 45%。公司以高速公路光伏发电项目为落脚点，快速建立光伏发电项目投资建设，光伏组件销售、施工、运营等业务，同时导入节能环保技术，逐步培育黑龙江新能源市场。

黑龙江省农业投资集团权属企业黑龙江省农投食品有限公司（以下简称"农投食品公司"）2019 年受黑龙江省政府及省农业农村厅委托，承担广东省东西部扶贫协作产品交易市场黑龙江馆的管理和运营工作。农投食品公司成立了金谷农场（广州）有限公司全面承接黑龙江展馆管理工作，保障展馆高质高效运行。黑龙江展馆位于广州市荔湾区花卉博览园馆区，于 2019 年 9 月 28 日正式营业，面积 1025 平方米，经营产品种类共计 314种，包括农投食品公司旗下"金谷农场"系列产品和黑龙江省各县（市）特色粮油、山珍和饮品等。开馆以来，产品获得了来自大湾区各级政府部门、消费者、生产商、供应商的认可和支持，并与黑龙江国际大米节、绿博会形成推广联动，较好树立了黑龙江绿色食品的品牌形象。截至 2020 年底，黑龙江馆入驻 3 家电商平台，展馆商品共参加广东东西部扶贫馆扶贫交易市场展会 5 场，其中以粮油类为主的展会 3 场，黑龙江馆实现销售额 20 万元。

黑龙江省农业投资集团权属企业黑龙江省粮食产业集团（以下简称"龙粮集团"）抢抓两省对口合作机遇，积极争取广东省政策性粮食异地储备指标，与广东省建立粮食产销对接关系。龙粮集团党委书记、董事长亲自带队，与广东省储备粮总公司进行多次对接座谈。经广东省储备粮管理总公司实地测量验收，龙粮集团所属黑龙江省锦稻农业发展股份有限公司符合广东省储备粮承储要求。

（三）开展人才合作交流

2020 年 8 月，黑龙江省产权交易集团副董事长、总经理王立峰带队赴横琴国际知识产权交易中心调研，学习广东企业在知识产权运营创新、"三项制度"改革及党建工作方面的成功经验。2020 年 9 月，黑龙江省交通投资集团赴深圳市中广核大学（党校）、华为大学考察学习。黑龙江省旅游投资集团组织干部多次参加由文化和旅游部产业发展司主办、深圳市文化金融服务中心（深圳文化产权交易所）承办的文化和旅游产业投融资培训班，开展文旅企业上市融资实务、税收实务、产业基金投资实务、基础设施领域不动产投资信托基金（REITs）等课程培训。

2020 年 8 月，粤海水务派出董事长、总经理、副总经理及财务总监 4 名高管入驻哈尔滨工业大学水资源国家工程研究中心有限公司（以下简称"国家水中心"），全面主持国家水中心相关工作。同时双方建立交流学习机制。一方面，粤海水务先后派出研发、工程、财务等人员协助国家水中心开展相关工作；另一方面，国家水中心先后派出 2 批次共 4 人到粤海水务深圳总部分别参加工程管理、法务管理培训。粤海水务控股国家水中心后，结合自身发展优势，引入新型管理模式，加大科研资金投入，积极探索"技术研发—产品开发—成果示范—产品销售—技术服务"商业新模式，助力国家级科研平台实现新突破、新发展。

二、下一步工作

两省国资委将按照广东省与黑龙江省对口合作总体部署，紧紧围绕《黑龙江省人民政府国有资产监督管理委员会　广东省人民政府国有资产监督管理委员会战略合作框架协议》的相关内容，不断完善对口合作协调机制，深挖双方合作潜力，积极引导更多省属企业通过多种方式参与到粤黑对口合作中，继续深化双方在产权交易市场建设、旅游康养、绿色农业等项目上的合作。不断开拓新的合作空间和领域，巩固发展现有对口合作项目，推动对口合作项目发挥更大的经济效益和社会效益。

（撰稿人：盛波、于潜）

第三章 民营经济发展对口合作

广东省工商业联合会 黑龙江省工商业联合会

对口合作是以习近平同志为核心的党中央作出的重大战略部署，是党中央在深化区域合作、促进协调发展方面交给黑龙江省与广东省的一项重要政治任务。按照党中央、国务院的决策部署和《黑龙江省与广东省对口合作框架协议（2017－2020年）》《黑龙江省工商联与广东省工商联对口合作框架协议》，广东省工商联、黑龙江省工商联紧密合作，深入推进两省民营经济发展。

一、对口合作总体情况

（一）提高政治站位，积极贯彻党中央和两省省委省政府决策部署

振兴东北老工业基地是重大国家战略，开创了以跨区域合作推动东北振兴的新路径，具有重大意义和深远影响。两省工商联深入贯彻落实《国务院关于深入推进实施新一轮东北振兴战略加快推动东北地区经济企稳向好若干重要决策的意见》《国务院办公厅关于印发东北地区与东部地区部分省市对口合作工作方案的通知》《广东省人民政府关于印发〈黑龙江省与广东省对口合作框架协议〉的通知》等一系列文件精神，增强"四个意识"，从讲政治的高度把两省对口合作工作列入重要工作议事日程，坚持新发展理念，坚持商会搭台、企业参与、优势互补、合作共赢、市场运作的原则，以高度的责任感扎实推动两省民营企业对口合作交流向纵深发展。

（二）积极对接合作，助力疫情防控

新冠肺炎疫情暴发以来，广东省、黑龙江省工商联加强联系、紧密合作，充分利用广东省防疫物资生产优势，组织号召企业向黑龙江省捐赠防疫物资，协调防疫生产设备采购，助力打好疫情防控阻击战。其中，东莞市工商联与牡丹江市工商联、绥芬河市工商联对接，捐赠牡丹江市 1 万只、绥芬河市 1.2 万只口罩；广东省工商联配合齐齐哈尔市工商联，积极协调广州、东莞等地口罩机生产企业，帮助齐齐哈尔企业采购口罩机，并提供口罩及生产原料信息清单。

（三）加强经贸交流，促进优势互补

一是加强工商联互访。汕头、惠州、珠海、佛山等市工商联分别与鹤岗、大庆、黑河、双鸭山等市工商联开展走访交流，达成系列合作协议，大力引导两地企业开展经贸活动。珠海市总商会与黑河绿色产业协会签订 500 万元购销合同，并在珠海开设门店销售黑河农副产品，茂名市金信米业有限公司与伊春铁力市金海粮米业有限公司达成合作，购进大米 29259 吨，金额 11703.6 万元；深圳拓商投资有限公司与汤原县产业孵化基地项目达成合作，签约金额 5600 万元；深圳广嘉正通有限公司与五大连池福禧冷泉天然苏打水研究院达成合作，签约金额 5000 万元；林甸县与海纳农业公司年产十万吨有机肥合作项目进展顺利。二是开展系列对接活动。推动两地民营企业、商会协会开展"黑河行""珠海行"等系列活动，组织企业参加第八届黑龙江绿色食品产业博览会暨第三届中国黑龙江国际大米节，接待参加广州博览会代表团，促进两地交流互动、经验互鉴。广东八方投资集团有限公司（惠州）与黑龙江参壹参羊庄餐饮有限公司、惠州市云中辰实业有限公司与大庆市老街基农副产品有限公司、惠州市惠翼飞科技有限公司与大庆市江恒农业科技有限公司签署合作框架协议。三是支持多渠道销售模式。扶持在黑龙江省建立产、购、加、销基地的广东民营企业，支持企业利用电子商务、营销网络、商业模式等优势，与黑龙江企业建立农产品展销中心、专营店和仓储物流设施，构建线上线下营销网络体系。四是举办农产品产销对接活动。依托黑龙江非转基因大豆、玉米、强筋小麦、杂粮、汉麻、畜牧、乳品、北药等资源优势，引导珠三角地区企业投资黑龙江农业和绿色食品产业，促进更多的特色农副产品进入广东。

（四）打造旅游精品，挖掘特色资源

广东省工商联积极引导广东民营资本参与黑龙江全域旅游项目建设，围绕冰雪、森林、生态等一批优势明显、特色突出、潜力较大的旅游项目，推动企业参与跨境旅游合作区和边境旅游试验区、五大连池、爱辉特色旅游小镇建设。黑河职工国际旅行社与广东拱北口岸中国旅行社、珠海君悦国际旅行社签订了合作协议。在珠海旅游门店设立黑河旅游体验店，推广黑河旅游资源产品及线路，共同推进"互联网＋旅游产品"上线运行，打造智慧旅游城市，推进旅游企业标准化发展，提升旅游服务水平。

（五）发挥地缘优势，拓展合作空间

发挥珠三角毗邻港澳的地缘优势，支持黑龙江企业积极参与粤港澳大湾区建设。发挥黑龙江毗邻俄罗斯的地缘优势，支持广东民营企业开拓俄罗斯及东欧市场。大力推进第九届国际潮商大会在哈尔滨举行，潮汕四市工商联共同启动联动机制，成立协调小组负责各自所在城市的对接工作，密切潮汕四市工商联与第九届国际潮商大会筹委会的沟通交流，加强对第九届国际潮商大会团长秘书长会议及第九届国际潮商大会工作的指导，确保第九届国际潮商大会顺利推进。

（六）搭建供需平台，实现精准对接

搭建线上供需对接会，推动黑龙江优质农副产品进餐桌、进食堂、进市场，帮助企业谋销路、拓市场、搭平台，两省工商联积极组织发动企业参与"服务龙江民营经济高质量发展农副产品对接会"，大力推广国务院认定的7批《黑龙江扶贫产品名录》，其中深圳市现代粮食交易物流中心有限公司与黑龙江省五常金禾米业有限责任公司签约5.5亿元。

二、下一步工作打算

下一阶段，两省工商联将进一步增强做好对口合作工作的责任感和使命感，推动民营经济发展合作再上新台阶。一是提高政治站位。进一步领会黑粤合作的重要意义，按照两省对口合作工作计划和《黑龙江省、广东省对口合作实施方案》《黑龙江省工商联与广东省工商联对口合作框架协议》开展工作。二是加强交流合作。进一步推动13对结对城市深化合作，积极探索拓展两省非结对城市间合作，不定期组织两省商协会、民营企业走访交流，充分发掘两地特色资源，推动两省民营企业在管理理念、营销理念、市场理念等方面开展交流，探索出一条南北联动、协同发展、互利共赢的新路径。三是大力推动两省民营经济高质量发展。以重点任务为主线，务实推进两省产业合作，

聚焦农业和绿色食品产业、文化旅游和健康产业、新兴产业等，共同搭建合作平台，对企业在经贸洽谈、双方合作、经营生产过程中遇到的困难及时向有关部门反映，为民营企业排忧解难。

（撰稿人：黄平、高志超）

第四章　对内对外开放合作

广东省商务厅　黑龙江省商务厅

2020 年，广东省与黑龙江省商务部门坚持以习近平新时代中国特色社会主义思想为指导，认真落实两省对口合作工作部署，按照《关于印发〈黑龙江省与广东省对口合作2020 年重点工作计划〉的通知》（粤对外合作办〔2020〕1 号）要求，积极推动两省商务领域对口合作工作，充分发挥经贸平台作用，助力两省经贸合作交流，拓展国内经济纵深，联通国外市场，扩大高水平对外开放。

一、对外经贸合作

两省商务部门携手开拓国际市场，广东省借助黑龙江省这个我国最大的对俄合作平台，积极拓展对俄贸易，推动广东灯具、照明装备、汽车电子、轻纺等优势产品出口俄罗斯市场，不断扩大对俄出口贸易规模和水平。黑龙江省充分借助广东省对接国际市场，拉动机电产品、农产品、纺织、服装等产品出口。2020 年新冠肺炎疫情暴发对两省进出口企业影响较大，通过两省商务部门、进出口企业的共同努力，广东省对俄罗斯进出口695.99 亿元，同比增长 1.32%。黑龙江省外贸进出口 1537 亿元，其中出口 360.9 亿元，同比增长 3.2%。

二、内贸流通合作

（一）利用重点展会加强经贸合作

2020年12月，商务部、国家知识产权局、广东省人民政府在东莞市共同举办"第十二届中国加工贸易产品博览会"（简称"加博会"）。本届加博会邀请黑龙江省作为主宾省，这也是加博会首次设立主宾省，黑龙江省人民政府副秘书长于宸出席开馆仪式。商务部在会议期间举办了全国加工贸易梯度转移对接交流会，任鸿斌部长助理作主旨演讲，广东和黑龙江商务厅签署了合作协议，支持广东省加工贸易企业向黑龙江省梯度转移。黑龙江省牡丹江市等地在展会上设立加工贸易梯度转移商机展，两省商务合作取得良好效果。

（二）深化两省产业对口合作

两省商务部门在做好疫情防控工作的前提下，积极推进两省产业合作对接。据统计，截至2020年底，广东省在黑龙江省投资项目166个，投资1766.53亿元人民币，实际到位230.49亿元人民币。例如，深圳宝能三产服务项目落户哈尔滨新区，广东云鹰农业集团30亿元农产品加工项目落户克山，中山国信科技15亿元电子设备制造项目落户鹤岗。同时，两省商务部门积极协调推动广东省大参林医药集团股份有限公司与黑龙江省灵峰药业股份有限公司合作，争取使在哈尔滨新区通过并购等形式总投资15亿元设立的黑龙江省药品零售平台公司总部项目早日落地。深圳市引进了哈工大机器人研究院、哈工大水资源国家工程研究中心国家级科研平台两个重大项目。

（三）推动电商和餐饮领域交流合作

2020年9月，广东省商务厅组织广东省电商和餐饮行业前往黑龙江省开展对口合作，在哈尔滨市分别召开了电商行业对接交流座谈会和餐饮行业对接交流座谈会。两省电商、餐饮企业介绍了发展情况，分享了成功经验。两省商务部门将在电商企业人才培养、市场主体培育、信息咨询、品牌建设、供应链全链条服务等方面持续深化合作交流，借助电商更好实现北货南卖、南货北卖、携手开拓国内市场。广东省餐饮服务行业协会与黑龙江省龙菜产业协会签订了合作框架协议，建立了互访机制，共同推动落实广东"粤菜师傅"工程和黑龙江餐饮行业发展部署。同时，广东省商务厅代表团赴黑龙江省自贸试验区黑河片区调研跨境电商、电商直播基地、中俄边贸城等，推动电商合作。本次活动中，广州大麦公司与黑龙江新媒体产业园、哈尔滨直播电商基地达成初步合作意向，计划入驻产业园并提供品牌战略咨询、大数据推广、电商运营、直播带货、数据中台等解决方案。广东九毛九餐饮集团计划 2021 年布局哈尔滨市场，拓展黑龙江省餐饮市场。广东餐饮企业普遍对黑龙江大米等农产品感兴趣，与黑龙江省绿色农产品交易中心、哈米集团等建立了联系，将按需求对接农产品采购。

（四）地市商务部门开展多方面对口合作

广州市商务局与齐齐哈尔签订消费扶贫框架协议。2020 年 5 月、6 月，广州支持齐齐哈尔市农特产品参加"广州市消费扶贫——全城欢乐购"和首届广州直播节扶贫专区活动，线下线上采购消费齐齐哈尔市农特产品。

深圳市商务局与哈尔滨市就服务贸易、商贸流通秩序、电子商务等开展对接，就电子商务及跨境电商发展情况、跨境电商综试区建设进行交流。支持哈尔滨市于 2020 年 11 月 5 日在深圳举办"哈尔滨（深圳）外资企业及华商座谈会"。深圳报业集团旗下的电子商务平台"深商 e 天下"积极采购黑龙江农副产品，初步统计，2020 年深圳报业集团共向黑龙江省双鸭山市采购大米、杂粮共计 300 多万元。

中山市商务局支持广东果美农业发展有限公司专营佳木斯市农产品销售。2019 年 12 月广东果美"中山对口合作佳木斯市农副产品集市"正式对外营业，该集市是中山首个对口帮扶集市。营业以来，该集市积极为中山市民提供优质、放心、富有特色的对口合作农副产品。据初步统计，2020 年该集市已采购销售佳木斯市农副产品 300 多万元。

湛江市商务局邀请绥化市经贸代表团参加"2020 广东—东盟农产品交易博览会"，交流推广两省"稻—稻—薯"产业模式。在绥化市电子商务创新创业园设立"湛江市产品销售专柜"，入驻湛江企业 11 户、产品 72 款。推动绥化市望奎县政府在湛江市设立望奎寒地黑土农产品（湛江）体验店，销售大米、大豆油以及五谷杂粮等特色农产品 70 多种。广东湛绿农业科技开发有限公司 2020 年销往黑龙江冬季北运菜共计 7.6 万吨，保障了黑龙江省绥化等地市 2020 年春季以及新冠肺炎疫情期间蔬菜市场供应的稳定。

江门市商务局推动江门翔鸿供应链科技有限公司与黑龙江省七台河市聚仁农业公司签订两年销售合作协议，产品已上架销售。

三、自贸试验区交流合作

2020 年，两省商务部门继续落实两地自贸试验区战略合作框架协议。推动产业合作。深圳前海片区和哈尔滨片区共同建设哈尔滨前海园、深圳市前海（东北）创新研究院和中俄国际青年梦工场，将"前海模式"复制推广至哈尔滨。珠海横琴片区和黑河片区依托俄罗斯阿穆尔州、鞑靼斯坦共和国富集的中药资源，确定中医药产业合作的最佳路径。深化政务合作。绥芬河片区借鉴广州南沙片区经验，在压缩企业开办时间、政务大厅布局及窗口设置、容缺受理机制、推行"不见面审批"等方面提出了多项可行性意见建议，推进了绥芬河片区政务服务改革工作。珠海横琴片区利用在政务服务领域方面的先进管理经验，促进黑河片区全面提升政务服务的透明化、公开化、便利化水平，协助黑河片区明确下一步优化营商环境的任务目标和改革方向。

四、与"一带一路"沿线国家开展经贸合作

2020 年 10 月，广东省商务厅发动碧桂园、富之源等企业参加由中国食品土畜进出口商会和黑龙江省贸促会、俄联邦工商会、俄油脂联盟举办的"第二届中俄大豆贸易与投资对接会"，推进《中国黑龙江省商务厅、广东省商务厅与俄罗斯滨海边疆区国际合作厅大豆合作协议》签署（处于推进过程中）。两省商务部门将密切跟进协议进展，积极推动农业项目跨境合作，促进中俄两国大豆等农产品业界交流。

2021 年，两省商务部门将认真贯彻落实两省对口合作工作部署，多层次、宽领域、全方位推动两省商务领域对口合作，积极组织参加双方重点经贸展会，携手参与"一带一路"建设，强化对俄经贸合作，加强自贸试验区合作，积极参与国内大循环，提高两省消费能力水平，增创商务合作新优势。

（撰稿人：谷建军、邹峰）

第五章　工业和信息化对口合作

广东省工业和信息化厅　黑龙江省工业和信息化厅

为落实黑龙江与广东两省工业和信息化领域对口合作框架协议，以及《黑龙江省与广东省对口合作 2020 年重点工作计划》，推动黑龙江省与广东省在工业和信息化领域的对口合作，2020 年以来，两省工信部门围绕民营经济、装备制造、新兴产业、医药产业等领域加强合作，取得了扎实成效。

一、2020 年工作总结

（一）民营经济领域交流紧密

10 月 11 日，黑龙江省工业和信息化厅联合黑龙江省人大财经委、黑龙江省司法厅一行 10 人到广东省开展中小企业法规立法和政务服务能力建设调研，通过交流考察，双方在中小企业法规立法、落实《保障中小企业款项支付条例》、促进中小企业发展等方面进行沟通，交换了经验做法。10 月 10～16 日，广东省工业和信息化厅在广东省 2020 年中小企业人才培训项目中设立创业创新基地（黑龙江）专题研修班，黑龙江省 37 人参加培训，研修班开设了新冠肺炎疫情冲击下的积极财政政策与风险防范、粤港澳大湾区发展背景下创新竞争力和创业创新服务团队的建设等专题课程，加强了广东省和黑龙江省"双创"基地交流力度，提升了基地管理人员整体业务素质和服务水平，推动了两省"双创"基地规范发展。

（二）装备制造业合作得到加强

广州数控与齐重数控继续落实《共建重型数控机床系统国产化及智能化重点实验室合作协议》，合作建立的黑龙江省智能机床研究院有序运营，双方合作研究的七轴五联动数控机床项目也取得阶段性成果，为实现重型数控机床系统国产化迈出重要一步。为支持和加快推动该项目实施，广东省工业和信息化厅与广州数控进行了多次对接，推进项目在研发阶段申请省科技专项资金及相关政策支持。2020年4月广州数控向省科技厅产学研处提交了"智能机器人与装备制造"重大科技专项项目建议书。齐重数控在CK5112E1.25m数控立车上试用广州数控的数控系统，替代西门子的数控系统，已进入装配阶段。广州数控自主品牌数控系统在6台X2016X100/32重型龙门铣床上实现配套应用。技术研究上，已完成全闭环技术、第三方电机适配技术，X轴、Z轴、SP1主轴的标准车削技术，X轴、Y轴、Z轴的标准铣削技术等技术研究；C轴/SP1主轴双伺服电气驱动技术已完成理论研究，处于实验室测试阶段。

（三）新兴产业合作不断推进

中国宝安集团在哈尔滨投资建设哈尔滨万鑫石墨谷科技产业园项目，目前项目已经落地。正威集团哈尔滨新一代材料技术产业园项目已开工建设。深圳市贝特瑞新能源材料有限公司在鸡西市投资建设的鸡西市贝特瑞石墨产业园项目已建成投产，鸡西龙鑫碳素有限公司项目也已初步建成。鸡西市唯大新材料科技有限公司与广东风华高新科技股份有限公司合作研发电容和新能源电池，目前产品研发顺利。由中国科学院深圳先进技术研究院、深圳迈瑞生物医疗电子股份有限公司、上海联影医疗科技有限公司、先健科技（深圳）有限公司和哈尔滨工业大学等单位联合牵头在深圳创建广东省高性能医疗器械创新中心，2020年获工业和信息化部批准升级为国家高性能医疗器械创新中心，积极开展产学研合作，推动哈尔滨工业大学"机器人技术与系统国家重点实验室"手术辅助机器人及其配套微创手术器械的关键技术、高端人机共融康复机器人生机感知交互技术、融合多模态医学成像的计算机智能辅助诊疗技术等高端医疗器械科研成果产业转化。

（四）先进制造业对接势头良好

2020年4月，珠海市工信局分别对哈尔滨城林科技股份有限公司以及华润电力珠海公司进行沟通摸查，撮合双方就哈尔滨城林科技股份有限公司与华润电力珠海天然气分布式能源项目（以下简称华润项目）开展对接联系。目前，华润项目处于工程方案设计阶段，哈尔滨城林科技股份有限公司计划通过与中船703所合作，共同投标参与华润珠海天然气分布式能源项目的主机配套业务。

（五）医药产业合作继续深化

中国中药控股有限公司在哈尔滨利民生物医药产业园建设中国中药（哈尔滨）产业园项目。其中，黑河饮片厂计划开展黑河道地药材及俄中药贸易项目，一期建设稳步推进；鹤岗双兰星药业项目已开展项目对接工作，积极落实便民服务。广药集团及属下采芝林公司、中药饮片厂与甘南县、泰来县达成了多项关于中药产业合作发展的意向，其中与甘南县达成了 400 吨板蓝根采购合同，金额逾 400 万元；与泰来县万成中药种植专业合作社签订中药材基地合作立项函，共建中药材防风品种的规范化种植基地。

（六）医疗防控物资互助互通

新冠肺炎疫情暴发后，黑龙江省医用防护服、口罩以及口罩生产设备等医疗防控物资生产供应紧张。以广东省工业和信息化厅为牵头单位的省新冠肺炎疫情防控指挥办物资保障一组迅速响应，2 月初在物资极度紧缺的形势下，先后紧急支援黑龙江医用护理口罩1.5 万只，与黑龙江省共度时艰。另外，佛山市工信局协调佛山市拓盈无纺布有限公司向双鸭山市妙康生物科技有限公司定时定量供应熔喷无纺布，极大地缓解了双鸭山市疫情防控物资原材料紧缺问题，有效支持了双鸭山市疫情防控。

二、2021 年工作安排

2021 年，围绕两省对口合作安排，重点抓好以下几个方面工作：

（一）加强两省民营经济领域交流合作

广东省将继续邀请黑龙江省中小企业和服务机构参加第十七届中博会，展示推广黑龙江省中小企业的品牌产品、先进技术及相关服务，开展洽谈、对接和交易活动，深化黑龙江省中小企业与其他省及各国、各地区中小企业间的交流与合作。组织广东省知名民营企业家和学者赴黑龙江省讲授民营企业发展经验，促进黑龙江省民营企业发展。组织黑龙江省企业董事长或总经理赴广东华为、腾讯等百强企业学习交流，学习广东优秀企业先进管理理念。

（二）加强装备制造业合作

广东省将继续邀请黑龙江省工业和信息化厅组团参加2021年举办的第七届珠江西岸先进装备制造业投资贸易洽谈会，促进两省装备制造业产业对接合作。继续推动广州数控与齐重数控合作，促进广东省开放型经济和市场优势与黑龙江省装备制造业研发优势对接，加快推进重型数控机床系统国产化。组织广东石油化工、装备制造、电子信息等企业赴大庆市进行对接，促进两省区企业优势互补合作，推动东北老工业区产业转型升级。

（三）加强新兴产业合作

促进黑龙江省机器人、清洁能源装备、石墨烯等产业与广东省对接，重点推动中国宝安集团在哈尔滨投资建设的哈尔滨万鑫石墨谷科技产业园项目、深圳市贝特瑞新能源材料有限公司在鸡西市投资建设的鸡西市贝特瑞石墨产业园项目、鸡西龙鑫碳素有限公司项目、鸡西市唯大新材料科技有限公司与广东风华高新科技股份有限公司合作研发项目、国家高性能医疗器械创新中心等重大项目顺利实施，持续健康运营。

（四）加强制药业合作

组织广东省医药企业到黑龙江省开展合资合作、项目转让、兼并重组及新建项目，组织中药生产骨干企业和药品流通企业赴黑龙江省开展中药材种植采购对接。组织黑龙江省医药企业到广东省医药园区、基地及横琴新区粤澳合作中医药科技产业园考察对接。推动中国中药控股有限公司和广州医药集团在哈尔滨的项目顺利实施。

（五）参与"中蒙俄经济走廊"建设

贯彻落实中俄两国元首确定的中俄地方合作交流年有关工作要求，加强中俄两国地方间合作，借助两省对口合作契机，推动广东省企业赴俄罗斯参加"中俄博览会""中俄中小企业论坛"等对俄经贸活动。引导广东省企业参与黑龙江省跨境经济合作区和自贸区建设。

（撰稿人：叶丽娜、覃钰淇、李玉江）

第六章 农业和绿色食品产业对口合作

广东省农业农村厅 黑龙江省农业农村厅

2020 年，两省农业农村部门坚持以习近平新时代中国特色社会主义思想为指导，深入贯彻落实两省省委、省政府的总体部署，按照《国务院关于深入推进实施新一轮东北振兴战略加快推动东北地区经济企稳向好若干重要举措的意见》《黑龙江省与广东省对口合作实施方案》《黑龙江省与广东省对口合作框架协议》（国发〔2016〕62 号）中推动黑龙江省与广东省建立对口合作机制的有关要求，以"对口合作、优势互补、市场主导、共同发展、互利共赢"的原则，积极推动两省农业交流合作，提升两省现代农业质量与效益，着力探索机制创新、合作共赢模式，有效促进两省资源优化配置和农民增收。

一、2020 年主要工作情况

（一）加强沟通交流，确保粤黑对口合作顺利推进

新冠肺炎疫情发生以来，两省农业农村部门的互访及交流受到较大影响，为推进对口合作工作，双方通过电话、网络视频等线上平台交流通报有关情况，协调解决相关问题，继续挖掘合作潜力，强化产销对接，共同商议并推动有关合作项目建设，创新联合开展线上产销对接活动，促进双方农业发展、农村进步和农民增收。

（二）打造合作典型，推进"稻—稻—薯"项目建设

新冠肺炎疫情受控后，广东省农业农村厅指导"稻—稻—薯"项目尽快复工复产，项目建设有序开展。2020 年，"粤黑合作稻—稻—薯高效生产示范基地"种植冬种马铃薯

710 亩，平均亩产超过 2300 公斤，销售价格 3.2 元/公斤，每亩产值 7360 元，亩效益超过 3000 元。种植水稻 760 亩，平均亩产优质稻谷 430 公斤，销售价格 3.2 元/公斤，每亩产值近 1400 元，每亩水稻效益超过 500 元。项目建设单位组织 300 名生产、管理人员参加冬种马铃薯现场观摩会、大型稻田冬种马铃薯中期管理现场会等会议。项目负责人以直播的形式在线介绍项目背景、种植基地、产品以及种植技术。新冠肺炎疫情期间，项目建设单位提前抢收首批 5 吨马铃薯送往湖北重点疫情地区，供应 7 所武汉方舱医院的配餐。广东省农业农村厅郑宏宣总农艺师以直播的形式连线发车仪式现场，对齐心抗疫的爱心行动表示充分肯定。9 月 25 日，广东"稻—稻—薯"农业产能提升发展交流会在湛江举行，来自水稻、马铃薯、农业产业化等行业专家集聚探讨农业交流合作新路径、新模式等。

（三）探索对接模式，拓展优质特色农产品销售渠道

为探索粤黑农产品云对接新模式，帮助两地特色农产品进入对方市场，促进线上产销对接，拓宽全国营销渠道，两省农业农村部门组织开展了 2 场粤黑县域结对直播活动，以广东从化区与黑龙江饶河县、广东惠来县与黑龙江宝清县结对方式，邀请 4 位县（区）领导做客广东农产品"保供稳价安心"数字平台直播间，为两地农产品代言，累计吸引近 10 万名网友及采购商在线观看，拉动黑龙江大米、蜂蜜、广东荔枝、凤梨等农产品销售近 41 万元。活动通过政府搭台、企业运作的方式，帮助两地特色农产品进入对方市场，实现平台、资源共享，擦亮了"粤字号""龙字号"的金字招牌，拓宽了全国的销售渠道。广东东西部扶贫协作产品交易市场黑龙江馆于 2019 年 9 月 28 日开始营业，由黑龙江省农投食品有限公司管理和运营，馆内 38 家供应商分别来自黑龙江省 10 市 13 县，供应产品 300 种，其中 90% 为扶贫产品，2020 年团购合计 213 万元，其中 113 万元来自交易市场平台销售，其他来自各类外展活动，如广州市消费扶贫——"消费扶贫工惠行"活动、"把爱带回家"——广东省助力消费扶贫推动妇女创业就业公益行动、广东东西部扶贫协作产销对接暨 2020 年广东消费扶贫月系列活动等。

（四）加强合作指导，积极推动产业项目建设

广东省温氏食品集团股份有限公司下属北安温氏畜牧有限公司在黑龙江省投资建设了北安温氏畜牧一体化生猪产业项目，项目计划总投资 12 亿元，用地总面积 2693 亩，规划建设 4 个高效一体化种猪场、一个办公中心和年产 35 万吨的饲料厂。截至 2020 年底，北安公司已配套总资产 1.8 亿元，建成与投产了一个设计规模为年上市猪苗 15 万头的高效猪场，并确定了总部用地 54.9 亩，发展家庭农场 72 栋，共计产能达 14 万头。2020 年，北安公司上市仔猪 3.31 万头，上市肉猪 1.95 万头。另外，温氏股份 2011 年在齐齐哈尔设立了一家以玉米收购、储存、销售、发运为主的粮食性贸易公司，拥有富区粮库、龙江粮库 2 个下属库点，目前已基本具备了 60 万吨的粮食收储能力及 200 万吨粮食采购能力，2020 年总经营玉米 127 万吨，其中产地经营 23 万吨、港口经营 104 万吨，总销售值 28.5 亿元。广东海纳农业有限公司与黑龙江省大庆市林甸县碧野农业开发有限责任公司合作建设 10 万吨级有机肥料厂，计划总投资 5000 万元，双方开展多次商洽、考察研究，已在大庆林甸县落户，并成立黑龙江百川生物科技有限公司，现已完成土地出让和第一期厂房建设，并开始育秧基质、有机肥料等生产和销售。

（五）加强种业合作，提升两省种业现代化水平

广东省农科院作物研究所与黑龙江农科院、北大荒马铃薯集团等单位合作，开展马铃薯资源交流、互评和联合育种以及品种试验示范工作，重点针对南方冬种区优质早熟鲜食型品种选育，在黑龙江开展联合育种，在广东进行实生种子后代选育和种薯加代，每年在广东冬作区布置 3 个以上的试验示范点，为北大荒公司在广东冬作区销售的马铃薯种薯售后提供全程技术支撑。截至 2020 年底，已开展 20 份资源交流的性状评价和利用、10 多个新系列和龙薯系列品种试验示范。深圳创世纪种业公司自 2006 年开始黑龙江寒地三系杂交粳稻选育研究，选育出的创优 31 于 2018 年 4 月通过黑龙江省品种审定，是全国首个寒地早熟杂交粳稻品种，示范区较当地常规稻增产 10% 以上，2019 年、2020 年两年累计推广面积近 15 万亩，为种植户创造了良好的经济效益。现阶段在黑龙江省参试的杂交粳稻一系列新组合有创优 32、创优 33、创优 37，有望近 2～3 年内陆续通过黑龙江省品种审定。

（六）深化地市合作，拓展两省交流合作空间

广州市与齐齐哈尔市农业农村部门，抢抓粤港澳大湾区"菜篮子"建设机遇，积极组织符合条件的企业申请列入粤港澳大湾区"菜篮子"生产基地，目前齐齐哈尔粤旺农业科技有限公司、齐齐哈尔市星光蔬菜加工有限责任公司已列为粤港澳大湾区"菜篮子"产品配送中心，龙江元盛和牛产业股份有限公司、龙江绿铭农业发展有限公司成为粤港澳大湾区"菜篮子"生产基地，龙江元盛食品有限公司成为粤港澳大湾区"菜篮子"产品加工企业。深圳市与哈尔滨市农业农村部门，利用第六届深圳国际绿博会契机，以"加强深哈合作、实现互利双赢"为主题，组织展示了黑龙江粮油、果蔬、山特、畜禽、饮品、休闲食品及老字号产品等 8 大类，推动了哈尔滨市与大湾区地区农产品的产销对接。2020 年 10 月，佛山市和双鸭山市有关部门共同组织实施佛山市采购双鸭山市农产品活动，采购土豆、萝卜、白菜、鲜食玉米等蔬菜产品共 16 车 500 余吨。由佛山佳成尚味

（广东）膳食管理有限公司和龙臻江品商贸佛山有限公司（双鸭山市企业在佛山市设立的公司）共同出资组建佳成优选（广东）膳食管理有限公司，于 2020 年 4 月成立，集餐饮配送、农产品批发零售、电子商务平台等为一体，已建一餐可出 5 万份的标准化中心厨房一所，配送企业和学校共 18 家。另外，利用"双佛合作""双深合作"政策机遇，宝清县和平谷物种植专业合作社与广东佛山市南海区粮油总公司合作、珠海和大福超市长期合作，年成交额在 100 万元以上；友谊县恒盛米业在佛山三眼桥农贸批发市场建立代销点，年销售量 2 万吨左右，与深圳市五谷丰实业有限公司合作，销往深圳、东莞、广州、湛江等地大米 5 万吨左右；集贤县永军米业在广州、深圳、佛山等珠三角地区形成了较成熟的销售网络，其中在佛山建立了 4 个直营店。

二、下一步工作计划

粤黑两省继续认真贯彻落实国家和省委、省政府关于两省合作的决策部署，紧紧围绕有关文件要求，着重做好以下几项工作：

（一）继续完善工作机制，落实对口合作协议

充分发挥已建立起的合作机制作用，加强双方互邀互访及不定期工作会晤，及时交流通报有关情况，进一步扩大合作领域，研究解决合作中遇到的实际困难和问题，进一步挖掘合作潜力，提升合作层次和水平。

（二）指导推动重点合作项目，打造两省农业合作样板

加强政府引导，充分发挥市场在配置资源中的决定作用，促进人才、技术、产品、资本要素合理流动。大力推动粤黑"稻—稻—薯"合作项目，探索引导粤黑农业合作重点项目建设，打造一批合作样板，发挥示范带动效应。

（三）积极促进经营主体对接，推动合作项目落地

加强两地农产品产销对接，探索线上对接新模式，鼓励双方开展农产品推介、产销对接等交流活动，共拓两省优质特色农产品营销新渠道。加大两省农业对外交流合作，推动两省农产品进出口贸易，拓展两省优质特色农产品的销售渠道。

（四）加强农业科技交流，推进两省农业科技合作

联合组织两省农业科研、推广机构开展农作物新品种、新技术的研究、引进、开发和试验示范，加快农业科技成果转化，实现科研成果共享，加强农业技术人员培训与交流。

（撰稿人：黄维华、张建成、郭绍权、武爽）

第七章 粮食对口合作

广东省粮食和物资储备局 黑龙江省粮食局

一、2020 年两省粮食对口合作总体情况

（一）加强两省粮食对口合作协调

两省粮食部门认真贯彻落实党中央、国务院对口合作有关工作部署，按照《广东省粮食和物资储备局 黑龙江省粮食局战略合作框架协议》，在做好新冠肺炎疫情防控工作同时，加强沟通协调，开展交流互访，充分利用两省粮食合作协调机制推动工作取得实效。一是召开两省粮食对口合作协调小组会议。2020 年 7 月，广东省粮食和物资储备局与黑龙江省粮食局在哈尔滨联合召开 2020 年粮食对口合作协调小组会议，认真总结两省粮食对口合作取得的成效和经验。两省粮食局主要领导开展多次会谈，共同研究进一步推进粮食对口合作新举措，持续推动两省粮食对口合作向更高质量、更高水平发展。二是紧密协调保障疫情防控期间广东粮食供应。2020 年 2 月，受新冠肺炎疫情影响，深圳国米米业等 10 家企业与黑龙江省 16 家合作企业产销合作涉及的 12 万吨粮食无法及时运往广东。广东省粮食和物资储备局加强与黑龙江省粮食局沟通协商，反映实际困难和问题。黑龙江省粮食局积极向相关企业了解具体情况，加大力度协调有关部门对企业复工、防疫物资支持、交通运输等方面提供帮助，优先保障"龙粮入粤"，为疫情期间广东粮食市场稳定提供了大力支持。

（二）巩固深化两省粮食储备合作

两省粮食部门积极推动异地储备合作，至 2020 年底，广东省在黑龙江省异地储备粮食 51.65 万吨，占广东省异地储备的 80.7%。一是深化省级储备粮异地储备合作。一方面，按照《关于建立广东省省级储备粮（黑龙江）异地储备的合作协议》，广东省粮食和物资储备局在已建立省级储备粮（黑龙江）异地储备规模 32 万吨基础上，2020 年落实新增省级储备粮（黑龙江）异地储备稻谷规模 3 万吨，将广东省省级储备粮（黑龙江）异地储备规模扩大至 35 万吨，异地储备品种拓展至黑龙江产玉米、稻谷两个品种。黑龙江省粮食局开展深入细致的调查，为合作到期的 10 万吨级广东省省级储备粮异地储备重新选择合作企业和储存地点。另一方面，指导两省储备合作企业不断完善异地储备合作模式，进一步提升粮食储备安全管理水平。两省粮食部门密切配合，确保相关工作顺利高效推进，为广东省省级储备粮（黑龙江）异地储备进一步融入当地产业链条打好基础。二是推动两省地市间开展异地储备合作。深圳市逐步集并东北地区的异地储备，在双鸭山市落实 15 万吨异地储备任务。汕头市在鹤岗市落实 0.5 万吨异地储备任务。湛江市在绥化市落实 1.15 万吨异地储备任务。

（三）加强异地储备监管合作

按照《广东省省级储备粮（黑龙江）异地储备联合监管暂行办法》，广东省粮食和物资储备局与黑龙江省粮食局加强异地储备监管合作，努力克服新冠肺炎疫情影响，保持监管频率，创新监管方式。一是开展定期联合抽查。2020 年，两省 3 次组成联合检查组，开展广东省省级储备粮（黑龙江）异地储备联合抽查，始终保持监管高压态势。二是加强日常联合监管。两省粮食部门加强异地储备日常监管合作，由广东省储备粮管理总公司定期轮换驻库监管员，黑龙江省粮食局委托黑龙江省储备粮管理有限公司坚持每月开展巡视监管，并将检查情况反馈给两省粮食部门，确保异地储备账实相符、账账相符、储存安全、管理规范。三是加强质量监管。在黑龙江省粮食局支持配合下，广东省粮食和物资储备局安排专项资金，对储存在中粮贸易黑龙江有限公司待轮换的 18.9 万吨省级储备粮（黑龙江）异地储备玉米进行质量抽检，确保省级储备粮（黑龙江）异地储备的安全。

（四）进一步深化粮食产销合作

两省各级粮食部门和粮食企业持续加大粮食产销合作力度。一是积极搭建产销合作平台。2020 年 10 月 18 日，广东省粮食和物资储备局、黑龙江省粮食局等 9 省粮食部门在哈尔滨共同举办"2020·黑龙江第十七届金秋粮食交易暨产业合作洽谈会"，广东省粮食和物资储备局局长肖晓光带领广东省 14 家粮食企业参会，两省企业签订粮食购销合同和意向协议 22.5 万吨，其中，大米 13.9 万吨，玉米 8.6 万吨。深圳市、哈尔滨市联合组织"云上直播 2020·哈尔滨粮食产销对接会"，推动两地产销进一步衔接。中山市与佳木斯市共同举办佳木斯同江市粮油及特色农产品（中山）宣传推介会。此外，不断改进完善两省粮食交易市场、龙粤粮食对口合作平台，积极为企业提供合作交流信息。二是持续推动政府、企业间产销合作。深圳市与哈尔滨市签订《粮食产销合作框架协议》，就建立和发展长期稳定的粮食购销合作关系、鼓励发展粮食生产收储基地和购销贸易、做好应急期间粮源保障等方面达成共识。中山市菜娘子农业科技股份有限公司等多家采购商与佳木斯市同江农产品企业达成合作意向并签约。惠州市储备军粮供应公司、惠州伴永康粮油食品有限公司、惠州市合益粮油有限公司等企业与黑龙江春华秋实粮油有限公司（大庆市）签订 4.7 万吨大米购销意向协议。广东怡丰米业有限公司（湛江市）与庆安华鑫米业有限公司（绥化市）购销大米 8000 吨。

（五）进一步推进合作项目落实

两省粮食部门继续发挥黑龙江第一大主产区和广东第一大主销区的天然互补优势，从两省资源禀赋差异中寻找更广阔的合作空间。一是探索推动优质粮食工程项目合作。为落实两省粮食对口合作协调小组会议精神，2020 年 7 月 28 日，黑龙江省粮食局、财政厅与省农投集团组成工作组，赴广东省考察，探索黑龙江农投集团与广东省储备粮管理总公司直属库建立"黑龙江好粮油"直销通道项目建设。二是推动既定合作项目落实。惠州市广东海纳农业有限公司与大庆市林甸县碧野农业开发有限责任公司在林甸县合资建设年产 10 万吨的有机肥料厂，计划投资 1.5 亿元，于 2020 年 5 月开工，至年底该项目已完成土地出让和第一期厂房建设，并开始育秧基质、有机肥料等生产和销售，同时该公司在大庆林甸县完成 1000 亩的水稻订单生产。深粮集团投资 5 亿元在双鸭山市建设的粮食仓储设施和加工基地，在 2019 年 9 月一期 15 万吨级仓库建成并收储粮食的基础上，2020 年二期 5 万吨平房仓项目已建成投入使用。

二、2021 年工作计划

一是继续强化两省粮食对口合作协调机制。加强两省粮食部门沟通交流，开展常态化、多层级沟通交流，及时高效协调解决合作中遇到的瓶颈和困难，为两省粮食对口合作进一步深化和更大发展保驾护航。

二是努力探索对口合作新领域。探索建立两省粮食对口合作新形式，进一步优化异地储备合作模式，鼓励两省企业进一步参与黑龙江粮食收储、加工等业务。

三是务实推动两省粮食项目合作。探索建立两省粮食对口合作项目库，积极推动两省在粮食精深加工、绿色食品产业发展等方面深度合作。

四是持续深化两省粮食产销合作。坚持以国内大循环为主体、国内国际双循环相互促进的新发展格局，积极打造两省粮食保障供应链。

（撰稿人：王发恭、王曾新）

第八章　金融对口合作

广东省地方金融监督管理局　黑龙江省地方金融监督管理局

一、2020 年金融对口合作情况

2020 年以来，两省紧紧围绕《黑龙江省与广东省对口合作实施方案》明确的重点任务，着力加强金融对口合作，有效推动金融机构互设、资本市场对接、金融机构拓展业务，金融交流合作不断深化，取得良好成效。

（一）推动两省金融机构互设

广东省金融机构在黑龙江设有银行分支行、证券公司分支机构共 29 家：招商银行在哈尔滨设 1 家一级分行、在大庆设 1 家二级分行；平安银行在哈尔滨设 1 家一级分行；广发银行在哈尔滨、牡丹江、齐齐哈尔、大庆设立分行、支行；广东省证券公司在黑龙江省共设立分支机构 22 家。黑龙江省在广东省设立证券公司分支机构和金融类机构共 8 家：江海证券在广州、深圳、东莞设立分支机构 6 家。

其中，根据《黑龙江省与广东省对口合作 2020 年重点工作计划》，各有关部门积极支持平安银行哈尔滨分行筹建工作，平安银行哈尔滨分行已于 2020 年 10 月获得开业批复和金融许可证，11 月 7 日正式对外营业。

大庆市高新区在广州注册设立了中元商业保理（广州）有限公司和庆新融资租赁（广州）有限公司，取得商业保理和融资租赁牌照，通过大庆产业金融服务平台旗下的"庆融易信供应链金融服务平台"，为大庆市中小微企业提供融资服务。2020 年以来，中元商业保理、庆新融资租赁已对高新城投、海国龙油等企业授信 3.72 亿元，为上游企业落实供应链融资 24 笔、金额 8507.61 万元。

（二）加强资本市场领域合作

一是深圳证券交易所加强与黑龙江省多方位合作。2020 年 11 月 12 日，深圳证券交易所黑龙江基地正式落户哈尔滨经济技术开发区，面向黑龙江省开展上市辅导相关工作。基地揭牌仪式上，深圳证券交易所、黑龙江省地方金融监督管理局、黑龙江证监局、哈尔滨经济技术开发区管委会四方共同签署了《共建深圳证券交易所黑龙江基地协议》，深交所专家开展了深圳证券交易所多层次资本市场及改革动态专题讲座。该基地将进一步发挥资本市场枢纽作用和创新资本形成功能，推动黑龙江优秀企业进入多层次资本市场，助推企业合理运用资本市场做大做强。

二是推动黑龙江省优质企业赴深交所上市。2020 年 10 月 29 日，哈尔滨企业广联航空工业股份有限公司正式在深交所创业板挂牌交易，该企业是黑龙江省在创业板注册制改革后首家上市公司。目前，黑龙江省的正业设计股份有限公司已提交创业板上市申报材料，并有丰润生物、森鹰窗业、龙江元盛、岛田大鹏、华通通信、新中新、九三食品、天有为、完达山等一批优质企业正积极筹备深交所上市工作。

三是各对口地市加强资本市场经验交流。佳木斯市通过学习中山市先进经验，制定并出台了《佳木斯市加快推进企业上市工作方案》，稳步推进企业股份制改造、规范培育、挂牌转板、上市辅导等工作；组织和引导证券、期货等金融机构为恒源食品、德昱成实业等拟上市企业提供上市咨询、培育辅导等金融服务，促进佳木斯市金融和实体经济的良性循环。绥化市借鉴湛江市促进金融业发展和辅导培训企业上市的先进工作经验，参照《湛江市促进金融业发展奖励办法》和《湛江市扶持企业在"新三板"和区域性股权交易市场挂牌融资暂行办法》，研究制定绥化市相关措施办法，从政策层面吸引社会资本投资兴业，引导更多企业借助资本市场做大做强。

（三）推动金融机构合作发展

一是广东省证券公司积极协助黑龙江省企业赴资本市场融资发展，保荐黑龙江省 2 家企业 IPO 上市，协助 2 家上市公司再融资、3 家企业开展并购重组、6 家企业发行公司债券，并承销了企业 PPN、MTN 项目等。

二是广东省期货公司与黑龙江省保险机构合作提供保险＋期货服务，实际理赔金额600 余万元，有效帮助农户规避收入损失风险。例如，金瑞期货股份有限公司于 2017 ~ 2020 年连续四年在饶河县开展"玉米保险＋期货"，共涉及玉米现货 7.39 万吨，种植面积 12.3 万亩，理赔金额 300 余万元，并在饶河县举办了 3 次金融知识培训会，参会人数共 400 余人。

三是两省银行积极合作支持实体经济发展。农业银行深圳市分行与黑龙江省分行密切协作，2020 年通过系统内联合贷款，为铁力市金新农生态农牧有限公司生猪养殖项目提供融资支持 2 亿元。建设银行深圳市分行与黑龙江省分行密切合作，开展 3 个大型项目的融资支持。前期已合作 2 个开发项目，项目总投资 39.12 亿元，深圳市分行融资金额 15 亿元。近期新增 1 个开发项目合作，项目总投资 8.61 亿元，深圳市分行融资金额预计为 4.5 亿元。

（四）支持重点平台建设

一是哈尔滨市引进广州市地方金融风险监测防控平台，通过网上巡查、网站对接、数据分析等技术手段，进一步提高对非法集资和互联网金融风险预警的能力。平台目前处于试运行阶段，可对线上舆情动态进行监测，定期出具监测分析报告。

二是积极推动深哈投资平台设立发展，深哈公司已与深圳市基础设施基金管理公司、哈尔滨哈投投资股份有限公司和哈尔滨创业投资集团有限公司等合作方达成一致意见，完成了深哈产业园战略性新兴产业基金和天使投资基金组建方案，并报两市联席会议研究同意。其中，战略性新兴产业基金规模 10 亿元，天使投资基金规模 1 亿元。同时，在科技创新风险补偿、担保等方面，在哈尔滨市有关部门的支持下，深哈公司逐渐与中国银行、广发银行、招商银行等金融机构建立良好合作关系，积极推动金融更好地服务于在深哈产业园落户的中小企业等实体经济。

三是大庆市借鉴粤港澳地区金融科技发展的先进经验，成功打造大庆产业金融服务平台，截至 2020 年底，平台入驻金融机构 26 家，上线金融产品 125 个，注册企业 4281 家，已促成企业融资 11.3 亿元。

二、2021 年工作计划

（一）进一步支持两省金融机构合作交流

支持广州市进一步推进与齐齐哈尔市开展碳排放方面的合作，共同探索碳市场建设；开展农副产品交易方面的合作，探索农产品交易服务平台建设，促进农业实现产业化。支持深圳市继续引导金融机构在哈尔滨拓展业务，促进金融资源支持哈尔滨市国企混改、民营企业上市，引导创投、融担等金融资源与哈尔滨市优质科技企业、实体机构对接。支持佛山市推动投资企业与双鸭山市合作设立产业投资基金，开展直接投资业务。支持两省各地市金融部门不断探索业务合作新模式。

（二）进一步深化多层次资本市场合作

引导黑龙江省企业利用深圳证券交易所进行首次公开募股（IPO）融资、股权再融资，发行债券及资产证券化产品。积极推动两省通过市场化方式发展创投基金、天使基金、股权投资基金等新型融资工具，为促进两省实体经济发展提供金融支持。

（三）进一步加强金融监管交流

进一步加强两省金融监管交流，加强地方政府金融工作部门互访互学，就加强地方金融监管、推动金融服务实体经济等方面进行研讨交流。大力支持两省在地方金融风险监测防控、防范与化解重大风险等方面开展合作。

（撰稿人：曹怡静、张晓男）

第九章　文化和旅游对口合作

广东省文化和旅游厅　黑龙江省文化和旅游厅

一、2020 年对口合作工作情况

2020 年，两省文化和旅游厅围绕贯彻落实《黑龙江省与广东省对口合作框架协议(2017－2020 年)》《广东省发展改革委关于印发黑龙江省与广东省对口合作实施方案及任务分工安排表的通知》(粤发改对口〔2018〕218 号) 和《黑龙江省与广东省对口合作 2020 年重点工作计划》，以《黑龙江省文化厅　广东省文化厅文化对口合作协议》和《黑龙江省和广东省关于建立旅游战略合作关系的协议》为指引，围绕建设粤港澳大湾区和新一轮东北振兴战略，积极克服新冠肺炎疫情对文旅产业带来的影响，保持两省文化和旅游部门的密切沟通，持续打造"南来北往，寒来暑往"营销品牌，互推旅游优惠措施，加强文化和旅游产业合作，搭建优秀文化资源共享平台，持续推进两省在文化旅游业方面的对口合作工作。

(一) 推动文化和旅游产业交流合作

黑龙江省组织参加第十六届中国（深圳）国际文化产业博览交易会（云上文博会），以"文旅融合·魅力龙江"为主题，全省近百家企业携 400 余种展品亮相云上文博会，还利用 VR、网络 3D 技术打造互动性、趣味性、观赏性兼备的虚拟展馆，充分展示了黑龙江省多彩的文旅融合项目、前沿的数字文化产品、悠久的非遗文化技艺与创新的工艺美术产品等优秀成果。黑龙江省文化和旅游厅组织参加 2020 广东文化和旅游产业投融资对接会，展示重点文化和旅游投融资项目 6 个，涉及金额约 18.4 亿元，推动两省文旅企业在旅游项目合作方面取得实质性进展。广东省和友好合作城市代表参加第三届黑龙江省旅游产业发展大会、

2020 黑河旅游发展论坛暨2020 首届俄货节等活动。2020 年10 月，黑龙江省牡丹江市赴广东省东莞市和深圳市开展对口合作及系列招商考察活动，召开对口合作工作座谈会，举办牡丹江·粤港澳大湾区招商推介会暨产业项目签约仪式，共签约项目38 个，总投资额81.1 亿元，宁安市与深圳华实公司签署了总投资3 亿元的镜泊湖南湖开发合作协议。

黑龙江省文化和旅游厅组织相关人员赴广东省文化和旅游厅、深圳市文化广电旅游体育局考察学习网上政务服务工作，进行了座谈交流并实地参观了"互联网＋政务""互联网＋监管"和政务服务工作场所，建立了沟通联络机制，认真查找差距，学习先进经验。

（二）持续开展文化艺术交流项目

为促进两省优秀文化资源的交流共享，2019 年12 月26 日至2020 年1 月12 日，广东省中山市博物馆与黑龙江省佳木斯市博物馆进行文化艺术展览交流，在中山市博物馆举办了《哈普都·隽明书法》作品展，促进两地文化艺术交流，助力国家公共文化服务体系示范区创建，增进中山市民对民族文化的了解。2020 年1 月，深圳交响乐团一行92 人赴黑龙江参加了哈尔滨音乐厅音乐季第六届"欢乐冰城"音乐会演出，并与"哈响"联袂演出了"冰雪之冠上的明珠"大型交响音乐会；11 月，哈尔滨交响乐团赴深圳与深圳交响乐团举办了一场联合音乐会，再次奏响深哈合作的华美乐章。

（三）加强文化旅游节庆交流

2020 年1 月11 日，广东省文化和旅游厅在肇庆市举办了"2020 年请到广东过大年"系列活动主会场启动仪式。通过节庆品牌活动平台，以民俗巡游、旅游博览会等形式，展示广东省各地市的特色文化旅游资源。黑龙江省鸡西市通过参加此次活动，进一步加强与广东省肇庆市文化旅游部门的交流。

（四）开展线上文化旅游资源推广合作

为克服新冠肺炎疫情对文化旅游业带来的影响，两省文化旅游部门加强线上交流和文化旅游资源推介宣传，借助线上媒体平台实现资源共享。广东省中山市利用中山文旅微信、"同程"旅游网等合作宣传平台，持续支持黑龙江省佳木斯市在粤港澳大湾区进行文旅宣传推广，先后推出"东极之夏——佳木斯""我眼中的佳木斯""富锦国家湿地公园""达勒花海公园""桦西湖公园""水源山公园""七星旅游名镇""抚远三江湿地""初夏街津口"等系列文化旅游资讯和报道。同时，广东省中山市向黑龙江省佳木斯市推送了"一镇（区）一专辑"镇区文化旅游专题报道系列推文，加深市民群众对两地文化旅游资源的了解。

（五）加强线下文化旅游宣传营销合作

围绕推进"南来北往，寒来暑往，常来常往"主题旅游活动，继续加大宣传推广合作力度，广东省广州、佛山、肇庆联合黑龙江省齐齐哈尔、双鸭山、鸡西等地，共同在银川、西宁召开秋冬季旅游主题推介会，推介两省旅游产品线路，全面宣传两省秋冬季文化旅游资源，并就推进南北区域旅游联盟间对接合作等进行深入交流，实现区域旅游合作"多赢模式"。黑龙江省佳木斯市、鸡西市等地借助参加广东国际旅游产业博览会的契机，搭建展台开展旅游营销推介活动，还现场演出了《伊玛堪说唱》《萨满女神》《乌苏里船歌》等独具特色的民族歌舞，充分展示黑龙江省特色文化和旅游资源，加强两省旅游企业交流合作，进一步开拓广东客源市场。同时，两省文化和旅游厅组织指导两省地市文旅部门开展对口合作城市推广交流，指导结对城市之间设立"主题交换日"，鼓励两省重点景区之间进行结对，在景区内放置对方的宣传资料、播放宣传视频，进一步推动两省区域文化和旅游合作。

（六）推动企业实现客源互送共享

广东省着力引导发动广之旅、广东中旅、南湖国旅、携程、途牛和同程等线上、线下旅行商的积极作用，把黑龙江作为重点线路进行推介营销。广东铁青、广东中旅、广之旅、南湖国旅等旅行社，通过联合航空公司买断机位、联合铁路集团组织旅游专列、组织跟团游、定制游和自驾游等多种方式，持续推动送客入黑工作。2020年，广东铁青牵头组织黑龙江专列22趟，游客人数达到12672人。

黑龙江省哈尔滨市在广东省深圳市召开了"2020－2021哈尔滨冰雪季文化旅游对接洽谈会"。哈尔滨冰雪大世界、亚布力滑雪旅游度假区、伏尔加庄园、雪乡国旅等哈尔滨文旅企业及深圳旅行社代表参加会议，两地文旅企业再度牵手，6家深圳市旅行社与哈尔滨旅行社签订了客源输送合作协议。

二、2021年工作思路

（一）持续推动文化和旅游产业合作

借助深圳文博会、广东国际旅游产业博览会和哈洽会、黑龙江文博会等平台，提高两省文化和旅游产业资源互通，继续鼓励更多社会资本积极参与、共同开发两省文化和旅游项目，促进文化和旅游领域投资合作。

（二）持续打造"南来北往，寒来暑往"营销品牌

采取线下和线上宣传推广相结合等办法，以广东和黑龙江为目的地市场，不断强化推广两地文化和旅游资源产品，发动业界尤其是旅行社和投资企业参与到两省的交流合作中，促进品牌营销工作取得实效。同时，充分利用媒体资源加强双方营销活动的宣传推广，提升品牌知名度。

（三）持续开拓文化艺术项目合作新局面

以合作打造音乐剧《木兰前传》为起点，共同努力将该剧打造成为两省文化艺术合作的标志性作品，以此作为推进两省演艺产业合作、文旅融合发展的成功经验，探索更多的文化艺术项目合作取得新进展。

（撰稿人：许冬琦、张巍）

第十章 卫生健康对口合作

广东省卫生健康委员会　黑龙江省卫生健康委员会

2020 年，按照国家有关东北地区与东部地区部分省市对口合作工作部署和省委省政府有关工作要求，广东省卫生健康委克服新冠肺炎疫情不利影响，在建立两省卫生健康对口合作双组长制领导小组工作机制的基础上，积极加强与黑龙江卫生健康系统的沟通衔接、相互学习和借鉴，持续推动落实年度工作计划，两省卫生健康领域对口合作务实推进。

一、对口合作总体情况

（一）公共卫生领域交流合作深入推进

按照工作计划，两地卫生健康部门、疾控机构开展新冠肺炎等传染病防控合作和经验交流，加强信息互通，强化联防联控。两地卫生监督部门签署生活饮用水监管交流合作项目书，特别针对疫情期间供水安全进行经验交流，开展防控知识培训。

（二）南方医科大学与齐齐哈尔市合作办院成效显著

在 2019 年齐齐哈尔市第一医院挂牌南方医科大学非直属附属医院的基础上，双方在临床教学培训、会诊、医疗技术合作、人才培养、临床专科共建等多方面有序推进合作。通过南方医科大学附属齐齐哈尔医院的会诊中心远程会诊平台链接，成功实现了两地院校间远程会诊、远程教学等"互联网＋"医疗服务，打通了南、北医疗"快速通道"，降低了患者就医成本，提高了患者治疗效果。齐齐哈尔市第一医院科研实力显著提高：实现

"国自然"零的突破；联合实施广州市民生科技攻关计划科技帮扶项目，成功获批 100 万元广州市政府财政经费支持；联合南方医科大学国际知名期刊（*Cell Death & Disease*）发表文章。该院已被南方医科大学授予"生源提升工程"齐齐哈尔片区协助基地，截至 2020 年底，1 人被确定为南方医科大学硕士研究生导师，33 人被确定为实践指导教师。

（三）共建呼吸道病毒防控平台启动实施

为进一步解决全国范围内基层的呼吸道病毒诊断难题，做好"早发现、早报告、早治疗"，钟南山院士牵头成立了"国家呼吸系统疾病临床医学研究中心病毒诊断研究和推广区域平台"，来自全国各地的 27 家三甲医院成为首批建设单位，哈尔滨医科大学附属第一医院和牡丹江医学院附属红旗医院被特别邀请加入。该区域平台将在国家呼吸系统疾病临床医学研究中心专家组指导下，形成覆盖全国的呼吸道病毒监测网络，共同推动中国呼吸道病毒大数据的开发与应用，大力推动适宜病毒诊断技术在基层的应用和普及，真正提升基层呼吸道病毒诊断水平。

（四）结核病防治交流合作深入开展

黑龙江省以引进广东省结核病防治信息化建设先进技术为切入点，在高发病地区开展应用结核病防治手机一体化管理系统（"微督导"系统）项目。6 月 12 日，广东省组织开展"微督导"系统线上培训，由惠州市"微督导"系统编写工程师通过群课堂授课，黑龙江省组织鸡西市、鹤岗市、七台河市及所辖县（区）疾病预防控制中心（结核病防治所）、定点医院、综合医院、社区卫生服务中心（站）、乡镇卫生院及学校保健医生共计 260 人在线参加培训。推动掌握利用现代网络即时通信技术，对肺结核患者转诊追踪、治疗管理、健康教育、校园管理等一系列工作实现全流程信息化，有效提高黑龙江省结核病防治工作管理质量，提高患者治疗依从性，为加速降低当地结核病疫情发挥积极作用。

（五）中医药领域合作交流持续深化

依托黑河市及俄罗斯阿穆尔州富集的中药资源，支持广东省医药企业在黑河市开展中药研发和加工。持续推动中国中药集团在双鸭山的中药种植项目发展。深圳光明新区医疗集团引进黑龙江中医药大学龙江韩氏妇科名医团队，并建立传承工作室，韩氏妇科专家每月赴深坐诊 2 次，团队同时参与查房和授课，传授丰富的临床经验和专业知识，提升了该院不孕不育、多囊卵巢等妇科疾病的诊疗水平。

（六）同心合力抗疫取得阶段性胜利

按照全国上下一盘棋共同抗疫的部署要求，2020 年 4 月 11 日，受国务院应对新冠肺炎疫情联防联控机制医疗救治组委派，中山大学附属第一医院重症医学科主任管向东教授作为国家级专家组成员紧急奔赴黑龙江省牡丹江市绥芬河，负责指导境外输入重症患者的救治工作，5 月 12 日，绥芬河口岸境外输入病例实现清零。前后历时 40 余天，管向东教授共指导救治重症患者 40 余例，无一死亡。新冠肺炎疫情期间，南方医科大学采用线上视频培训形式，对附属齐齐哈尔医院全院职工开展疫情防控知识和基本技能培训，有力提高了全员疫情防控知识和技能水平。

（七）医改经验交流与合作不断深化

强化两省医改进展情况交流，定期交流医改经验做法，及时互通医改工作信息，共同研究重点难点改革任务，探讨解决措施和路径，将黑龙江省在分级诊疗制度建设、公立医院综合改革、健康扶贫、"看病不求人"等方面的做法和经验进行交流。2020 年，两省交换黑龙江省《医改简报》8 期、《广东医改》杂志 11 期。双方试点医院通过多种形式和途径互相交流、借鉴、分享医院章程制定等工作的经验和做法。

（八）行政审批制度改革经验交流深入推进

黑龙江省学习借鉴广东省卫生健康委政务服务先进经验，进一步提高政务服务标准质量，提升"网上办"服务效能。在 2019 年开展政务服务事项标准化梳理工作基础上，对照广东省工作标准，逐事项、逐要素自查，完善事项办理指南和流程，持续健全完善和统一规范市县卫生健康部门行政权力事项清单及公共服务事项，提升网上政务服务能力和水平。2020 年 9 月 18 日，黑龙江省卫生健康委李淑梅副主任带队赴广东省，学习广东省卫生健康政务服务工作先进经验做法，两省建立了网上政务服务对接指导工作机制。

二、2021 年工作思路

（一）继续深化中医药医疗、科研和教学等方面合作

发扬两省在中医技术交流合作方面优良传统，推进当前中医药防治研究项目合作与成果应用，推动中医药文化建设合作。

（二）继续加强医疗卫生机构合作

继续推动广东省医疗卫生机构参与黑龙江省富余医疗卫生资源改制工作，鼓励广东省

医疗卫生机构赴黑龙江省设立分支机构或开展互利合作，增加黑龙江省医疗卫生资源供给。鼓励两省医学院校、医疗机构间加强学术交流、科学研究、人才培养、专科共建等方面的合作交流。

（三）进一步深化结核病防治领域交流合作

在现有工作基础上，充分利用广东省结核病防治专业人才及信息化的优势，加大对黑龙江省结核病防治专业人才培养、互联网新技术应用的支持工作力度，建立科研合作工作机制，推动黑龙江省优化结核病防控策略与方法。

（四）进一步加强卫生监督执法人才培养合作交流

互派监督骨干参加两省培训班，实现资源共享、人才共育、发展共促。加强行政执法信息交流，逐步实现卫生监督信息互通互享，提升卫生健康行政执法工作信息化水平。

（五）进一步完善信息互通互享机制

进一步加强在新冠肺炎疫情防控、卫生应急等方面的交流合作，完善信息互通互享机制。

（撰稿人：李东强、林振达）

第十一章　科技对口合作

广东省科学技术厅　黑龙江省科学技术厅

为深入贯彻党的十九届四中、五中全会精神和习近平总书记对科技创新的重要论述精神，深入实施创新驱动发展战略，深度融入国内大循环，切实落实广东省对口合作工作领导小组会议精神，扎实推进广东省与黑龙江省对口合作框架协议相关工作任务，2020年广东省科学技术厅继续与黑龙江省开展两省孵化器共建合作。通过引入广东省在孵化器建设方面的经验和理念，引导广东科技企业在黑龙江参与共建孵化器，提升黑龙江在孵化器方面的规划、管理、运营等能力建设，为黑龙江区域科技创新体系建设提供有力支撑。

一、全面开展合作共建

重点支持佛山中开院/双鸭山孵化器（中国科技开发院佛山分院与双鸭山市经济技术开发区）、大智汇/天鸿孵化器（广州大智汇创业服务有限公司与佳木斯市天鸿孵化器有限公司）、大唐盛视/佳木斯佳中孵化器（广东大唐盛视科技产业有限公司与佳木斯市高新技术创业服务中心）等孵化器建设，助力黑龙江区域科技创新发展。2020年，通过加强孵化器建设，拓宽服务途径提升服务质量，助力其创新创业，推动区域经济的发展。在孵化育成方面，一是至2020年底共建孵化园区的总孵化面积近3万平方米，建设总投资1.56亿元。二是由广东大唐盛视科技产业有限公司与佳木斯市高新技术创业服务中心联合共建的大唐盛视/佳木斯佳中孵化器积极探索两省"双向孵化模式"，发展态势喜人，在2020年成功获批成为国家级孵化器。三是由中国科技开发院佛山分院指导，通过双鸭山孵化器的辅导、培育，双鸭山高新技术企业由2018年的3家增加到12家，预培育5

家；实现双鸭山中小科技企业入库 97 家，2020 年新增入库企业 57 家，新增入孵企业 19 家，经双鸭山经济技术开发区新增认定省级孵化器 1 家、企业申请知识产权 17 项。在产学研对接与科研成果转化方面，一是黑龙江清清环保工程有限公司与黑龙江建筑职业技术学院于 2020 年 6 月 9 日在双鸭山经济技术开发区科创中心举行科研合作项目签约仪式，设立大学生实习实训基地、科研成果转化基地及创新创业孵化基地，建立了产学研合作机制。二是天鸿孵化器与佳木斯高新区、佳木斯大学联合组建佳木斯市工业技术研究院。天鸿孵化器联合中国科技大学、东北林业大学、哈尔滨理工大学、黑龙江科技大学、佳木斯大学、上海电缆研究所、哈工大数据集团等单位组建科研战略合作联盟，共同打造科技成果转化平台，并在环保及材料领域成功转化 10 余项科研成果。在人才建设与引进方面，已培养国家级火炬创业导师 1 名、高级工程师 1 名、孵化器从业资格人员 3 名，引进专业技术人才 20 余名，引进创业中介机构 5 家、律师事务所 4 家，为入驻企业提供了创业辅导、科技金融、企业管理培训、企业业务交流等各类活动 18 场。在科技金融方面，截至 2020 年底，通过自筹方式已投入 2700 万元作为孵化器种子资金。在科技创新创业方面，共举办 5 期创新创业培训班课程，累计培育 300 余人。

此外，大力支持黑龙江科研院所在粤分支机构积极申报广东省科研项目、广东省科学技术奖。2020 年，哈尔滨工业大学（深圳）获得科研项目立项共计 38 项，立项金额 5872 万元，同比增长 274.01%。其中，广东省自然科学基金 15 项，立项金额 330 万元；区域联合基金 17 项，立项金额 630 万元；量子科学与工程项目 1 项，立项金额 4000 万元。哈尔滨工业大学（深圳）牵头或参与项目获 2020 年广东省科学技术奖共计 5 项。其中，牵头项目获自然科技奖一等奖 1 项、科技进步奖一等奖 1 项，参与项目获技术发明奖一等奖 1 项、科技进步奖一等奖 1 项、科技进步奖二等奖 1 项。

二、积极巩固交流合作成果

2020 年 8 月 10~14 日，为促进黑龙江当地资源与广东省高校成果及企业资源开展深入合作，中国科技开发院佛山分院联合广东省科技企业孵化器协会在双鸭山经济技术开发区孵化器举办了"双山合作，双创共赢"创新发展论坛，论坛进一步巩固两省科技企业孵化器的合作成果，对接双方优势资源和产业项目，在资源要素配置上开拓了更大的合作空间。随后，由广东省科技企业孵化器协会组建的孵化行业专家团，前往黑龙江省双鸭山市、饶河县等地区的相关孵化载体和企业进行深入调研，专家在调研中为企业把脉问诊，积极解决企业困难，出谋划策，为企业科技创新发展提出了对策建议。

2020 年 11 月 9～17 日，由双鸭山市人民政府、双鸭山市科学技术局等单位组成的双鸭山市科技调研组一行 33 人赴广东省，对广佛两地科技孵化载体、高等院校及科技企业进行调研。

2020 年 12 月 27～31 日，广东省科技企业孵化器协会组织了省内创业导师团队赴黑龙江开展了创业导师行系列活动，参加了在双鸭山市举办的双鸭山市发展大讲坛、尖山区政府与中开院佛山分院合作共建国家级众创空间签约仪式，以及创业导师佳木斯行·人才工作"十大基地"建设对接洽谈会，交流孵化器的运营管理经验以及孵化模式，并结合当地创新创业实际对孵化载体发展提出了针对性建议。系列活动进一步加强两省在提升企业创新能力、激发全社会创新创业活力、发挥科技创新助力经济发展等方面的交流，促进两地的创新资源的对接，巩固两省在项目、人才、技术方面的交流成果。

三、大力营造良好创业环境

广东省孵化机构以多种方式积极参与黑龙江省各项双创大赛，2020 年 8 月，广东省科技企业孵化器协会作为主办方之一，广州大智汇创业服务有限公司、广东大唐盛视科技产业股份有限公司作为协办方之一参与了第三届佳木斯市创新创业大赛（龙粤创新创业大赛）、佳木斯首届高新技术产业创业投资大会暨龙粤科技创新创业投资大会。参与本次科技创新创业投资大会的有来自金融、高科技、生物医药等领域的广东企业，与黑龙江省企业关联度高，合作潜力巨大。

下一步，按照两省合作框架协议明确的事项，广东省科学技术厅将继续与黑龙江省科学技术厅开展对口合作：一是持续抓好已启动孵化器建设的巩固深化，配套相应政策措施，激发协助共建的积极性、主动性。二是引导和带动广东省重大研发平台和企业赴黑龙江省各地市调研。2021 年拟推动与哈尔滨、大庆、齐齐哈尔开展的产学研合作。三是结合重大活动加强互动交流，确保两省科技要素充分对接、科技资源双向流通、科技成果共建共享。

（撰稿人：杨保志、孙金良）

第十二章　教育对口交流合作

广东省教育厅　黑龙江省教育厅

2020 年，广东省与黑龙江省教育系统坚持以习近平新时代中国特色社会主义思想为指导，坚决贯彻落实习近平总书记对两省重要讲话和重要批示精神，按照两省省委、省政府工作部署，努力克服新冠肺炎疫情影响，同心答好"加试题"，推动教育对口合作再上新台阶。

一、2020 年对口交流合作情况

（一）联手抗疫，共商共治

2020 年，受新冠肺炎疫情影响，两地走访交流受限，互访及师资互派活动暂缓，两地院校远程就疫情防控工作方案、工作制度和学校防疫知识宣传、疫情处置流程、学校返校管理措施等防疫准备工作进行了深入交流，切实加强联防联控，守牢校园疫情防控阵地，确保师生健康安全。

两地院校结合实际按框架协议和有关项目计划，积极开展线上沟通交流，在深化教育教学改革、强化内涵质量提升等方面工作中不断完善横向联动、纵向衔接、定期会商、运转高效的工作机制，彼此相互借鉴、相互学习、相互提高，两地的人才培养机制体制也持续优化和完善，取得较好成效。黑龙江省教育厅以及有关院校负责同志来粤就职业教育对口合作进行调研，共同研究拓展两省职业教育对口深度合作领域和项目，同时两省教育行政部门就专业建设、产教融合、人才交流、平台搭建、学分互认、国际交流、智力支持等方面进行深度交流。顺德职业技术学院结合"双高"建设，联合黑龙江职业学院等五所协作院校采用"线上培训"方式开展以"推进三教改革、共促协同发展"为主题的"清华大学—顺德职业技术学院协作院校骨干教师高级研修班",结合疫情防控实际,培训采用"学习导读+在线直播+云论坛+团队学习+任务驱动"形式,集中与分散相结合、理论与实践相结合,加强了协作院校之间的交流合作,切实助力推进"三教"改革和院校协作,培养高水平"双师型"教师队伍。

(二)拉手组团,共建共享

2020年,两省院校共建现代学徒制专业6个,共享精品在线开放课程489门、教学资源库7个;新建专业实训基地5个,新增高质量合作企业14家。广东轻工职业技术学院在总结对口帮扶工作基础上,提出成立"职业院校对口支援协同发展联盟"的倡议,得到了包括大兴安岭职业技术学院在内的全国10所高职院校的积极响应。联盟就国际合作办学项目分享、课程思政经验分享交流、免费开设面向联盟院校教师教学能力提升培训班、举办年度互访互动等方面进行宽领域合作和深层次对接,为职业院校实施对口支援协同发展搭建新平台、形成新合力、生成新动能。其间,广东轻工职业技术学院与大兴安岭职业技术学院签订了"林业专业建设"合作备忘录。顺德职业技术学院与双鸭山职教集团合作"双顺智能社区居家健康养老技术研发培训中心""居家养老实训室",共享养老专业人才培养建设方案、养老专业实训室建设方案、核心课程师资培训交流方案。

(三)携手并进,共学共研

两地院校充分利用网络进行信息互通,教学资源共享,立项、结题国家级教学研究类课题3项,省级3项。黑龙江建筑职业技术学院102名教师免费参加了广州番禺职业技术学院国家教学名师阚雅玲教授主讲的"教师职业发展与课程思政建设"线上培训班,助力黑龙江建筑职业技术学院会计专业获批"1+X"职业资格证书试点专业,获省级课程思政示范名师1人,省级课程思政示范课程3门,省级课程思政示范团队1个;广东农工商职业技术学院与黑龙江农业工程职业学院在精准农业、智慧农业、热带农业装备等领域开展线上交流,探讨合作路径;由广东交通职业技术学院主持,黑龙江交通职业学院教师焦仲秋主要参与建设的《工程制图》慕课被评为广东省精品在线开放课;广东轻工职业技术学院为大兴安岭职业技术学院的老师进行《科技类纵向项目的申报与管理》《社科纵向项目与知识产权业务介绍》《学术论文发表的政策与问题研究》等专项培训,每场线上培训参与人数约35人次;佛山市顺德区中等专业学校与黑龙江省齐齐哈尔市职教中心学校通力合作,完成教育部重点课题"黑粤两省职业教育东西协作的行动研究"结题工作;顺德职业技术学院与黑龙江职业学院联合参与的全国教育科学规划重点课题《黑粤两省协同推进职业教育国际化策略研究》子课题顺利结题，双方共同发表论文《黑粤两省高职院校国际交流合作情况分析》。

（四）牵手联培，共赢共融

广东科学技术职业学院与黑龙江旅游职业技术学院共同举办"东西部职教协作实验班"，实施"1＋2"模式培养，2020年首批录取的旅游管理、酒店管理、电子商务、会计四个专业111名东西协作职教实验班大一学生已在黑龙江旅游职业技术学院就读。该举措是两省实施职业教育扶贫攻坚、结对帮扶的一项重要的创新行动，学生同时接受两所高职院校的教育和培养，一方面有利于解决黑龙江旅游职业技术学院招生不足问题，另一方面将广东科学技术职业学院优质教育资源输入黑龙江旅游职业技术学院，有利于提升其整体办学质量和水平。双方通过联合培养、挂职锻炼、师资培训、科研合作、援建等一系列具体项目和落地举措，帮助黑龙江旅游职业技术学院提升整体办学质量和办学水平。

二、2021 年工作设想

2021年，两省将进一步加强沟通协调，以更大力度、更实举措、更强担当，推进校企合作、产教融合提档升级，打造资源共享平台，推动两省教育合作取得更优实效。

一是完善定期会商机制。推动双方各9所对口合作院校开展多种形式的校际会商、交流，共同推进合作任务。

二是教师交流。以专业建设为切入点，构建同类专业对口合作路径，结合疫情防控实际，充分发挥两地院校各自优势，通过互商共建，提升专业建设整体水平，提高教师和管理人员业务能力。

三是专业共建。双方就学习现代学徒制、"1＋X"制度等项目开展进一步交流，探索产教深入融合的有效路径，提升教育教学水平。共享合作资源，发挥两地地域优势，协同开展国际合作项目。

四是加大培训交流力度。通过远程开展高教大讲堂和各校论坛，邀请高校校长、名师等专家开展专题讲座，学习交流有关经验做法。

（撰稿人：梅毅、邓国华、李海涛、石笑朋、翟秀梅）

第十三章　人力资源交流合作

广东省人力资源和社会保障厅　黑龙江省人力资源和社会保障厅

一、2020 年工作总结

受新冠肺炎疫情影响，2020 年广东省人力资源和社会保障厅主要采取线上方式推进与黑龙江省对口合作有关工作。

（一）加强技能人才培训交流

为做好黑龙江省第 46 届世界技能大赛选拔工作，广东省技师学院与黑龙江省大庆技师学院就项目技术文件、赛事安排、选手培训等开展网上交流，邀请大庆技师学院的学生参加广东省技师学院国家级技能大师刘建大师的线上技能培训；广东省机械技师学院与黑龙江技师学院针对如何做好世赛选手培养开展了线上交流，双方竞赛团队在竞赛队伍建设、训练方法、基地建设等方面进行共享交流。

（二）加强技校管理工作交流

围绕新冠肺炎疫情防控常态化下技工院校管理工作进行深入交流。例如，广东省交通城建技师学院与哈尔滨铁建工程高级技工学校在校园疫情防控、学生德育管理、专业建设、校企合作、师资建设、教学教研等多方面开展了线上交流，建立了互相扶持、互相依托、共同发展的战略伙伴关系。

（三）开展高层次人才交流合作

充分发挥广东省人才智力优势，对接黑龙江产业需求，做好人才项目需求信息摸查。

筹备广东省高层次人才赴黑龙江对口服务前期工作，做好高层次人才遴选工作。2020 年 8 月在大兴安岭漠河市开展人社部高层次人才专家助力脱贫攻坚服务行活动，邀请了广东省旅游、医疗卫生领域的 2 位专家参加。

（四）开展专业技术人员交流合作

受新冠肺炎疫情防控影响，在 2020 年举办的 4 期国家级高研班中，黑龙江省参训学员有 13 名，培训高层次专技人才和企事业单位管理人才共 13 人次。

二、2021 年工作计划

（一）开展专业技术人才交流培训

举办国家级知识更新工程高级研修班，向黑龙江省予以每期 10~20 个培训名额支持，进一步深化两省专业技术人才和高级管理人才的培训合作。充分发挥黑龙江省科创资源优势和广东省产业发展优势，继续推进两省高层次人才资源互动交流，带动技术、智力、管理、信息等要素双向流动。

（二）开展技工教育交流互访

视两地疫情情况，开展两省技工院校交流互访，互派教师跟岗培训，深入交流学习办学理念、办学特色、内涵建设、教学改革、办学成果等方面经验做法。通过实地调研或互联网形式开展新专业开发论证和老专业建设交流，从实训室建设、师资培训、教学实施等方面合作互促、共同提升。开展工业机械装调、电子技术等世赛项目交流及选手培养，适时组织双方互派选手同台竞技、交流提升。

（三）强化跟踪服务，力促项目落地

通过电话回访、制作对接反馈表等方式，第一时间掌握专家和黑龙江省企事业单位的对接信息，并针对合作项目推进过程中遇到的困难和问题，主动加强与当地政府、企事业单位、人才之间的协调，及时打破项目合作壁垒和阻碍，推动项目落地生根、开花结果。

（撰稿人：钟秋、林亿丛、杨斌彬、钟洁）

第十四章 城乡建设与管理对口合作

广东省住房和城乡建设厅 黑龙江省住房和城乡建设厅

2020 年，根据两省对口合作战略部署和广东省住房和城乡建设厅关于支持黑龙江省住房城乡建设厅政务信息化建设的指导方针，在广东省住房和城乡建设厅的指导支持下，广东省建设信息中心与黑龙江省住房和城乡建设厅建立"援助性"长效合作模式，结合黑龙江省住建系统推进行政许可审批"放管服"改革、"政务服务一体化"建设和优化营商环境等工作部署需要，继续为"黑龙江省住房和城乡建设政务服务管理信息系统"（以下简称系统）提供系统深化拓展和技术维护服务。

一、2020 年对口合作基本情况

（一）业务系统深化拓展

根据黑龙江省住建行业工作实际和业务需求，持续不断地深化拓展系统功能，全年开展并完成的主要工作包括：一是协助在黑龙江省范围内全面成功推行建设工程企业资质（建筑业、工程监理、工程设计、工程勘察、工程造价、质量检测机构、房地产开发）和安全生产许可证电子证照应用，完成系统功能开发和存量纸质证书的转换工作。2020 年 1 月 19 日，黑龙江省住建厅使用系统签发了黑龙江省第一张电子证书，成为东北地区首家签发电子证书的省直单位。二是协助推进黑龙江省住建领域安管人员、特种作业人员、二级建造师及房屋建筑和市政基础设施领域专业人员等人员管理工作向数字化、网络化、智能化发展，完成上述多个人员管理系统开发和业务集成，实现了人员证书业务自动审批，签发电子证书。三是支撑多项行政审批事项改革落地，完成省市两级资质审批事权下放哈尔滨新区的程序开发工作，以及部分省级行政许可事项试行告知承诺制审批的系统配置工作。四是根据《黑龙江省住房和城乡建设厅责任主体严重失信名单管理内部程序暂行办法》要求，完成严重失信行为管理功能开发。五是加强系统互联互通，与黑龙江省营商局电子印章管理系统、黑龙江省政务服务网统一身份认证平台实现数据对接，并完成与相关业务系统数据对接交换。

（二）技术支持维护服务

根据黑龙江省住房和城乡建设厅需求，开展2020年度系统技术支持和运维服务，一是指导黑龙江省住建厅的系统运维团队开展新业务新功能的业务流程配置和系统权限设置；二是为系统运维团队提供日常技术维护咨询服务，及时解答或解决相关技术问题，确保系统平稳安全运行。

截至2020年12月27日，黑龙江政务服务系统共归集各级行政主管部门230家，行政工作人员459名，各类企业12961家（省内10865家，外省2096家），从业人员269758名，办结各类事项151061宗，签发各类电子证书138597份，系统相关业务运作正常、用户反响良好，圆满实现先进经验的推广落地。

（三）政务信息化项目管理

广东省配合开展黑龙江省住建系统执业人员"网上办"政务服务管理信息系统项目立项工作，完成立项方案编制，并通过黑龙江省营商局专家评审。

二、2021年对口合作思路

在"援助性"合作框架下，继续加强两省住房和城乡建设厅信息化工作的合作与交流，建立长期、可靠、便捷的合作关系，密切配合，加大业务上联系，加强技术上交流，推动资源共享共用，实现多方共赢。

（撰稿人：朱学武、徐恩智）

第十五章　智库对口交流合作

广东省人民政府发展研究中心

黑龙江省社会科学院（省政府发展研究中心）

2020 年，广东省人民政府发展研究中心和黑龙江省人民政府发展研究中心坚持以习近平新时代中国特色社会主义思想为指导，按照《国务院办公厅关于印发东北地区与东部地区部分省市对口合作工作方案的通知》（国办发〔2017〕22 号）和《黑龙江省与广东省对口合作实施方案（2017－2020 年)》要求，进一步加强信息沟通和协调互动，推动智库对口合作务实有效开展，共同打造具有较大影响力的新型地方智库，促进两省在对口合作中相互借鉴、优势互补、互利共赢。

一、智库对口交流合作情况

突如其来的新冠肺炎疫情曾一度隔离了两地人员往来，但隔不断两地智库建设的合作交流。2020 年，两省统筹疫情防控和经济社会发展，紧紧围绕对口合作领域和重点任务，就各自区域一体化发展、加快新型基础设施建设和推动高水平对外开放等方面进行了密切交流与合作。

（一）以高水平对外开放推动高质量发展

黑龙江省是对俄沿边开放的桥头堡和枢纽站，是对俄开放合作第一大省，肩负着对俄合作、服务国家东北亚乃至向北开放战略的重任，在打造对外开放新前沿中扮演着重要的实践引领角色。近年来，黑龙江省对外开放步伐明显加快，对外贸易规模持续扩大，结构不断优化，跨境电商快速发展，高水平开放合作高地建设加快推进，开放型经济水平进一步提升。

2020年9月钟旋辉同志带队赴黑龙江开展开放型经济高质量发展专题调研，学习借鉴兄弟省份沿边开放经验，落实两省对口合作相关工作。调研组一行先后赴黑龙江自贸区黑河片区、跨境电商综试区、同江港口作业区等开放平台及相关企业进行了实地考察，与当地发改、商务、自贸办、海关等部门和企业负责人进行了座谈交流，特别听取了黑河市建立首个俄罗斯电力进口加工区、打造对俄开放高地、开发建设年产值2亿元人民币的俄罗斯钢结构项目等经验做法，探讨沿边开放发展及自贸区制度创新的新路径，并就充分发挥两省资源优势、进一步深化合作进行了深入讨论交流。

（二）共同探索各自区域一体化发展的方法路径

区域一体化是实现高质量发展的必由之路。随着我国经济迈入高质量发展阶段，区域一体化尤其是较发达地区的融合集聚对周边的辐射引领作用愈加重要，也备受重视。东北地区区位条件优越，是全国经济的重要增长极，全面振兴东北是推进经济结构战略性调整的重大举措，肩负着打造新经济支撑带的重大任务。黑龙江省是东北振兴战略的重要区域，是对俄沿边开放的桥头堡和枢纽站，资源禀赋、区位条件、产业基础、科技实力等具有独特优势，发展潜力和空间巨大，对加快东北地区经济一体化进程具有举足轻重的作用。为此，2020年8月，两省以函调方式就如何推动区域一体化发展展开调查研究，广东省发展研究中心梳理了在粤港澳大湾区战略引领下，广东推动珠三角一体化发展以及粤港澳大湾区规则对接的做法及取得的成效、影响广东推动区域一体化发展的主要因素、推动"一核一带一区"高质量发展的思路举措等材料供黑龙江参考，为黑龙江省及东北区域一体化发展格局的加快形成出谋划策。

（三）从新基建规划入手培育新动能

加快新型基础设施建设，既是贯彻落实党中央、国务院关于建设现代化经济体系战略部署的必然要求，也是助力产业升级、培育发展新动能、带动创业就业利当前惠长远的战略举措。

近年来，黑龙江省委、省政府高度重视数字经济发展，提出加快推进"数字龙江"建设，重视通过新基建建设催生新产业、新业态，通过新基建打造一批高端制造企业，并力争将这些产业培育成"十四五"乃至相当长一段时间黑龙江经济发展潜在的新型支柱产业，形成"十四五"乃至2035年长期支撑黑龙江经济发展的核心竞争能力。广东是全国经济发展的"火车头"，拥有"双区驱动"的战略机遇和"双城联动"的内生动力，又有华为、中兴、腾讯等信息产业龙头企业，广州和深圳具有领先的电子信息产业优势，新基建推进处于全国领先地位。2019 年全省 5G 基站 3.69 万座，培育建设 12 个省级新一代人工智能开放创新平台及 8 个省级人工智能产业园；已建设 3 个国家级"跨行业、跨领域"工业互联网平台，发展超 300 家"省工业互联网产业生态供给资源池"企业，累计支持和带动超过 6000 家工业企业"上云上平台"。新基建在广东加速领跑，为广东经济高质量发展注入了强劲动能，也为黑龙江省提供了很好经验借鉴。为支持黑龙江谋划新型基础设施建设，2020 年 10 月，广东省政府发展研究中心提供了"十四五"期间广东省新型基础设施建设规划思路等有关材料，为黑龙江发展数字产业、培育创新新动能提供参考。

二、2021 年工作思路

2021 年是"十四五"规划开局之年，是推动改革转型、实现高质量发展的关键之年，也将是粤龙两省对口合作走向纵深，合作领域更加广泛的一年。把建设高端智库、深化智库合作、提高研究水平作为提升治理能力的制度性安排已成为双方共识，下一步两省将聚焦资源共享、合作研究、成果交流等重点合作事项，以更务实的措施提升智库对口合作成效和水平。

（一）推动智库交流合作常态化

加强机制化、常态化交流，以智库联盟实现优势互补、资源共享，为政府科学决策、推动经济社会发展、拓展全球经贸交流与增强国际竞争力提供重要思想支撑和智力支持。结合《黑龙江省与广东省对口合作实施方案》部署和工作安排，围绕两省对口合作领域和重点任务，提炼总结两省在对口合作机制创新、激发内生动力活力、各领域不同层次对口合作等方面的有益经验，不断探索两省智库交流合作的新路径、新方法。加强在决策咨询服务机制等方面的交流合作，在举办省长与专家座谈会、决策咨询课题招投标和《发展蓝皮书》出版、筹建宏观经济运行与决策咨询大数据平台等方面进一步互学互鉴。加强支部共建，探索新型智库的党建新模式，锻造更加坚强的战斗堡垒。

（二）以对口合作助推高端智库建设

当前，面对中华民族伟大复兴的战略全局和世界百年未有之大变局，各种问题短板、风险挑战更加突出，经济下行压力增大。更需要加强双方智库间交流合作，针对中美经贸斗争、技术创新瓶颈、发展不平衡不协调等具有全局性、系统性的问题，认真开展调查研究，多出一批高质量研究成果。围绕党中央、国务院出台的支持东北振兴战略、两省2050年实现"第二个百年目标"指标体系设计、粤港澳大湾区经济发展与黑龙江经济发展合作等重大战略和相关课题开展联合研究，形成务实管用的研究成果。围绕建设成为具有重要影响力和较高知名度的政府综合性高端智库的目标，构建决策咨询大网络，形成多层次的学术交流平台和成果转化渠道。加强信息化平台建设，尽快建成"宏观经济运行与决策咨询大数据平台"，推动两省经济数据共享。创新决策咨询工作和服务机制，充分发挥两地大学、省直有关研究院所、省重点智库等方面优势，扩大决策咨询服务机构范围。

（三）探索研究机构干部交流学习机制

当前建设高端智库仍然面临诸多亟待解决的问题，其中人才队伍建设、人才队伍管理、人才选拔交流等方面尤其突出。要根据实际需要互派干部交流学习，特别是要尽快探索制定干部挂职学习与交流培训机制，促进互学共进。其一，探索建立干部双向交流学习制度。出台学习交流实施办法和具体细则，对派驻学习人员的选拔标准、工作目标、人员分类、管理措施、期限名额等予以明确规定，逐步总结智库人才交流学习的管理制度和操作层面的有效经验。其二，建立双向人才评价机制。建立派出单位联系管理机制，派驻双方单位定期交换意见，坚持挂职锻炼与交流任职相结合，实现智库机构之间智力、人才资源的融合共享。

（撰稿人：古燕萍、曾小武）

第十六章　干部人才对口交流培训

中共广东省委组织部　中共黑龙江省委组织部

2017年广东省、黑龙江省开展对口合作以来，两省党委组织部认真贯彻落实中央决策部署以及省委有关要求，认真做好两省干部人才交流培训工作，有效促进干部观念互通、思路互动、作风互鉴、办法互学。

一、主要工作情况

（一）建立统筹协作的干部人才交流培训机制

两省省委、省政府高度重视对口合作干部人才交流培训工作。广东省委书记李希同志强调要通过一批又一批的干部挂职，增进交往、密切联系，要进一步加强两省人才交流合作，实现优势互补。广东省省长马兴瑞同志要求探索建立两省干部挂职交流长效机制。2019年3月，时任黑龙江省委常委、组织部部长王爱文带队到广东省调研，与广东省委常委、组织部部长张义珍同志就深化两省干部人才交流的工作方向和具体措施作了深入探讨。在两省省委、省政府领导下，广东、黑龙江已基本形成省级统筹、地市协作、部门合作的干部人才交流培训机制。两省党委组织部加强沟通协调，商讨推进落实举措，统筹对接干部人才交流培训工作。两省13个结对市认真落实两地合作协议或备忘录，谋划推进干部人才挂职培训等工作。各有关职能部门结合工作、项目，积极组织开展干部人才交流培训工作。

（二）稳步推进干部挂职交流工作

按照"对口合作省市要组织开展互派干部挂职交流"的要求，广东、黑龙江两省党委组织部根据对口合作需要合理商定互派挂职干部数量，统筹做好挂职干部跟踪管理工作，确保挂职锻炼取得实效。2017年、2018年广东省先后接收黑龙江省11名副厅级干部、14名厅处级干部（副厅级5名、省直单位正处级或企业相当职务层次9名）到广东省直有关单位、有关市挂任班子成员。广东省各接收单位（市）对黑龙江挂职干部充分信任、放手使用，为干部干事学习搭建平台、创造条件，帮助挂职干部融入工作，实现学习互鉴、交流经验。2019年4月，中组部印发《关于规范干部挂职工作有关问题的通知》（组通字〔2019〕13号），要求除中组部统一组织的挂职外，跨省干部挂职工作由派出和接收省事先报中组部备案，对审批备案工作从严掌握，因此2019年两省省级层面未互派干部挂职。2020年受新冠肺炎疫情影响，两省也未互派干部挂职。

（三）有序开展干部培训交流工作

充分发挥广东省优质教学资源优势，对接做好对口合作培训交流工作。一是持续接收黑龙江省干部到广东省培训交流。2017年广东省接收2批10名厅级干部、2018年接收4批43名厅级干部、2019年接收4批39名厅级干部参加省委党校市厅级领导干部进修班专题培训。2020年，广东省在省委党校主体班次调训计划中，共安排40个市厅级领导干部进修班专题培训名额给黑龙江省干部，占相应班次名额的20%，因受新冠肺炎疫情影响，实际有9名黑龙江省市厅级领导干部参加培训。培训期间，两省干部同学习同调研同生活，进一步加强了两省干部交流。二是黑龙江省组织干部赴粤培训。2017年以来，黑龙江省委组织部组织该省省委党校省管干部进修班、处级干部进修班、青年干部战略培训班、县（市、区）长培训班等16个主体班次、553人赴广东开展异地办学和实地考察。

（四）适时组织开展高层次人才交流合作

2017年以来，广东省委组织部分两批组织国家和省重点人才工程入选专家、省属国企高管共计47名高层次人才，赴黑龙江省开展交流合作暨国情研修活动，其中2017年18名、2018年29名。2017年交流合作暨国情研修活动期间，共达成业务合作意向近20项，提出加强两省合作的意见建议35条。通过国情研修，进一步加深了高层次人才对国情、省情的认识，增进了对党和国家的认同、拥护，取得了良好的效果。

二、2021年工作思路

按照对口合作要求，结合疫情防控需要，落实好两省干部人才交流培训工作。两省党委组织部进一步加强沟通对接，合理商定互派干部挂职数量、层级，严格按照中组部关于规范挂职工作要求，适时组织开展挂职交流工作，2021年暂不安排培训交流。同时，指导相关地市按照对口合作框架协议，有针对性地开展干部人才交流培训工作，促进干部观念互通、思路互动、作风互鉴、办法互学。

（撰稿人：唐晓棠、李鹏）

第十七章　营商环境优化合作

广东省发展和改革委员会　黑龙江省营商环境建设监督局

2020 年，广东省与黑龙江省深化合作交流，共同致力于打造市场化、法治化、国际化营商环境。两省互相借鉴先进做法，找准营商环境建设的短板弱项，对涉及的具体单位、具体问题，强化台账管理，找准症结、集中攻坚。

一、2020 年营商环境优化合作工作进展

（一）确定年度学习交流重点

制定出台《关于开展黑龙江省与广东省营商环境对口合作实施方案》（以下简称《实施方案》），围绕两省建立完善深化"放管服"改革、优化营商环境对口合作机制，提出实现优势互补、互利共赢、共谋发展，持续打造市场化、法治化、国际化营商环境的目标任务。《实施方案》明确了两省营商环境合作内容，提出深化经验交流、复制推广成熟做法、深入开展营商环境宣传、持续优化民营经济发展环境、有效提升法规制度建设水平，以及推动两地"数字政府"建设经验交流等重点任务。

（二）开展实地考察学习活动

2020 年 9 月 17~18 日，黑龙江省网上政务能力建设学习考察团赴广东省学习考察，黑龙江省各市（地）政府（行署）和 17 个省直部门主要负责同志参加学习考察。学习考察期间，两省在广州召开座谈会，就优化营商环境、"数字政府"建设情况进行了深入交流，广东省相关部门介绍了优化营商环境改革和"数字政府"建设情况，以及"数字政

府"在推动惠民服务、营商环境、社会治理等领域的创新应用成果。座谈会后,黑龙江省学习考察团赴广州市政务服务中心进行实地调研,两省就政务服务事项标准化、"一网一门一窗一次"、政务服务 app 应用等进行交流。

(三)签署合作备忘录

为进一步落实《黑龙江省与广东省对口合作 2020 年重点工作计划》(粤对口合作办〔2020〕1 号),2020 年 9 月底,黑龙江省营商环境建设监督局与广东省发展改革委签署《共同开展高质量营商环境建设合作备忘录》,备忘录在深化两省合作交流、共享创新经验、建立合作工作机制三大方面,就"放管服"改革、政务服务能力、大数据建设、营商环境评价、信用体系建设等 11 项内容作出了合作承诺。

二、2020 年营商环境优化合作主要成效

(一)加快"数字政府"改革建设

以实现合作共赢、共同发展为目标,积极推进两省政务服务交流与经验共享,提升群众办事便利度。广东省学习和借鉴黑龙江省"全省事"和一体化政务服务平台相关建设经验,持续拓展粤省事平台服务广度和深度,推进公安、民政、人社等重点领域高频民生服务事项指尖办,截至 2020 年底,粤省事累计实名用户数超过 1 亿,累计上线 1719 项服务及 89 种个人电子证照;黑龙江省通过工作专班对政务服务事项加强过程管控和督查督导,截至 2020 年底,省政务服务网省级政务服务事项达 2376 项(增加 957 项),其中依申请六类 1592 项,公共服务 784 项(增加 514 项),即办件占比 13.57%,平均承诺时限为 19.78 天,平均跑动次数为 0.42 次,各项指标均有所提升,尤其在即办件占比、平均跑动次数等指标上提升较大。

(二)开展政务大数据规划、数据共享和应用交流

在政务大数据规划、数据共享和应用交流方面,两省建立了对接联络机制,部分黑龙江省的先进经验已用于加快推进《广东省公共数据管理办法》立法工作。同时,广东省在政务服务数据共享、应用和管理方面的经验做法也在黑龙江省复制推广。比如,黑龙江省自然资源厅通过借鉴广东省做法,通过整合本地数据成果,形成辅助建设用地审批的自

然资源核心数据库。同时，在广东省建设用地审批审查规则库基础上，黑龙江省结合业务管理实际，进行了审批规则和线上会审环节调整以及业务管理流程优化，有效提高了业务审批效率，优化了当地营商环境。

（三）推动两省政务服务"跨省通办"

积极推动两省政务服务"跨省通办"，解决企业群众异地办事"多地跑""折返跑"的难题。其中，广东江门市与黑龙江七台河市、珠海横琴新区与黑河自贸片区分别签订了政务服务"跨省通办"合作协议，依托全国一体化政务服务平台，通过新设线下高频政务服务事项的"跨省通办"专窗、在双方政务服务网上开设"跨省通办"专栏、专设一机通办自助服务专区三种方式推进政务服务跨省通办，打开了两地企业、群众方便快捷之门，真正提升了群众和企业异地办事的体验感和获得感。

三、2021 年工作思路

（一）深化经验交流，复制推广成熟经验

定期开展工作互访和座谈交流，就"放管服"改革、政务服务能力提升、"数字政府"建设、营商环境评价等工作加强交流。推动有条件对口合作市干部跟岗学习和培训交流，"带土移植"成熟经验，本土化复制推广，推进两省共同开展高水平营商环境建设合作。

（二）共同开展营商环境宣传，创新对口合作模式

在双方一体化在线政务服务平台、移动 app 及相关新媒体开设专栏，及时发布双方"放管服"改革、优化营商环境工作成果，及时总结工作亮点和成效，携手打造一流营商环境文化氛围。探索推进合作共建产业园区、畅通农业企业产销渠道、加强文化旅游合作、积极构建社会信用体系等多领域、多形式的合作交流模式，全方位打造两省合作交流新格局。

（三）持续优化民营经济发展环境

积极开展两省招商引资项目服务保障工作交流互鉴，为广东省民营企业来黑龙江省投

资兴业、交流合作提供服务。聚焦民营经济难点、痛点、堵点，加快推进优化营商环境法规制度建设，深入开展优化民营经济发展合作。

（四）持续推进政务服务"跨省通办"

突破政务服务事项办理中的地域限制，推动"一网""一机""一窗"融合互通。

（撰稿人：朱梦棋、赵若潇）

第十八章　广电合作

广东省广播电视局　黑龙江省广播电视局

一、2020 年对口合作总体情况

（一）再次签订合作框架协议

为全面贯彻落实党中央、国务院关于开展东北地区和东部地区对口合作的战略部署，在《广东省与黑龙江省对口合作框架协议》原则的指导下，经两省广播电视行政管理部门充分商讨和深入交换意见，2020 年 4 月，广东省广播电视局和黑龙江省广播电视局再次签署了《广东省广播电视局　黑龙江省广播电视局　共同推进广播电视行业发展合作框架协议》。坚持全方位合作、优势互补、互利共赢、项目合作四项原则，在宣传报道、信息交流、内容资源、智慧广电、媒体融合、技术创新、对外交流、教育培训等方面加强合作交流，建立起信息通报、资源共享、定期会商等工作机制。

2020 年 9 月，黑龙江省广播电视局党组书记、局长李己华率队来广东省广播电视局，就政务服务建设情况进行调研交流。广东省广播电视局介绍了政务服务建设方面的举措和成果，交流探讨了优化政务服务事项、广播电视领域公共服务事项设置、提高便民服务质效、推进政务服务事项集成服务、推进"互联网＋监管"、"双随机、一公开"监管、建立健全政务服务"好差评"工作机制及相关合作建议。双方明确将在"互联网＋政务服务"、"数字政府"建设、行政审批"放管服"改革和探索新型监管机制等方面加强合作、深化交流，不断提升广电行业便民服务能力和信息技术支撑，持续推进信息化建设和产业转型升级。

（二）共享文化资源

2020 年以来，广东广播电视台与黑龙江广播电视台都市频道建立优秀文化资源共享机制，互相给予经费和资源的支持，通过好作品、好项目、好宣传，真正促进两省文化和旅游的交流与合作。2020 年上半年，因受新冠肺炎疫情影响，国家文旅部要求暂停全国所有旅游企业任何经营活动，各个景区景点关闭。5 月，恢复省内游；7 月中旬，恢复跨省游。广东广播电视台针对两省游客的市场需求研发了一些具体旅游产品，让"南来北往，寒来暑往"不仅仅只是一个概念，而是通过一系列产品成为两省游客的喜好和习惯。其中，研学产品包括镜泊湖地质课堂、牡丹江林海雪原影视课堂、我在中国大陆最北端、孙中山历史游径、我是海岛奇兵、我在中国大陆最南端等；康养产品包括冬病夏治黑龙江避暑之旅、中医温泉养生之旅等。同时还做实"广结齐缘"的旅游品牌。广东广播电视台与多家航空公司进行了合作洽谈，拟与之合作共同举办"跟着名人去旅行"等有特色的活动，增强旅游目的地对两省游客的吸引力。2020 年 9 月，结合广州市文化广电旅游局的广州对口帮扶文化旅游周契机，广东广播电视台承办了 2020 年"1＋9"文化旅游推介会，活动通过发布帮扶地区的优惠政策以及精品旅游线路，宣传推广当地的特色文旅资源和线路产品，旨在更高层次、最大力度地助力黑龙江齐齐哈尔等 9 个地区的疫后文旅复苏和经济发展。

（三）加强宣传报道

发挥广播电视主流媒体和网络视听媒体的舆论主阵地、主渠道作用，为黑龙江提供和创造重点产业和项目宣传推介、合作互动平台。2020 年以来，仅深圳广电集团就播发相关报道 6 篇，其中电视 1 篇，新媒体 5 篇（阅读量 10 万＋）。深圳卫视《深视新闻》栏目关注深哈合作的大型文旅项目"首届哈尔滨道台府冰雪灯会"，该项目在哈尔滨关道遗址文化公园开幕，讲述深哈两地充分发挥各自优势，助推哈尔滨旅游文化产业发展，推送报道《首届哈尔滨道台府冰雪灯会盛装启幕》。此外，在 2020 年春节期间，栏目旗下两微推出两地新闻媒体互动节目"南来北往"，并推送相关报道《我在北方的雪乡狂欢　你在南方的花灯下驻足》《我在北方的雪谷穿越　你在南方的花市徜徉》。壹深圳客户端重点关注深圳市与哈尔滨市文化领域对口合作，发布关于广东省与黑龙江省对口合作的相关报道 3 篇，阅读量 10 万＋，推送报道《"深哈联袂""特区"携手"冰城"到底什么范儿?》《深哈合作　共筑未来》《王伟中会见哈尔滨工业大学客人》。

（四）保持新媒体交流合作

为加强在新媒体领域发展的交流合作，广东南方新媒体股份有限公司与黑龙江广播影视传媒集团一直保持着良好的合作关系。目前，双方正在围绕超高清节目内容输出和农副产品电商项目相互落地开展商务沟通。同时，广东南方新媒体股份有限公司旗下子公司广东南方网络电视传媒有限公司在广东省人民政府、广东省委宣传部号召下，于2018年3月与黑龙江广电网络就"熊猫乐园"业务达成合作。截至2020年6月，"熊猫乐园"已覆盖黑龙江广电网络的终端用户共50万户。2020年上半年，南方网络电视与黑龙江广电网络就"熊猫乐园"产品在精细化运营、营销推广层面进行深入探讨，分析了产品在内容、推广模式上的不足，同时提出解决方案，并就接下来的续约合作达成一致意见。南方网络电视在2020年下半年引进更多的少儿节目内容，以及策划更多的专题提高产品的用户活跃率、转化率。同时，黑龙江广电网络在线下渠道就合作产品进行推广，拓展合作业务的销售渠道及销售模式，提高产品的用户规模。

（五）注重电商平台和技术创新等交流合作

2019年5月，黑龙江广播电视网络股份有限公司董事长赵鸿洋带队来广东广播电视网络股份有限公司调研，交流了智慧广电、智慧家庭、政企信息化等创新业务的做法和经验。2020年11月广东省广播电视网络股份有限公司总经理杨力带队赴黑龙江省进行调研交流，双方就合作事宜深入对接洽谈，并达成多项共识，筹划了下一步在推动人才交流、电商平台、技术共享、工程建设、宽带业务、政企业务运营等方面的合作。

二、下一步工作打算

2021年，将围绕两省对口合作总体框架和具体进展，发挥广播电视主流媒体和网络视听媒体的舆论主阵地、主渠道作用，为对方提供和创造重点产业和项目宣传推介、合作互动平台，促进两省合作向多层次、宽范围、广领域拓展延伸。加强内容资源共享，加强学术交流互动，在提升实质性合作成果上下功夫。特别是针对新冠肺炎疫情带来的影响，调整思路，细化具体工作举措，力争两省广播电视行业对口合作取得更多实质性成果。

一是广东广播电视台将与广东省文化和旅游厅、黑龙江省文化和旅游厅进行深度合作，针对两省青少年和老年人两个消费群体，就"研学"和"康养"系列产品，做成视频产品在全媒体以及中国电视旅游联盟的平台进行宣传、推广和销售。其中，研学产品包括镜泊湖地质课堂、牡丹江林海雪原影视课堂、我在中国大陆最北端、孙中山历史游径、我是海岛奇兵、我在中国大陆最南端等；康养产品包括冬病夏治黑龙江避暑之旅、中医温泉养生之旅等。

二是联合拍摄《书记县长当导游》项目，通过主政者访谈，向全国游客推荐广东以及黑龙江有特色的"一线一品"。该项目将在全国十个主要客源地省级地面频道以及今日头条、抖音、腾讯等新媒体同步播出。

三是联合举办中国电视旅游联盟媒体采风和客源地旅行社同业采风等活动，通过主持人代言、文化搭台、经济唱戏的形式，使两省的特色产品落地，促进两省客源的相互拉动。

四是广东广播电视台文旅中心和黑龙江广播电视台都市频道等全国35家省级地面频道拟联合举办"中国电视旅游盛典"，评选各省电视观众最喜爱的旅游目的地，通过共同打造IP活动，事件营销，树立品牌，最大限度地扩大黑粤两省文旅资源的社会影响力，吸引更多游客来黑龙江和广东旅游。

五是深化人才交流合作机制。组织双方技术、业务从业人员的短期交流挂职，开展相互学习、经验交流等活动。

六是加强技术创新交流合作。广东省广播电视局加大对黑龙江省广播电视和网络视听行业科技创新的支持力度，联合开展技术探索、创新研发、交流合作，在广电5G、4K/8K超高清、新数字家庭等领域开展全方位、深层次的战略合作，推进技术的综合应用、集成创新，加快技术研发向场景应用的转化，推动两省广播电视加速从数字化网络化向智慧化发展。

（撰稿人：刘劲峰、刘钊）

第十九章　广东自贸区与黑龙江自贸区合作

中国（广东）自由贸易试验区深圳前海蛇口片区管理委员会

中国（广东）自由贸易试验区广州南沙新区片区创新工作局

中国（广东）自由贸易试验区珠海横琴新区片区管理委员会

哈尔滨市松北区商务和国际合作促进局

中国（黑龙江）自由贸易试验区绥芬河片区管理委员会

黑河边境经济合作区经济合作局

一、深圳前海蛇口片区与哈尔滨片区对口合作

（一）区域合作情况

2020 年 6 月，前海创新研究院通过哈尔滨市招投标流程，承接哈尔滨市重点研究项目《哈尔滨"三区一港"联动发展方案》。该项目是在哈尔滨市全力抗疫的背景下，市级全年唯一保留的研究项目。前海创新研究院结合多方资源，对哈尔滨自贸片区、临空经济区、综保区以及国际内陆港联动发展展开深入研究。项目已向哈尔滨市领导进行了两次汇报，并得到高度评价，认为充分体现了前海创新精神。

2020 年 8 月 27 日，由前海蛇口自贸片区领头倡议，哈尔滨自贸片区积极响应，联合白俄罗斯中白工业园、尼日利亚莱基自贸区、柬埔寨西哈努克港经济特区、东非吉布提国际自贸区等国内外特殊经济区，共同发起设立特殊经济区自由贸易创新联盟。在哈尔滨自贸片区的积极支持下，联盟开展了相关招商推介等活动。

（二）双向投资情况

截至 2020 年 12 月，前海蛇口自贸片区企业累计投资黑龙江省企业 172 家，注册资本合计 191.55 亿元，投资总额合计 50.15 亿元。前海蛇口自贸片区企业累计投资哈尔滨市企业 108 家，注册资本合计 127.22 亿元，投资总额合计 38.91 亿元。

截至 2020 年 12 月，黑龙江省企业累计投资前海蛇口自贸片区企业 79 家，注册资本合计 189.22 亿元，投资总额合计 169.28 亿元。哈尔滨市企业累计投资前海蛇口自贸片区企业 62 家，注册资本合计 169.94 亿元，投资总额合计 145.59 亿元。

（三）人员交流情况

根据《哈尔滨市与深圳市对口合作 2020 年工作计划》，徐涛（哈尔滨市松北区商务和国际合作促进局局长兼黑龙江自贸区哈尔滨片区管理局副局长）、陈亮（哈尔滨市松北区发展改革局副局长）2 名干部来深圳前海蛇口片区学习交流，与组织人事部、法治建设处、香港服务办公室、专业服务业处、新兴产业处、自贸事务处、保税区管理处、金融监管局、企业服务中心等主要负责同志或业务骨干开展专题座谈，为哈尔滨片区学习经验做法、收集有关材料、推动课题研究提供各类便利条件，加快推动深圳市（前海）有关改革创新经验在哈尔滨市转化落地。

（四）下一步工作计划

下一步，深圳前海蛇口片区将按照《国务院办公厅关于印发东北地区与东部地区部分省市对口合作工作方案的通知》要求和国家发展改革委、粤黑两省工作部署，重点推动在制度创新复制推广和产业合作领域务实有效开展合作。将着重与哈尔滨自贸片区加强合作，在创新联盟框架下，共同加强协同创新和政策沟通，为促进自由贸易试验区对外开放的系统性、整体性、协调性，服务国内国际双循环相互促进的新发展格局做出积极贡献。

二、广州南沙新区片区与绥芬河片区对口合作

（一）加强互动交流

南沙片区与绥芬河片区在哈尔滨签署战略合作协议后，双方不断加强交流合作，进一

步落实协议相关内容。2020年8月4~5日，由黑龙江绥芬河市副书记、市长王永平同志带队，绥芬河市商务局、司法局、市场监督管理局、营商环境建设监督局等相关部门一行赴南沙片区就对口合作进行深入交流，先后实地考察了广州港南沙港区、全球优品分拨中心、明珠湾开发建设展览中心、云从信息科技有限公司、南沙区政务服务中心，并与南沙片区管委会相关领导进行了座谈交流。会上就两地协同创新合作机制建立、"两城通办"业务等合作事项进行深入研讨；同时南沙片区分别介绍了在创新实践案例形成机制、政务服务平台建设、商事登记确认制改革、片区内企业标识及统计、法治化营商环境建设等方面有关经验做法。

（二）促进两地企业合作

2020年9月7~8日，由绥芬河自贸试验片区管委会副主任刘在明同志带队，绥芬河市商务局、综合协调局、绥芬河市有关企业代表一行到南沙调研及探讨企业合作。调研座谈会上，南沙片区分别邀请了广州港集团、广东卓志供应链有限公司、广东广物木材产业股份有限公司、广州南沙国际冷链物流有限公司等涵盖航运物流、木材加工、粮食、冷链等行业共17家企业出席，双方分别对南沙港与符拉迪沃斯托克港货物运输合作事宜、全球优品分拨中心与中俄互市贸易及中俄跨境电商合作项目、木业家具企业与原材料供应及木业合作项目进行了交流，会后刘在明副主任带队分别前往有初步合作意向的企业进行实地调研。

（三）推动干部跟班学习

2020年9月7~11日，绥芬河片区营商环境建设监督局、市场监督管理局、司法局、综合协调局共5名干部代表到南沙片区相关职能部门进行为期一周的跟班学习，学习借鉴南沙片区在营商环境改革、商事登记、法律服务、片区统计工作等方面的经验做法。南沙片区即时安排了熟悉业务的干部同志进行问题解答及经验介绍。

跟班学习期间，绥芬河片区干部代表主动学习，认真思考，并多次开展集体研讨，学习期满后积极将学习成果运用到工作之中，进一步加快绥芬河片区自贸区建设发展工作。

三、珠海横琴片区与黑河市对口合作

为深入贯彻党中央、国务院关于开展东北地区和东部地区部分省市对口合作的战略部署，珠海横琴片区按照《黑河市与珠海市对口合作实施方案》《黑河市与珠海市对口合作2020年重点工作计划》要求，推进与黑河市对口合作工作，现将相关落实情况汇报如下：

（一）重点任务贯彻落实情况

1. 深化中药材加工合作情况

根据《黑河市与珠海市对口合作2020年重点工作计划》要求，横琴新区与黑河市深化中药材加工合作，帮助引进广东省及粤澳合作中医药科技产业园内的医药研发生产企业入驻黑河市，共同开展中药研发和加工等方面合作，提高黑河市中药材精深加工水平。横琴粤澳合作中医药科技产业园作为推动粤澳中医药产业发展的重要平台，是澳门特区政府主导项目，横琴新区积极沟通协调，产业园将会大力引导并协助园区企业与黑河方面进行对接。下一步，横琴新区将继续加强与粤澳合作中医药科技产业园的沟通，同时积极协调区内其他中药企业参与合作，促进两地中药研发和加工等方面的合作。

2. 深化两市自贸区合作情况

一是深化制度创新合作。2020年，横琴新区在《黑河自贸片区与横琴新区自贸片区合作框架协议》下，在黑河设立了珠海市横琴创新发展研究院黑河分院，推动双方在自贸改革和制度创新领域开展合作交流。珠海市横琴创新发展研究院黑河分院成立之后，先后参与编制黑河自贸片区"十四五"规划、黑河自贸片区挂牌一周年评估报告，向黑河自贸片区管委会呈报《决策参考》2份，参与黑河自贸片区管委会重要文稿起草撰写8份，参与黑河自贸片区重要政策咨询会议6次。推动了横琴制度建设方面的先进经验在黑河片区落地生根，走出一条以智库建设带动片区联动、助推两市之间合作共赢的创新发展道路，赢得了黑河市领导、黑河自贸片区管委会领导的充分认可。下一步，珠海市横琴创新发展研究院及黑河分院将围绕两地对口合作的总体部署，结合黑河实际，发挥研究院优势特色，重点开展制度创新专项研究、推动先进经验导入落地、组织专项培训等工作。

二是深化政务服务合作。为落实国务院办公厅关于加快推进政务服务"跨省通办"的指导意见（国办发〔2020〕35号），2020年12月9日，横琴自贸片区与黑河自贸片区签订《广东省自贸区珠海横琴新区片区 黑龙江省自贸区黑河片区政务服务"跨省通办"战略框架协议》。两地合作推进政务服务跨省通办，设置线下高频政务服务事项的"跨省通办"专窗，开设政务服务网"跨省通办"专栏，增设一机通办自助服务专区，实现政务服务"跨省通办"的深度合作新模式，为企业和群众提供更加便利高效的政务服务。

（二）干部人才交流培训情况

结合横琴与黑河特点和发展需求，围绕筹建中国（黑龙江）自由贸易试验区黑河片区，黑河市安排干部到横琴新区挂职跟班了解自贸片区的工作经验和工作方法。2020 年由于新冠肺炎疫情，跟班学习暂时停止。下一步，横琴新区将继续配合珠海市委组织部，做好两地人才交流合作工作。

（三）组织领导和机制保障情况

2020 年 8 月 12～15 日，为进一步加强横琴与黑河自贸片区之间的工作互动、资源共享、优势互补，横琴新区自贸办刘荣礼同志带队前往黑河自贸片区调研。

2020 年 9 月 17～18 日，横琴新区党委书记牛敬随同珠海市委书记、市人大常委会主任郭永航率领的珠海市党政代表团前往黑河，就进一步加强与黑河对口合作进行对接考察。

2020 年 9 月 19 日，黑河市委常委、常务副市长王兴柱一行到横琴新区考察。

2020 年 11 月 18 日，横琴新区商务局副局长林喜斌率队赴中国（黑龙江）自由贸易试验区黑河片区探讨黑河片区、横琴片区实现政务服务"跨省通办"的深度合作新模式。

2020 年 12 月 9 日，黑河市委常委、统战部部长王淑滨一行到横琴新区考察，双方签订《广东省自贸区珠海横琴新区片区　黑龙江省自贸区黑河片区政务服务"跨省通办"战略框架协议》。

（撰稿人：李刘兴、杨丹、梁志丹、吴庆勇、刘警）

第三部分　地市篇

第一章　广州市与齐齐哈尔市对口合作

广州市扶贫协作和对口支援合作工作领导小组办公室

齐齐哈尔市与广州市对口合作工作领导小组办公室

2020 年，广州市和齐齐哈尔市坚持以习近平新时代中国特色社会主义思想为指导，根据两省省委、省政府工作要求和《黑龙江省与广东省对口合作 2020 年重点工作计划》相关安排，围绕实现对口合作工作出新出彩、走在前列的目标，积极克服新冠肺炎疫情不利影响，继续保持工作节奏不变、力度不减，推动广州市与齐齐哈尔市对口合作工作水平迈上新的台阶，产业合作、科技合作和医疗卫生合作取得突出成绩。

一、2020 年对口合作工作开展情况

（一）加强统筹协调，工作推进扎实高效

1. 强化高层协商，研究推进重大合作事项

广州市与齐齐哈尔市市委、市政府坚持高度的政治站位，积极对接交流，共同推动重大合作事项的落实。2020 年 9 月，广州市温国辉市长、黎明副市长会见齐齐哈尔市委常委、常务副市长吴煜一行，在推进共建现代农业产业园和科技示范园、进一步加强两地旅游合作、推进农产品供应等方面达成共识。

2. 强化部门协调，积极落实各项合作任务

根据两市实际和新冠肺炎疫情影响，两市对口合作牵头部门认真协商制定《广州市与齐齐哈尔市对口合作 2020 年重点工作计划》，对组织领导、机制创新合作、产业合作、科研合作、园区合作共建、宣传督导 6 个领域共 20 项重点合作内容进行明确安排，为扎

实做好 2020 年对口合作工作提供制度保障。自新冠肺炎疫情暴发以来，两市对口合作牵头部门进一步加强日常沟通联系，及时掌握彼此新冠肺炎疫情变化情况和对口合作工作动态，视情协调组织两市各单位开展对接交流合作活动十余项，有效推动各项对口合作工作任务落实。

（二）克服疫情影响，产业合作成效明显

广州市和齐齐哈尔市坚持以产业合作为重点，着力推进粮食、农副产品、装备制造、旅游等互补性强、合作空间大的领域合作，截至 2020 年 12 月，两市已达成现代农业、食品加工、商贸物流、装备制造等对口合作重大项目 58 个，投资总额 236.23 亿元。

1. 努力克服新冠肺炎疫情带来的不利影响，开辟"云"上合作新模式，推动产业项目合作取得新突破

2020 年 2 月，齐齐哈尔市克山县与广东云鹰农业集团在"上上签"电子签约云平台上成功签约《云鹰马铃薯全产业链项目合同书》，计划投资 30 亿元利用三年时间分三期建设马铃薯种植基地及全粉加工产业园，打造集种薯繁育、商品薯种植、精深加工、品牌营销于一体的全链条产业发展格局。三期项目全部达产达效后，年可生产全粉 6 万吨，繁育大西洋系列种薯品种 3 万亩，带动基地种植 35 万亩，实现年产值 100 亿元，成为全国最大全粉生产企业和大西洋种植基地。2020 年项目投资 9 亿元实施一期建设，新取得建设用地 13 万平方米，新建 5 万吨气调库 1 个，新上进口荷兰全粉生产线 2 条，建设种植基地 2.5 万亩。2020 年 11 月，双方达成协议，广东云鹰农业集团继续追加投资 77 亿元，着力建设集"繁、种、储、加、销"于一体的马铃薯主粮化全产业链项目，以最快速度、最大规模的绝对优势占领国内国际市场，并把克山县打造成为中国马铃薯主粮化全产业链发展战略基地，实现国家产业发展内循环。

2. 做好已签约和落地对口合作项目后续跟踪服务工作，积极协调推动复工复产

积极贯彻"六稳""六保"总体部署，加强协调服务，推动合作项目复工复产。总投资 20 亿元的依安福美低碳经济产业园项目一期于 2020 年末建成投产，项目致力于建设集研发、生产、销售、物流、工程和生产生活配套于一体的产业基地，建成百亿级 MC 低碳经济产业园区，截至 2020 年底已累计完成固定资产投资 3.08 亿元，办公楼、产品展示中心、厂房、厂区和厂房内道路硬化施工完毕，3 条生产线已投入试生产；计划投资 5 亿元的粤旺农业产业化综合开发项目已于 2020 年 6 月中旬复工复产，完成办公楼和 3 栋生产车间的建设；齐重数控与广州数控合作项目进展顺利，双方积极落实《共建重型数控机床系统国产化及智能化重点实验室》合作协议，共同致力于基于国产数控系统的高端重型机床的研发与制造，并在航空航天、造船、军工、能源等重点行业进行规模化应用，

还与相关高校院所合作组建黑龙江省智能机床研究院，研究院已于 2020 年 5 月注册成立。

（三）拓宽合作领域，科技创新合作成果突出

两市积极拓展科技合作内涵，制定了《齐齐哈尔市与广州市科技对口合作 2020 年度工作计划》，重点开展高层会商、加强交流互访、联合实施科研项目、推进产业链接、促进科技与金融结合 5 项工作，确定推进中国一重与黄埔造船厂开展船用锻件研制及新品开发等 16 项具体合作事项，促进两市科技创新领域合作不断深化。

1. 企业项目对接取得新成果

广州中广核集团在齐齐哈尔市投资建设龙江龙一分散式风电项目、讷河东郊分散式风力发电场项目、铁锋祥鹤新能源 150 兆瓦风力发电项目、铁锋祥鹤新能源 100 兆瓦风力发电项目四个新项目；中国一重与黄埔文冲船舶有限公司就共建船用铸锻件研发中心签署合作协议，共同解决制约我国船舶行业关键铸锻件制造技术瓶颈问题；中车齐齐哈尔车辆有限公司、广州铁路职业技术学院、白俄罗斯国立交通大学、广东—独联体国际科技合作联盟四方在广州共同签署共建独联体国家轨道交通进口设备检测认证（中国）中心合作协议，将深化中白两国在轨道交通领域的合作，推动齐齐哈尔市轨道交通领域生产产品进入欧亚经济联盟市场。

2. 科研项目合作取得新进展

广州市将齐重数控和广州数控合作开展的"重型数控机床系统国产化"项目列入 2020 年广州市民生科技攻关计划，给予专项资金支持。华南理工大学与建龙北满特殊钢有限责任公司合作开展"高品质模具钢关键技术研发及应用研究"项目，推动齐齐哈尔市高品质模具钢在华南市场的应用。

3. 创新创业合作取得新突破

广州市协助齐齐哈尔市青创咖啡赴广州华南新材料创新园、南方周末创新园等多家科技企业孵化器交流学习。2020 年 10 月，齐齐哈尔市青创咖啡与华南新材料创新园签署了合作协议，双方将在搭建资源共享平台、共促团队建设，发挥双方资源优势为平台企业提供创新支持等方面实现合作共赢。

目前，两市已促成齐重数控—广州数控、建龙北满—华南理工大学、中国一重—黄埔文冲、市第一医院—南方医科大学、青创咖啡—华南新材料创新园、黑龙江省金属新材料产业技术创新战略联盟—大湾区金属新材料产业联盟、中车齐车—广州市金属学会等 9 项重大科技合作。

（四）加强交流对接，多领域合作全面进步

根据新冠肺炎疫情动态变化，在确保防疫安全的前提下，适时开展对口合作工作对接，促进全方位多领域合作取得新的成绩。

1. 互学互鉴先进管理经验

协调安排齐齐哈尔市营商局等5部门来穗学习考察网上政务服务能力提升、营商环境提升工作，双方在"秒批"、"好差评"覆盖、市场监管、一网通办、审批改革、智能办税等领域交流经验和做法，共商提升政务服务水平。

2. 密切经贸合作交流

支持齐齐哈尔市经合局等单位来穗考察广州酒家、金银卡生物科技有限公司、泰奇食品公司等企业，与金银卡生物科技有限公司达成秸秆再利用项目合作意向。

3. 推进粤港澳大湾区"菜篮子"工程建设

支持齐齐哈尔市参与粤港澳大湾区"菜篮子"工程建设，协助齐齐哈尔市农业农村行政主管部门培育粤港澳大湾区"菜篮子"生产基地和产品加工企业，指导当地企业积极申报"菜篮子"生产基地和产品加工企业，共认定齐齐哈尔市粤港澳大湾区"菜篮子"生产基地2个，产品加工企业1个。加强两地农业技术推广、绿色食品认证、园艺作物南繁加代等交流，探讨南果北种（如木瓜等）的可行性。

4. 加强文旅交流合作

加强旅游宣传推介力度，提升两地旅游目的地的形象，举办"携手奔小康——广州对口帮扶支援合作地区文化旅游周"活动、"鹤舞雪原、冰韵鹤城"齐齐哈尔文化旅游展览会等活动，以更高层次、更大力度推动齐齐哈尔市后疫情时期文旅复苏和经济发展；联合主办"广州历史图片展"、林则徐家风展等，促进两地文化交流更加密切。

5. 深化医疗领域合作

持续推进南方医科大学和齐齐哈尔第一医院在人才培养、科学研究、医疗技术交流等方面合作，南方医科大学校长黎孟枫带队赴齐齐哈尔市考察交流，开展市校合作高层会商，正式启动"南方医科大学—齐齐哈尔市第一医院博士后联合培养基地"；积极开展教学培训，为齐齐哈尔市第一医院举办临床教学组织管理等临床教学培训班；召开"广州—齐齐哈尔公立医院管理经验在线交流会"等，推动齐齐哈尔市医疗人员技能水平进一步提升。推动广州市妇女儿童医疗中心、广州市胸科医院分别与齐齐哈尔市妇幼保健中心、齐齐哈尔市胸科医院开展专业合作。

6. 稳定两地互联互通

积极协调将两市2020年度航线补贴划拨到位，确保"广州—沈阳—齐齐哈尔"航线

稳定运行，助推两地交流对接、经贸合作更加顺畅，利用广州航空枢纽优势推动齐齐哈尔进一步与国际对接。

二、2021 年对口合作工作思路

2021 年是"十四五"开局之年，广州市和齐齐哈尔市将进一步深化对口合作，对标对表国务院关于开展东部地区与东北地区对口合作工作评估办法，积极探索创新，推动两市对口合作在"十四五"时期迈上新台阶，再创新佳绩。

（一）持续加大工作力度，统筹推进各项工作落实

加强两市对口合作工作领导小组办公室常态化协调联动，及时掌握了解情况、提出工作指导建议，以国务院实施的对口合作工作评估指标体系为牵引，以点带面深入推进各项工作落实。加大两市对口合作宣传报道，营造更好的社会参与氛围。

（二）深化重点领域合作，推动两市产业共同发展

坚持优势互补的原则，以装备制造业、农产品、旅游业、健康养老等领域合作为重点，加强产用结合、产需对接、产业链上下游整合，促进两市相关产业互补发展。继续推进产业园区合作，做好做优广州—齐齐哈尔现代农业产业园、广州—齐齐哈尔农业科技示范园，做好云鹰马铃薯全产业链项目、福美低碳经济产业园项目、粤旺农业产业化综合开发项目等重大项目的跟踪服务工作，强化示范效应，引导更多更好的企业参与合作。继续会同齐齐哈尔市组织粤港澳大湾区"菜篮子"生产基地和产品加工企业申报认定工作，引导更多齐齐哈尔市优质农产品企业加入"菜篮子"工程。

（三）积极开展交流交往，强化经贸合作

充分发挥政府和市场主体作用，开展全方位、多层次的经贸交流活动，互相参加广博会、绿博会等展会，联合举办招商推介企业调研考察活动，力争达成更多质量效益型合作项目。加强干部人才挂职交流和学习培训，为齐齐哈尔发展提供更多智力支持和技术支持。

（四）继续拓展合作范围，构建全方位合作体系

互学互鉴先进管理改革经验，复制推广优秀做法，助力两市营商环境持续提升，进一步激发市场活力和内生动力。强化在文化、金融、科创、教育、体育、社科等多领域的合作，打造全方位、多层次合作体系，推动两市共同发展。

（撰稿人：唐蜀军、何建涛）

第二章　深圳市与哈尔滨市对口合作

深圳市扶贫协作和合作交流办公室　哈尔滨市发展和改革委员会

2020 年，按照党中央、国务院关于东北地区和东部部分省市对口合作的部署要求，在国家发改委和黑龙江、广东两省省委、省政府的正确领导下，深哈两市围绕共同确定的 7 方面 27 项年度重点工作任务，积极应对疫情影响，共同谋划、精准对接、务实推进，对口合作取得阶段性进展。

一、2020 年对口合作工作情况

（一）强化顶层设计和高位推动

2020 年 11 月，哈尔滨市长孙喆赴深圳与深圳市市长陈如桂召开了哈深对口合作第五次联席会议，会议审议通过了《科技赋能深哈合作实施方案》，确定了推动干部学习交流、"圳品"认证等深哈对口合作重点工作，为全面推进 2021 年深哈对口合作指明了方向。全年，两市市级领导开展互访交流 7 次，有力推动了对口合作向纵深发展。

（二）以创新形式开展干部交流学习

深哈两市共同研究制定学习交流计划，以优化营商环境为重点，推进深圳市改革创新经验在哈尔滨市成体系地转化落地，依托干部交流学习机制，让每一个交流学习干部带着问题来拿着成果回去，并对成果进行考核评比，以深圳（哈尔滨）产业园区为试点，将深圳先进成熟政策经验，移植复制到园区内，获得成效后进一步向哈尔滨新区乃至全市推广。9 月下旬，哈尔滨市组织发改委、科技局、民政局、营商环境局、哈尔滨新区等部门

9 名干部以"跟岗学习"的形式在深圳市对口部门开展交流学习，各学员已经按照既定学习计划完成学习任务，初步形成了《哈尔滨市持续推动"一件事一次办"改革工作方案》（征求意见稿）等 9 项学习成果，其中，学习深圳市推进创业创新相关经验举措，以优化哈尔滨新区营商环境为目标，开展制度创新方面政策措施的编制起草工作已完成，正式出台了《哈尔滨新区双创示范基地高质量发展工作方案》。12 月上旬，第二批赴深圳市跟岗学习启动，共选派了哈尔滨市发改委、工信局等 9 个部门 15 名干部赴深圳，就公共资源交易改革、国资国企改革经验、智慧市监建设、产业发展政策等方面经验开展学习交流，并就每项学习内容制定了学习方案，提出了具体的学习转化成果。10～11 月，哈尔滨市组织共计 100 名干部分两批赴深进行专题培训，创新采取"五个收获、三个措施、一个落实"的"531"教学模式并收到良好效果。

（三）深化体制机制互学互鉴

2020 年以来，哈尔滨市相关部门及区、县（市）通过线上线下方式启动了 90 项学习复制深圳先进经验工作，形成落地成果 34 项，包括印发了《复制深圳经验在我市工程建设招标投标领域开展"评定分离"改革试点工作的指导意见》、对企业登记等审批事项推行容缺后补审批模式、工业项目土地带方案出让制度、新区"温情 21 条"、支持产业发展"新驱 25 条"等；启动了"互联网＋政务服务"一体化等改革，推出哈尔滨市政务服务 App，可办理政务服务 13527 项，公共服务 9292 项。截至 2020 年底，哈市网上可办率达 93.52%，"不见面"审批率达到 45%；印发实施《哈尔滨市加快推进社会信用体系建设构建以信用为基础的新型监管机制的实施方案》等一系列政策措施；推行"联审联办协调服务"审批机制，设置"一件事一次办"综合服务窗口，推行政务服务"好差评"工作制度，打通政务服务"最后一公里"。

（四）保进度立标杆推动园区建设

深圳（哈尔滨）产业园于 3 月 12 日率先按下哈尔滨市"省百大项目"、哈尔滨市重点项目建设的"启动键"，比计划开工日期提前 33 天，为哈市抢前抓早促开工提供了可复制可推广的宝贵经验。哈尔滨市委书记王兆力专门带队到园区考察，对深哈公司的工作作风和科学合理的计划安排给予了高度肯定，并号召哈尔滨市各区县主要领导到园区学习交流先进经验和做法。截至 2020 年底，园区累计完成入统投资额约 16.9 亿元。意向性签约企业 35 家，包括华为鲲鹏、深圳敢为、中国电子科技集团 49 所、哈船卫星、深圳石墨烯创新中心等。重点跟进 94 家目标引进企业，包括华为、比亚迪、迈瑞、正泰、腾讯、百度、华付等；年内新增注册企业 123 家，注册资本金总额 59.71 亿元。

（五）高效推动产业项目合作

截至 2020 年底,正威、宝能等深哈产业合作项目共 121 个,计划总投资 2058.8 亿元,已完成投资 319.6 亿元。其中,竣工项目 45 个,完成投资 94.3 亿元;在建项目 47 个,计划总投资 1461.8 亿元,完成投资 225.3 亿元;签订正式协议、意向协议项目 29 个,计划总投资 502.7 亿元,其中,2020 年新签约项目 19 个,哈尔滨新区万科中俄产业园项目、深哈金融科技城项目签约额均达 200 亿元。正威哈尔滨新一代材料技术产业园项目签约暨启动仪式在哈尔滨市举行。此外,截至 2020 年 12 月,哈尔滨市企业累计投资前海蛇口自贸片区企业 62 家,注册资本合计 169.94 亿元,投资总额合计 145.59 亿元。

（六）积极推进深哈两地科技交流合作

为深入推进深哈合作,2020 年 8 月初,哈尔滨市发改委在与市科技局、深圳（哈尔滨）产业园区、深圳市扶贫协作和合作交流办多次沟通的基础上,本着互利共赢原则,提出了大力开展科技赋能深哈合作的工作设想,并与深圳（哈尔滨）产业园区共同起草形成了《科技赋能深哈合作实施方案》,提出 4 方面主要内容。9 月 22 日,哈尔滨市委常委、常务副市长郑大泉与深圳市委常委黄敏就科技赋能深哈合作方案进行了对接,并在征求两市相关部门意见基础上,共同形成了工作任务分解表。按照任务分工,在深圳市有关部门大力支持下,哈尔滨市科技局、深圳（哈尔滨）产业园区已分别起草形成了《深哈合作科技赋能新举措》及《深哈天使投资基金方案》《深哈创业投资基金及基金管理人设立方案》,并已经深哈联席会议审议。

（七）促进重点领域合作交流

在农业和绿色食品领域,哈尔滨市组织相关区、县（市）参加深圳第 6 届国际现代绿色农业博览会,并召开哈尔滨优质农产品推介会,推动更多绿色农产品走进深圳。在医疗卫生领域,哈尔滨市与中兴网信公司合作的健康医疗云项目一期工程已全部完成,共接入 119 家各级医疗机构,采集数据 22.1 亿条,形成 694.46 万份居民电子健康档案。在公共服务建设领域,鼓励深圳资本参与哈尔滨市政公用设施运营,目前,深燃气集团与哈投集团供热板块、深巴士集团与哈交通集团分别达成合作意向。华为在哈尔滨市开发的智能供热项目获得政府投资,同时,政府通过支付 1.1 亿元服务费形式向华为公司开放哈尔滨云计算相关市场。深圳建工公司参与建设了哈尔滨恒大时代广场等 10 个棚改项目,中建科工中标了哈尔滨市香坊区 6.5 亿元的棚改项目等。在教育领域,两市教育系统经过积极沟通,共同确定了招生平台建设等 12 个学习合作项目,形成了长效合作机制。在文化旅游领域，哈尔滨交响乐团与深圳交响乐团联袂演出的"冰雪之冠上的明珠"大型交响音乐会在哈尔滨、深圳两市同时线上播出。

二、2021 年对口合作工作计划

下一步，深圳市将继续做好深哈两地对口合作，高标准抓好园区建设、产业对接和项目推进，进一步拓展合作领域、提升合作水平，推动两地合作取得新成效，努力为粤黑对口合作、为实施新一轮东北振兴战略做出更大贡献。

（一）进一步推进两市干部挂职交流和学习培训工作

一是做好市管干部挂职交流工作。按照两省组织部门的统一要求，深哈两市组织部门积极争取，选派第三批市管干部双向挂职交流。二是做好市直部门干部双向对口交流工作。深圳市按照哈尔滨所需深圳所能原则，在发改、工信、科技、资源规划、营商环境、自贸区等领域，与哈尔滨市对口部门进行学习交流，推动深圳经验在哈尔滨转化落地。围绕深入学习深圳建设社会主义先行示范区经验，哈尔滨市选派一批干部赴深圳开展学习交流。三是做好干部集中培训工作。依托深圳市培训机构，分两批次选派哈尔滨市 100 名市直部门和区县（市）干部赴深进行专题培训。四是做好各区、县（市）干部学习交流工作。五是做好重点企业、行业协会学习交流工作。

（二）进一步推动深圳优化营商环境经验在哈尔滨落地

一是推动哈尔滨新区（自贸区哈尔滨片区）全面学习借鉴深圳优化营商环境经验。支持哈尔滨新区（自贸区哈尔滨片区）全面对标深圳，全方位带土移植、离土移植深圳市优化营商环境、推动科技成果转化、培育产业发展新动能等各领域体制机制和政策经验，全面复制深圳前海蛇口自贸区制度创新成果和经验做法。二是强化学习深圳以"放管服"为核心的重点领域创新管理经验。学习深圳"放管服"改革及"一网通办"等改革经验，推行告知承诺制审批和容缺后补审批模式，推动"秒批"和"信用审批"举措在哈尔滨落地。开展营商环境评价，推进社会信用体系建设，推进政务服务标准化。三是支持深圳国际仲裁院深圳（哈尔滨）产业园区庭审服务中心为哈尔滨及相邻的俄罗斯、东北亚地区的企业提供商事纠纷仲裁及远程庭审服务。

（三）加快推进深圳（哈尔滨）产业园区开发建设

一是积极抓好园区建设工作。完成科创总部项目一期36万平方米研发用房建设，完成园区基础设施、学校、公园等配套建设，推进智慧园区建设，建立园区大数据运营平台。二是积极抓好园区产业发展。按照市场法则积极吸引有向东北地区及东北亚地区扩张需求的深圳企业，力争落地一批战略性新兴产业项目。三是建立支持合作园区产业高质量发展政策体系。借鉴深圳经验，制定实施《关于支持深圳（哈尔滨）产业园区高质量发展若干措施》，强化对新一代信息技术产业、新材料、科技成果产业化、人才保障等方面的专项政策支持。借鉴深圳市基金管理经验，吸引金融、投资机构和社会资本共同参与成立天使投资基金和哈深合作产业投资基金。四是积极争取国家和省政策支持。积极争取国家和两省对深圳（哈尔滨）产业园区资金支持。五是探索和完善发展"飞地经济"的体制机制。以深圳（哈尔滨）产业园区为载体，逐步探索行政许可跨区域互认、与深圳标准对接和结果互认。创新指标统计口径和方法，完善发展成果分享机制。六是复制推广园区成熟经验。对园区试用的新型产业用地政策（M0）等成熟政策和经验进行梳理，及时向哈尔滨新区以及哈尔滨全市范围复制推广。

（四）推动两市产业有序转移精准承接

一是精准承接深圳产业转移。认真落实国家和省产业转移结对机制有关文件精神，以哈尔滨新区（自贸区哈尔滨片区）、哈尔滨国家级和省级重点开发区、临空经济区为主要承接平台，开展深哈两市产业共建和转移的相关工作，精准承接深圳市有向东北地区转移需求的重点产业和企业。二是进一步做好双方已签约项目、在建项目的落地和服务工作。强化与在建项目的对接和服务保障，确保项目尽快投产达效；加强对已签约项目的协调服务，落实好各项建设要素，加快推动项目签约落地。

（五）积极推进深哈两地科技交流合作

一是支持哈尔滨积极融入深圳国家综合科学中心建设进程。以深圳建设国家综合科学中心为契机，引导深圳企业与哈尔滨市校所合作，在该中心和深圳（哈尔滨）产业园区设立部分领域产业研究机构，共同加强基础研究和应用研究。实施关键核心技术攻坚行动，联合承接国家重点研发计划和重大专项，突破高端装备等领域的一批关键技术。二是联合开展对俄及东欧等国家的科技合作。深哈携手与俄罗斯、东欧等国家在航空航天、装备制造、电子信息、医药、新材料、能源、农业、环保等领域，共同开展基础理论研究并承接研究成果落地转化。三是促进科技成果产业化。以深圳（哈尔滨）产业园区为载体，围绕科技成果展示、交易、转化等关键环节，推动园区与两市科技部门建立常态化合作机制，构建"哈尔滨—深圳（哈尔滨）产业园区—深圳"的双向平台，吸引大学大所科技成果到园区集中转化，将园区打造成为深圳和哈尔滨科技成果产业化基地。联合举办园区科技创新成果展示、发布和创新创业大赛等活动，营造充满活力的科技创新文化；建立面向科技创新领域的风险补偿机制。

（六）共同开创海洋事业发展新局面

一是两市合力做大做强海洋经济。支持哈尔滨广泛参与粤港澳大湾区海洋经济发展，共同建设现代海洋产业基地。二是两市深入合作实施科技兴海。着力培育海洋科技创新人才，推动涉海企业与科研院所创新活动深度融合，支持深圳加快海洋大学、国家深海科考中心建设工作。

（七）进一步加强其他领域合作

鼓励深圳企业参与哈尔滨国企改革，鼓励深圳资本参与哈尔滨公共服务领域建设，加大对外开放领域合作，组织参加经贸交流活动，推进文化旅游合作，加强绿色农产品领域合作，加强医疗卫生和教育合作交流。

（八）共同做好对口合作评估工作

根据国家对口合作工作评估办法要求，共同做好国家对口合作评估工作。

（撰稿人：邹文、杨丹）

第三章　珠海市与黑河市对口合作

珠海市发展和改革局　黑河市经济合作促进局

2020年是珠海市与黑河市对口合作的深化年、提升年、攻坚年，两市坚持以习近平新时代中国特色社会主义思想为指导，按照《黑龙江省与广东省对口合作实施方案 (2017－2020)》及《黑龙江省和广东省对口合作2020年重点工作计划》总体部署，克服新冠肺炎疫情带来的不利因素，结合工作实际，本着"政府搭台、社会参与、优势互补、合作共赢，市场运作、法制保障"的原则，积极推动两地携手合作，共同发展，取得阶段性成果。

一、2020年两市对口合作工作情况

2020年在新冠肺炎疫情影响下，珠海市与黑河市（以下简称"两市"）克服各种困难，积极主动对接，较好完成年度工作任务。

（一）加强顶层设计

按照《黑龙江省与广东省对口合作2020年重点工作计划》要求，两市联合印发了《黑河市与珠海市对口合作2020年重点工作计划》，重点围绕4个方面，17项重点任务，明确了2020年两市对口合作重点工作内容。同时，根据"工作计划"对各项任务进行了细化分解，建立了相关工作推进机制，为进一步落实对口合作任务奠定了基础。

（二）推动两省、两市高层互访

2020年9月12～14日，广东省委常委、常务副省长林克庆同志，在黑龙江省委常

委、常务副省长李海涛同志陪同下，赴黑河市就加快两省自贸片区合作、推进重点产业合作进行工作调研；9 月 17～19 日，珠海市委书记、市人大主任郭永航同志率代表团赴黑河市进行工作调研。两市市委主要领导举行工作会谈，就进一步加强珠海市与黑河市开展对口合作进行考察对接，确定今后对口合作工作的 7 项重点工作任务。同年，黑河市常务副市长王兴柱、副市长彭海涛分别赴珠海市调研营商环境和产业合作建设情况；黑河市委常委、统战部长王淑滨带队到珠海市参加"2020 澳珠企业家峰会"。

（三）推动产业园区合作共建

经深入对接，珠海市工业和信息化局与黑河市爱辉区共同起草了《珠海市与黑河市共建黑河市瑷珲对俄进出口加工基地工作方案》（以下简称《工作方案》），初步提出开展联合规划、联合招商、联合开展医药开发研究、联合开展市场开拓和联合推进配套设施建设五项工作举措。《工作方案》已完成双方相关单位征求意见，现正进行规划编制。双方确定"加强中医药产业合作，利用黑河、俄罗斯野生中药材资源，结合珠海横琴中医药科技产业发展基础，建设中医药发展产业平台，赋予平台检测、交易等功能；珠海市与黑河市爱辉区双方共同出资成立合资公司，在瑷珲对俄进出口加工基地内共同建设标准化厂房、研发中心和孵化器，引入医药企业入驻园区"。创新工作机制，共建中医药园区。

（四）推进土地指标跨省交易合作

两市自然资源部门深入研究两市推进土地开发整理及跨省耕地指标交易合作相关事宜，拟定《广东省珠海市　黑龙江省黑河市土地开发整理及跨省耕地指标交易战略合作意向协议书》，并经双方市政府盖章确认。双方按照"优势互补、真诚合作、互惠双赢、共同发展"理念，引进珠海资金，开发黑河后备资源，新增耕地用于中药材种植，为"粤澳合作中医药科技产业园"提供原材料；新增耕地指标用于珠海横琴新区易地占补平衡。两市共同推进增减挂钩节余指标跨省域调剂政策研究，向省自然资源厅建议自然资源部研究省、市直接调剂的增减挂钩节余指标的政策。

（五）推动经贸交流合作

11 月 25 日，黑河市逊克县招商引资推介会在珠海度假村酒店举行，珠海市文体旅游局领导、珠海高栏港经济区领导、广东旅行社行业协会、黑龙江商会、珠三角知名企业及 10 家媒体等 100 余人参加了推介会。与会期间，逊克县以"红玛瑙之乡""北国雾凇之都"为旅游文化品牌进行推荐，为打造珠海—逊克旅游线路做造势。在逊克驻珠海招商代表处挂牌仪式上，为珠海黑龙江商会颁发了逊克县人民政府驻珠三角招商专员聘书，并在珠海黑龙江商会设立逊克招商代办处,承接逊克招商引资对接珠三角企业事宜,与逊克县合作开展委托招商工作。新产业大健康科技(珠海)有限公司暨珠海亿同贸易有限公司、珠海岚亚供应链有限公司、珠海北谷投资管理有限公司与逊克县人民政府达成 3 个框架协议,成功签约项目 3 个,投资额 2.8 亿元。

(六) 深化农产品精深加工合作

2020 年 6 月 10 日,珠海市华发物业社区经营业务部与黑河市绿农集团合作,通过华发集团在珠海的多元化渠道资源进行销售推广,截至 12 月 31 日,实现产品对接 100 余种,销售金额 2796.72 万元,售出产品从蜂蜜以及东北大米逐步扩展到杂粮和干货,覆盖近 12 万华发 App 用户业主。珠海海贝严选与黑河市绿农集团合作,开辟专门栏目进行"极境寒养"品牌展示及系列产品推广,黑河绿农集团也将珠海的系列产品上传至绿色物产网进行销售。珠海"乡意浓"公司、"菜篮子"公司与黑河绿农集团合作建设"极境寒养"黑龙江黑河绿色物产体验中心。

(七) 加强两地航线互联互通

2019 年 4 月 1 日,珠海经郑州至黑河航线正式开通。每周三班,执飞机型为 B737 - 800。2019 年全年执行航班 133 班,运输旅客 53985 人次,其中黑河—珠海段为 3520 人次。2020 年 2 月,因受新冠肺炎疫情影响,航线暂停至 8 月底复航,截至 12 月底,年度执行航班 66 班,运输旅客 25943 人次,其中黑河—珠海段为 1045 人次。该航线的开通畅通了大湾区与黑河、俄罗斯远东两国三地之间的旅游通道,促进了南北交通便利化,推动了区域多领域深度的务实合作,加强了资源共享、信息互通、产品互补以及合作城市之间的互利共赢。

(八) 深化中药材加工合作

珠海市帮助黑河市引进广东省及粤澳合作中医药科技产业园内的医药研发生产企业入驻黑河市,共同开展中药研发和加工等方面的合作,提高黑河市中药材精深加工水平。黑河市北药中心立足资源优势,积极与国内知名院校签订合作协议,开展生物科技研发和中草药加工,合作建立中医药产业跨境电商平台,以此为基础,与粤澳合作中医药科技产业园建立了战略合作关系,利用黑河及俄罗斯寒地道地药材发展"两国三地"中医药产业发展平台。

(九) 推动两地发展成果共享

两市自贸片区积极对接,共同推动成立珠海市横琴创新发展研究院黑河分院。充分发挥横琴创新发展研究院既有的资源特色，以"贯彻中央精神"核心，以"推广特区经验"为主线，以"探索边区实践"为重点，以"实现合作共赢"为目标，着力打造"专、精、尖、特"新型研究智库，服务对口合作深入开展。一是推广广东自贸成果。研究院以广东自贸试验区527项改革创新成果为基础，系统梳理总结遴选适合在黑河自贸试验区落地的具体改革创新政策，与黑河自贸片区的实际情况进行精准对接，形成自主创新成效。总结借鉴横琴探索粤澳深度合作区建设经验，探索开展依托大黑河岛深化离岸经济模式研究、跨境能源利用与创新合作模式研究、边民互市贸易创新模式等专项研究。二是做好创新成果评估。对国务院及商务部在全国自贸试验区复制推广的260项自贸试验区改革创新成果在黑河自贸区落地情况进行跟踪评估，对在各县区（园区）复制推广情况进行跟踪性评价。对黑河自贸片区在推进改革探索过程中形成的制度创新成果进行首创性、实施有效性、系统性、集成性、复制推广可行性等多维度的分析评估，梳理汇总沿边、跨境等特色领域的系统性、集成性制度创新成果，推动形成全国、全省首创性案例。三是参与黑河自贸区重点工作。会同黑河自贸区编制黑河自贸片区"十四五"规划、《黑河自贸片区周年评估报告》等重要文献，开展了自贸片区营商环境专项调研、大黑河岛发展规划论证、黑河自贸片区重要政策咨询会议等活动10余次；呈报《决策参考》等重要文稿10余份；逐步将广东自贸试验区改革创新成果导入黑河自贸片区，提升了黑河自贸片区创新驱动能力，推动了黑河片区整体发展质量。

（十）联手提升新冠肺炎抗疫能力

黑河市爱辉区疫情发生后，珠海市在做好自身疫情防控的同时，也密切关注黑河市的疫情防控情况，团结合作是抗击疫情最有力的武器，为尽快提高对口合作城市黑河的核酸检测能力，珠海无偿向黑河捐赠一台价值近500万元的移动P2+核酸检测车，助力黑河能够早日消除疫情。该车每日检测样本量可达20000人份以上，在突发公共卫生事件和传染病疫情发生时拥有较大的承载力。本次捐赠让黑河市在全省各地市率先拥有了移动核酸检测能力，解决了农村和偏远地区快速核酸检测能力不足问题，彰显了珠海、黑河抗击疫情守望相助、共克时艰的友好情谊。

二、2021 年两市对口合作思路

在下步工作中，主要围绕以下几方面工作加以推进：

（一）加强自贸片区合作

深化交流自贸片区管理理念，以制度创新为核心，加强横琴片区与黑河片区间政务服务领域的交流合作，利用国家赋予自贸片区的先行先试功能，做好横琴自贸片区发展经验的复制、推广，互相学习借鉴。推动黑河自贸片区投融资平台与珠海市金融机构合作，做好发起产业发展基金前期准备；加快推进两市跨境电商领域合作，共建边境仓、境外仓，引进珠海跨境电商企业，复制综合试验区成功经验；横琴新区派出专业人才赴黑河片区进行业务指导，提供相关领域智力支持，协助黑河建设高标准、高质量自贸区。落实珠海横琴新区与黑河自贸片区合作框架协议，加强区域协同合作，深化产业互利合作，联手拓展对外开放水平。

（二）加强中医药产业的合作

加强中医药产业合作，利用黑河、俄罗斯野生中药材资源，结合珠海横琴中医药科技产业发展基础，建设中医药发展产业平台，赋予平台检测、交易等功能，由珠海牵头，吸引广药等有影响力的药企，做强两市中医药产业合作项目；创新工作机制，共建中医药园区。珠海市与黑河市爱辉区双方共同出资成立合资公司，在瑷珲对俄进出口加工基地内共同建设标准化厂房、研发中心和孵化器，引入医药企业入驻园区。

（三）深化对内对外开放

加强两市之间的企业、商协会沟通联系，动员两市工商界，通过中拉、中德、中以、中澳企业家峰会、中俄博览会等大型的经贸交流活动，共同组织中国（广东、黑龙江）—俄罗斯远东经贸交流活动，共同推进两市产业的转移和承接，加快科技成果的研发转化。组织两市旅游、经贸、产业等领域开展多方面、广角度、全方位投资对接合作。促进两市企业间以及与国内外企业间的产业合作、产销对接、招商投资，增强城市活力，提高企业竞争力。加强珠海、黑河与俄罗斯阿穆尔州交流合作，共同推进"布拉戈维申斯克—黑河"跨境集群建设。鼓励珠海市企业在黑河投资跨境电商产业项目。

（四）进一步完善交流机制

两市主要领导每年至少保持一次考察对接，在市场化、法制化的基础上，突出党委、政府在对口合作工作中的主导地位，细化对口合作任务、推进人员交流往来、扩大对口合作成果，把各项工作落细、落实、落地，确保重点工作落实。

（五）继续推动土地利用指标交易

利用黑河市土地后备资源，通过跨省交易模式，支持珠海市拓展经济发展空间，两市自然资源部门要做好上级主管部门工作，确保指标交易工作顺利实施。两市自然资源部门进一步争取国家和省自然资源部门支持，加大指标交易额度。利用两市土地指标跨省交易黑河所得收入，投入两市共建园区的基础设施建设，作为下一步共建产业园良性循环的资金投入。

（六）做好跨境产业合作

加强与俄罗斯能源、资源产业合作，与珠海共同发展钢铁、新材料下游产业，推动黑河与俄罗斯跨境产业集群建设；利用黑河区位优势，共同建设跨境电商和海外仓项目，扩大珠海优势产品在俄罗斯市场份额。

（七）加强旅游产业合作

保持珠海—黑河航线常态化通航，利用黑龙江大桥通车后的便利条件，拓展俄罗斯—黑河—广东两国三地旅游线路，确定互为旅游目的地，要发挥黑河市与珠海市旅游资源富集优势，结合两地气候特点，推动两地海岛游、边境游等特色旅游，两市互为旅游目的地和客源地，合力推动旅游业发展。两市文化广电旅游体育局要充分发挥部门职能，带动旅游产业发展。要设计好两市旅游线路，寻找两市旅游产业契合点，推动两地旅游产业加快发展。借助双方各自体育资源优势，促进两市体育领域合作。

（八）共同总结两市对口合作经验成果

按照国家和省关于对口合作相关工作要求，梳理两市对口合作工作开展情况，总结经验成果，查摆合作中存在的问题，寻找对口合作工作的难点和堵点，深入挖掘两市全方位合作的结合点，为下一阶段两市对口合作工作开展奠定基础。

（撰稿人：戴海强、李锦镇、白宇涛）

第四章　汕头市与鹤岗市对口合作

汕头市发展和改革局　鹤岗市发展和改革委员会

2020年是实现广东省、黑龙江省两省对口合作第一阶段总体目标的收官之年，汕鹤两市市委、市政府紧紧围绕优势互补、合作共赢的工作思路，深化各级各部门多层次协作，积极推进两市对口合作工作。

一、2020年两市对口合作进展情况

（一）加强领导，建立强有力的对口合作工作推进体系

汕头市委、市政府高度重视与鹤岗市的对口合作工作，始终把开展对口合作工作作为贯彻落实党的十九大精神的具体体现，作为促进两地经济社会持续发展的一件大事来抓。2020年，汕头市认真落实广东省对口合作工作领导小组第三次会议的有关精神，根据《黑龙江省与广东省对口合作2020年重点工作计划》，聚焦"四个一"总体目标，结合汕头市、鹤岗市两市实际，制定了《汕头市与鹤岗市对口合作2020年重点工作计划》，争取在过去3年取得的成绩的基础上，进一步推进汕头和鹤岗两市的深度务实合作，让对口合作的成果惠及两市人民，为新时代实现广东"四个走在前列"、振兴东北贡献"汕头力量"。

（二）深入开展调研视察活动，促进两市沟通学习

2020年9月18日，鹤岗市委常委、副市长陈苏一行莅汕开展"网上政务服务能力"专题调研，与汕头市委常委、副市长双德会及副市长赵志涛进行工作交流，实地考察汕头

市政务服务中心、濠江区行政服务中心、濠江区社会治理创新实践中心等部门，围绕"一网通办"、"数据共享"、"一次登录、全网通办"、政务服务跨层级跨地域跨系统跨部门协同管理和服务等工作进行深入探讨交流，详细了解汕头市"数字政府"改革和一体化在线政务服务平台建设的总体情况。

2020 年 10 月 10 日，汕头市工商联考察团前往鹤岗市参观考察。鹤岗市副市长谢殿才，鹤岗市政协副主席、鹤岗市工商联主席王书玲及鹤岗市企业家代表参加座谈会，并陪同参观了相关企业。强调两地工商联要积极协调密切合作，组织两地企业家进行多方面交流，为两地经贸合作和经济建设发挥桥梁纽带作用。汕头市委统战部副部长、汕头市工商联党组书记陈馥忠介绍了汕头市近一年来的经济发展情况、汕头市工商联工作具体情况、两地合作交流情况，并就第九届潮商大会团长秘书长会议进行对接。在鹤岗市参观考察期间，汕头市工商联考察团参观了百年企业龙江酒业、宏益家电等。

（三）搭建合作交流平台，全力推进两地各领域合作

1. 农产品互销方面

利用鹤岗市农产品绿色无公害优势，积极开展两地特色产品食品"南货北调、北货南运"销售合作。2020 年，广东心瓷科技股份有限公司与鹤岗市继续开展"南货北运、北货南运"销售合作，利用农产品展销实体店和线上营销的方法销售鹤岗市优质大米、蜂蜜、黑木耳、红小豆等 27 款农林特色产品。

2020 年 9 月 5~6 日，团鹤岗市委联合团汕头市委在鹤岗市名优特产品交易中心开展"青春力量，直播助农"线上活动，直播志愿者与汕头创新扶贫直播间连线，共同销售鹤岗特产。为做好此次助农直播，团汕头市委选拔多名当地优秀志愿者并开展了历时 3 个月的培训指导，依托此次直播组织了"创新扶贫优秀直播志愿者直播总决赛"，每位直播志愿者专门介绍一款鹤岗特色农产品。

2. 粮食合作方面

汕头市粮丰集团与黑龙江迦泰丰粮油食品有限公司开展粮食加工合作 10 万吨水稻加工及仓储烘干项目，计划总投资 8000 万元，已被列入鹤岗市 2020 年百大项目。在疫情防控期间，通过一企一策、专人帮办、代办、现场办、线上办等方式，帮助企业跑手续，助力企业开工建设，为项目建设保驾护航。项目已于 6 月开工建设，已完成备案、土地手续，正在进行土地平整，厂房钢结构已进场安装，2020 年计划完成投资 2000 万元，完成 1 号、2 号、3 号仓储库建设。

2019 年 9 月，两市粮食部门就市级动态储备粮异地代储工作达成一致意见，签订了《汕头市市级动态储备粮委托代储合同书》，先行试点代储原粮（水稻）5000 吨。两市粮食部门积极对接，截至 2020 年底，5000 吨粮食已全部收储完毕，并进行质量验收，圆满完成了当年的收储工作，此项工作实现了"南粮北储、合作互赢"的目标。

3. 商贸合作方面

2020 年疫情期间，两市开展电商扶贫专场连线，为两市地方特色商品搭建了展示平台，将大米、木耳、蜂蜜等鹤岗特产上架"小黄车"现场带货。4 月，汕头市商务局以 5 年免租形式提供临街铺面和仓库场地给鹤岗市商务局作为鹤岗市在汕头市的产品展销中心和产品物流中心仓库使用，主要服务于汕鹤两市企业，实现仓配一体化的全新物流仓储体系，有助于鹤岗市在汕头市做大做强优质农产品展销实体店和线上营销体系。

4. 科技合作方面

2020 年，汕头市科技局在 2020 年度科技专项资金项目中，设立汕头—鹤岗对口科技合作提升科技服务效能专项，支持鹤岗市对口科技创新合作。通过实施对口合作科技创新能力建设项目，有效解决落后地区科技创新能力不足、科技基础条件滞后、创新性人才匮乏、科技创新投入不够等实际问题，促进鹤岗市转型发展，通过开展各类科技创新平台建设，推进成果转化，推进项目和企业研发能力建设，提升了职能部门的科技创新能力和科技服务能力。

5. 文化旅游方面

2020 年初，汕头市在上年工作的基础上，举办第 19 届中国（汕头）国际食品博览会暨潮汕美食、泰国商品（汕头）交易会，博览会分设黑龙江省鹤岗市展区，向汕头市市民展示鹤岗市特色美食。

在汕头市濠江区人民政府、汕头市文化广电旅游体育局联合主办的第四届达濠鱼丸美食节上，鹤岗市工信局和鹤岗市向阳区人民政府联合组织鹤岗市 14 家企业参加了此届美食节。鹤岗市在本届美食节上专门设立了"鹤岗美食展示专区"，优选了白酒、啤酒、大米、稻米油、蜂蜜等近百种产品参展，充分展示了鹤岗地方特色产品的优势，吸引了众多汕头客商前来体验、咨询、洽谈。美食节平台的搭建，既是贯彻落实党中央实施东北振兴战略和广东与黑龙江两省对口合作工作部署的重要举措，也是有力促进两市跨区域合作、实现共赢发展的现实选择，为推动两市经济社会发展提供了难得的机遇和广阔的舞台。本次美食节上，鹤岗市的 14 家企业实现销售额近 6 万元，部分群众又通过微信、电话等方式订购，达成了 27 笔个人订单，金额近 3 万元。

两市积极探索"旅游＋直播""文化＋扶贫"的模式，黑龙江鹤岗、广东汕头、新疆图木舒克联合开展"云"连线行动，进一步宣传推广三地文化旅游产品，助力消费扶贫，开展对口合作，以直播方式实现南北联动、资源共享。

（四）注重"软合作"，推动干部挂职和人才交流培训

在干部挂职锻炼上，自对口合作开展以来，鹤岗市共选派 9 批次 84 名副处级以上领导干部和 9 名科级干部，分别参加了汕头市委组织部在中山大学、浙江大学、上海交大、中国人民大学、汕头大学举办的政务服务和大数据、防范和化解经济风险、工业园区建设管理、推进法治政府建设、全面融入粤港澳大湾区等专题培训班。2020 年，鹤岗市选派干部参加在汕头市委党校举办的县（处）级干部进修班、中青年干部培训班等主体班次。在人才交流上，汕鹤两市通过积极搭建就业求职平台，共享招聘信息，提供就业岗位，促进两市求职者跨市就业。至今，汕头市提供 400 余家单位信息，累计提供就业招聘岗位 3 万余个，有求职意向者 20 余人。2020 年，鹤岗市还组织开展汕头企业专场网络招聘会，提供 193 个就业招聘岗位，拟招聘 4395 人。

二、2021 年两市对口合作工作思路

2020 年受到新冠肺炎疫情影响，汕鹤两市许多对口合作工作暂缓开展。2021 年，汕鹤两市将继续按照党中央决策部署，深刻认识两省合作在我国全面建设社会主义现代化国家新征程中的重要作用，按照两省省委、省政府指示要求凝心聚力做好对口合作的各项工作。

（一）进一步加强工作统筹协调

两市主要领导进一步加强交流会商，分别组织召开对口合作工作领导小组会议，总结和研究对口合作重点工作，推进重点合作事项。两市有关单位、各结对区县进一步加强对口合作经验交流，按照实施方案各项要求，持续深化结对区县、各有关单位对口合作。同时做好信息共享工作，进一步畅通信息沟通渠道。

（二）进一步加强机制创新合作

继续深化干部人才交流，举办座谈会、培训班、学术研讨会等交流活动，共同推动两市干部人才交流合作。深化交流两市在"放管服"改革、营商环境改革、行政管理体制改革、机构编制管理改革等方面的经验。相互交流两市在发展民营经济方面的经验做法，持续优化民营经济发展环境。积极做好 2021 年在鹤岗召开第九届潮商大会团长秘书长会

议，就第九届国际潮商大会的各个细节问题进行交流探讨，初步确定团长秘书处会议和相关经贸活动。

（三）进一步加强产业合作

在原有合作的基础上，继续做好两地特色农产品线上线下销售合作。进一步密切两地农业沟通、交流、合作机制，强化两地在粮食精深加工、绿色食品产业方面的深度合作，扩大双方在农业品牌与优势农产品的推广力度，利用汕头市农业农村电商相对发达的优势，提升"南货北调、北货南销"的合作水平，进一步拓展汕头市农产品的市场知名度和销售渠道，丰富人民群众餐桌产品。进一步深化生物制药、石墨加工、网络信息等新兴产业，围绕鹤岗市储量居亚洲第一的石墨资源，利用汕头市电池新能源行业多年积淀经验及高新技术研发优势，与汕头市战略性新兴产业对接，在石墨新能源材料、石墨烯材料、超硬材料及研发平台、科技孵化等新兴产业建设上开展合作。加强旅居健康养老合作，构建"北飞养老，南飞过冬"养老模式，加快推动旅游、健康、养老产业融合发展。开展旅游推介活动，双方互相组成更多旅游团队，促进旅游深入交流。

（四）进一步加强科研合作

继续做好两地科技部门的交流工作，重点支持汕头企业、汕头大学、广东以色列理工学院与鹤岗企业开展产学研合作，支持科技创业孵化载体引进对方初创期企业进行孵化。加强两市在职业教育方面的交流，探讨两市职业教育院校建立结对合作关系等。

（撰稿人：蔡绚、张微微）

第五章　佛山市与双鸭山市对口合作

佛山市发展和改革局　双鸭山市发展和改革委员会

2020 年，佛山市和双鸭山市按照党中央、国务院决策部署和广东省、黑龙江省党委政府工作安排，围绕"把两市对口合作打造成为东北地区与东部地区部分省市对口合作的典范和标杆"的工作目标，促进两市多形式、多领域、多层次的合作交流和经贸往来，不断拓展合作深度和广度，全方位提升合作质效。

一、2020 年对口合作工作开展情况

（一）多层次互访交流频繁

2020 年是极不平凡的一年，两市创新工作方法，克服新冠肺炎疫情影响，保持高密度、多层次的对接联系，其中市级以上领导带队互访交流 4 次，部门和企业对接互访近20 次，多次举办并参加各类招商会、恳谈会、商贸展销会等活动，签订合作协议 2 份。特别是佛山会同双鸭山组织开展线上线下相结合的双鸭山合作项目推介活动，主要通过在各区、相关部门官方网站以及各类媒体发布项目信息及扶持政策情况，编印派发《佛山市对口合作城市—双鸭山市合作项目推介手册》，组织有意愿赴双鸭山投资的行业协会、企业开展实地对接考察等，宣传推介双鸭山投资环境和项目。

（二）改革经验交流不断深化

佛山市禅城区将自主打造的"一门式一网式"核心软件（价值 3500 万元）免费提供给双鸭山市使用，着力复制推广政府服务改革新举措，帮助双鸭山全面实施"综合窗"

服务模式改革，实行"前台综合受理，后台分类审批，窗口统一出件"服务流程，实现"一次叫号、一窗受理、一网通办"服务新模式，双鸭山市民服务中心已进驻或拟进驻政务服务事项占比达 91.6%。双鸭山创新推行"综合窗"模式，被黑龙江省纳入典型案例汇编并在全省推广。佛山市将南海区信息化智慧养老综合服务管理平台核心软件（价值 2300 万元）无偿提供给双鸭山使用，南海区政府还支持 789.2 万元用于该平台二次开发、运营及人员培训，为双鸭山市搭建从机构养老到社区养老到居家养老的三级业务模式，从市级到区县级到街道居委到村的四级管理体系，完成双鸭山四县四区养老机构基础数据的初始化，有效提升双鸭山市社会管理水平。该项目从 2019 年初开始建设至 2020 年 10 月 23 日完成验收，培训平台操作人员 114 人，培训社工及养老护理员 210 人，完成居家和社区养老服务中心运营、社会组织孵化和养老行业协会建设性报告 3 份。

（三）民生领域合作成效初显

两市在民生及基础设施项目合作方面开展积极探索，佛山市于 2018～2020 年 3 年支持双鸭山市共 3.8 亿元，用于双鸭山市城市科技馆、双山全民健身中心等 10 个民生及基础设施项目建设，现支持资金已全部拨付。通过加强双鸭山民生及基础设施建设，提升其营商环境和城市竞争力，改善群众生产生活条件，引导社会资本投资双鸭山。至 2020 年底，双鸭山市城市科技馆主体框架已完工；双山全民健身中心主体结构已封顶；四方台区污水处理厂提标改造项目出水已达标，南环路、连接路全线贯通，背街巷路工程加快建设，紫云岭公益性公园建设项目一期建设进度过半，紫云岭公益性公园建设项目二期完成花海铺设，科普园项目已完成棚室平整及厂区硬化工作；饶河县季华健康公园项目正加快建设。

（四）产业合作不断拓展

两市达成重点合作产业项目 6 个，总投资 9.03 亿元，其他合作项目 2 个。其中，总投资 1.58 亿元的北大荒米高农业年产 8 万吨高效钾肥项目投产，已生产硫酸钾 2.97 万吨、盐酸 3.49 万吨。总投资 6.08 亿元的佛山市冠牌不锈钢有限公司不锈钢管材制造及不锈钢交易中心项目已完成厂房及办公楼基础建设。全力推动正威国际集团将石墨（烯）产业集群项目布局双鸭山。住友富士电梯黑龙江升降设备售后服务运营中心（分厂）项目、佛山市缘喜房车文化有限公司房车营地建设项目、超高压绿色方便食品科技产业化等项目正跟踪推进中。

（五）农业产销合作务实开展

采取设立双鸭山农产品展销中心、网红带货、电商网络培训、组织预算单位采购、牵线两地企业合作等多种方式，拓宽双鸭山农产品销路。继续开展"双鸭山市好粮油进佛山"系列活动，通过委托佛山市国营粮油超市代销的模式，将双鸭山优质粮油销往佛山市场。佛山市威望米业有限公司与双鸭山市友谊县恒盛米业有限公司签订6700吨大米购销合同，金额约2894.4万元。在设立双鸭山农产品展销中心基础上，推进在五区设立双鸭山农产品销售中心工作，并拟提供3年免租金优惠政策。引入京东、阿里等多个电商龙头企业到双鸭山教授线上产品销售课程。依托佛山小农丁农业科技有限公司设立"双鸭山农产品交易平台"和"黑龙江双鸭山特色馆"线上销售专区，在售产品多达60余个，2019～2020年，线上电商交易额达300万元人民币。促成佳成尚味（广东）膳食管理有限公司与双鸭山黑土优选商贸（佛山）有限公司合作，在佛山联合注册公司，在佛山市建成4家双鸭山农产品社区实体店。

（六）干部人才交流不断加强

8月14日，双鸭山市委常委、组织部长张春姣同志一行到佛山调研座谈，佛山市委常委、组织部长杨朝晖同志出席，并就两市科学推进干部人才培训等事项及下一步工作安排进行沟通交流。11月2～6日，在佛山市举办双鸭山优秀年轻干部能力素质提升培训班，共培训40人。依托"佛山人才网"为双鸭山市双矿组织化转岗职工等群体到佛山就业创造条件。主要以网络招聘的方式开展劳务对接，每季度将岗位信息推送给双鸭山，共推送岗位信息2757个，截至2020年底，双鸭山在佛山市登记就业人数为213人。

（七）文化旅游合作创新推进

佛山市向黑龙江省双鸭山市捐赠图书10000册，原值31.16万元，助力双鸭山新时代精神文明建设。佛山市举办"2020展翅——初创文创企业扶持行动"，开设集政策解读、学习交流、经验分享于一体的超级导师训练营，借力佛山资本、市场、信息、科技等优势，加强与双鸭山在内的对口帮扶城市间文创产业合作交流。旅游合作方面，2020年9月，邀请双鸭山市参加由佛山市牵头组织广佛肇旅游联盟赴西宁和银川开展的"魅力广东·多彩广佛肇"旅游主题推介活动，通过搭建平台、抱团营销，共促多方城市间旅游企业的合作交流，推动旅游发展。

（八）教育医疗合作深入开展

两市不断推动对口合作向纵深发展，佛职院与黑龙江能源职院合作开展白瓜子（南瓜瓤）综合利用研发工作，2020年，该项目获广东省大学生挑战杯大赛铜奖。2020年5～6月，依托清华大学优质教育平台，佛山市举办"清华大学—顺德职业技术学院协作院校骨干教师高级研修班"，双鸭山职教集团 30 名骨干教师参加，促进院校交流合作。三水区华侨中学、佛山一中分别与双鸭山市第三十一中学、双鸭山一中开展线上交流。佛山市举办线上名家讲座，双鸭山市及珠三角地市共 3000 多位教师参加。向双鸭山市寄送 170 册远程教育书籍。医疗卫生合作方面，两市各 5 所医疗机构签订多项合作协议，2020 年，佛山市派出 2 批 13 名医疗专家到双鸭山指导临床专科建设，捐赠检验检查设备 4 台套，价值 20 万元，双鸭山市人民医院在合作帮建下，正筹备晋升三甲综合医院。

（九）科研合作不断深入

中国科技开发院双鸭山孵化中心项目获得广东省科技厅孵化载体补助资金 100 万元，同时，佛山市按照 1∶1 进行财政资金配套支持该项目建设。截至 2020 年底，该孵化中心已入驻企业 41 家，其中科技型企业 27 家；引进 12 家服务机构，帮助双鸭山市高新技术企业从 3 家增加至 12 家。积极对接科研院所，开展科技合作并为企业提供服务，佛山市科技部门联合双鸭山孵化中心在中山大学、广东工业大学、华南农业大学、仲恺农业工程学院等高校中收集科研成果 24 项，并及时与双鸭山企业进行对接沟通，个别项目取得较大进展。成功引进两家广东无人机公司到双鸭山开展无人机科技服务，支持当地农户及农业企业转型升级。

（十）全力支持双鸭山做好新冠肺炎疫情防控

新冠肺炎疫情发生以来，佛山市积极了解双鸭山疫情防控情况，在自身防疫物资紧缺的情况下援助双鸭山口罩、防护服等疫情防控物资一批。协调佛山市红十字会向双鸭山市红十字会捐款 20 万元防疫资金。积极协调佛山市拓盈无纺布有限公司，以较优惠价格定时定量向双鸭山市妙康生物科技有限公司供应熔喷无纺布，纾解双鸭山市疫情防控物资紧缺的压力。

二、2021 年对口合作工作计划

（一）完善工作机制，保障工作开展

进一步完善对口合作工作机制，充分发挥对口合作联席会议作用，调动各部门和社会各界积极性，强化组织协调、搭建合作平台，推动合作工作务实开展，努力把两市对口合

作打造成为东北地区与东部地区部分省市对口合作的典范和标杆。

（二）加强对接交流，夯实合作基础

努力克服新冠肺炎疫情影响，注重发挥双方比较优势，采取线上线下相结合的方式推介双鸭山投资环境及项目，组织佛山相关部门、行业协会、企业赴双鸭山实地对接考察以及参加各类招商会、恳谈会、商贸展销会等活动，深化两地部门、行业协会、企业间的对接交流，不断夯实改革经验交流、产业、科研、干部人才交流培训等领域合作基础。

（三）落实合作项目，提升合作成效

抓好佛山市支持双鸭山市民生及基础设施项目建设，根据协议内容加快项目推进步伐，抢抓有限施工期确保各项目如期保质完成；提升服务保障水平，协调解决产业合作项目及其他合作项目推进过程中遇到的困难与问题，为合作项目落地见效保驾护航。在加速推进已有合作项目基础上，立足两市资源禀赋与新形势新任务，加大两市优惠政策宣传推介力度，发挥政策引导作用，积极挖掘新的合作亮点与特色，科学谋划并加速推进新的合作项目，力争合作综合效果最大化。

（撰稿人：黄健、侯俊涛）

第六章　惠州市与大庆市对口合作

惠州市发展和改革局　大庆市发展和改革委员会

2020 年，惠州市与大庆市在积极做好新冠肺炎疫情防控工作的前提下，认真落实《黑龙江省与广东省对口合作 2020 年重点工作计划》文件要求，共同努力推动对口合作工作。

一、2020 年对口合作进展情况

（一）不断完善工作机制

惠州市与大庆市充分发挥对口合作工作领导小组职能，务实推进对口合作工作。两市对口部门间进一步健全对口合作工作机制，按照职能分工共同推动产业、卫生、文化教育等重点领域合作，确保及时部署本年度对口合作重点工作，传达上级精神，掌握工作动态，讨论重大事项。

（二）研究制定合作要点

为精准落实两省对口合作实施方案、对口合作框架协议等文件精神，参照省的做法，两市发展改革部门联合印发实施了《大庆市与惠州市对口合作 2020 年重点工作计划》，围绕产业发展、平台建设、教育文化、人才交流等方面开展 16 项具体工作，确保两市各级、各部门按照工作计划扎实推进各项工作。

（三）推进产业对接合作

广东海纳农业有限公司与林甸县碧野农业开发有限责任公司合作建设 10 万吨级有机肥料厂，目前该项目已完成土地出让和第一期厂房建设，并开始育秧基质、有机肥料等生产和销售，同时该公司在大庆林甸县完成 1000 亩的水稻订单生产。继续推动惠州市的德赛西威、华阳通用、比亚迪、亿纬锂能、欣旺达新能源等企业与大庆市有关企业达成合作意向，为高端品牌整车企业供应动力电池等产品，促进两地汽车产业融合互补。继续协调惠州市的远大石化机械有限公司与大庆市的石化企业就石化高端监测设备的合作事项进行对接。扩展惠州市的广东利元亨智能装备有限公司、惠州德丰精密部件有限公司等企业与大庆企业探讨合作空间。

（四）推进园区对接合作

通过惠州仲恺高新区对大庆高新区的产业方向、重点企业和招商项目进行网上推介，协调两地高新区相关部门和企业进行科技交流活动，推荐中环电力控制系统有限公司、大庆中科清溪水处理技术服务有限公司等 9 家大庆高新区企业进行技术需求交流。6 月初，组织大庆孵化联盟 7 家孵化载体 12 人赴惠州参加第三十二期广东省创业孵化从业人员培训班，并与惠州市科技企业孵化器协会签署了《大庆市孵化联盟与惠州市孵化器协会 2020 合作框架协议》。8 月中旬，大庆市高新区赴惠州仲恺高新区和东江科技园考察学习，并座谈交流国家自主创新示范区建设经验做法和探讨科技交流、驻点合作招商等事宜。10 月，惠州工商联有代表性的部分企业家组成考察团参加黑龙江省绿色食品产业博览会和第三届黑龙江国际大米节活动，并深入大庆肇州工业园区和林甸工业园区实地走访调研。10 月 23 日，大庆·惠州工商联经贸合作对接交流会在大庆召开，推动相关企业进行了意向签约。

（五）加强粮食对口合作

惠州市发展改革局组织 7 家粮食企业组成参展团赴黑龙江省哈尔滨市参加"2020 黑龙江第十七届金秋粮食交易暨产业合作洽谈会"，并与大庆市粮食局深入交流讨论了各自粮食产业发展特点和区域产销情况，实地考察了黑龙江春华秋实粮油有限公司。惠州市储备军粮供应公司、惠州伴永康粮油食品有限公司、惠州市合益粮油有限公司、惠州市壹窝蜂食品科技发展有限公司、惠州市惠兴生态农业科技有限公司 5 家企业与该公司签订了 4.7 万吨的大米购销意向协议。

（六）加强政策交流学习

惠州市与大庆市努力克服新冠肺炎疫情带来的交流障碍，通过网络、电话等方式，相互借鉴学习政策措施。如惠州市把应对新冠肺炎疫情制定的"暖企十条"政策措施、"直通车"解决民营企业实际问题（诉求）做法、最新资讯"惠企通"平台、组织民营企业家赴高校培训学习项目及向企业宣传政策措施等主要做法与大庆市进行了交流，大庆市结合惠州市经验做法相应制定了扶持民营经济发展的政策措施。

（七）加强金融对接合作

协助大庆市高新区企业在广州注册设立中元商业保理（广州）有限公司和庆新融资租赁（广州）有限公司，取得商业保理和融资租赁牌照，通过金融服务平台，为中小微企业提供融资服务。新冠肺炎疫情发生以来，中元商业保理、庆新融资租赁已对高新城投、海国龙油等核心企业授信 3.72 亿元，为上游企业落实供应链融资 24 笔、金额 8507.61 万元。

（八）合力做好防疫工作

2 月，在防疫物资紧缺情况下，为协助大庆市做好疫情防控工作，惠州市向大庆市紧急援助了医用防护服 100 套、隔离衣 100 件、口罩 10000 只，缓解大庆市防疫物资紧缺之急。

二、2021 年对口合作工作思路

2021 年，惠州市与大庆市将在两省省委、省政府的统一部署下，继续抓好疫情防控的同时，创新合作思路，深挖合作潜力，共同推动对口合作工作。

（一）持续推进产业对接

进一步发挥彼此产业优势，重点推进石油化工、汽车与装备制造、电子信息、粮食加工业等优势产业的合作。组织两地石油石化民营企业开展互访交流活动，探讨石油石化合作事宜，优势互补、共同推进，争取促成一批合作项目。

（二）积极加强经贸交流

积极参加省级商务主管部门主办和重点交办的经贸活动，针对两市的产业发展现状，组织相关企业或商协会共同参与，推动两市间商务交流协作和企业对接，力争带动一批经贸洽谈项目，邀请大庆商协会、企业参加在广州举办的21世纪海上丝绸之路博览会。

（三）深化粮食对口合作

进一步发挥惠州市粮食主销区需求量大和大庆市等粮食主产区粮源充足的优势，深化两地粮食贸易、信息、经济技术交流合作，加强两地粮食信息合作，推进两地粮食信息平台建设，加强粮油信息资源共享，建立粮食市场信息定期通报制度，双方每月互通本地区粮食生产、供求、价格及协议履行情况等方面的信息，督促两地粮油行业协会深入交流协助，建立密切的联络机制，为两地粮食企业开展粮食购销贸易、库场租赁、联营、代收、代储、代销等多种形式的经贸合作牵线搭桥，搞活粮食流通市场，及时协商解决两地产销协作中出现的问题，为两地粮食生产购销搭建交流合作的有力平台。

（四）推动金融市场合作

惠州市将与大庆市共同探索开展银团贷款等业务，推动金融机构通过跨区域参股、兼并重组等方式实现业务拓展。围绕在资本、行为、功能等方面的地方金融监管任务，以及防范和处置非法集资、开展金融领域扫黑除恶等重点工作，在机制建设、模式创新等方面加强交流合作。惠州市将加强大庆优质资产的推介力度，推动两地金融市场合作。推荐金融专家、学者赴大庆市开展高端论坛，深化两市金融领域合作。

（五）拓宽文旅产业合作空间

继续举办以"南来北往，寒来暑往"为主题的惠州与大庆两地旅游交流推广活动，互相制定针对各自游客市场的精品旅游线路及优惠措施，发动两地旅行社、景区、高端酒店、精品民宿等旅游企业积极参与，形成一定规模的两地游客互送。推动两地旅游交流从旅游部门拓展到协会、旅行社、景区及酒店等旅游企业。充分利用两地全年举办各类文化旅游节庆活动平台，有计划促成两地旅游业界交流互访，紧密两地文化旅游交流，促进两地旅游信息共享共通。

（六）促进教育医疗卫生合作

待新冠肺炎疫情缓解后，促进两市教师、学生、网络教研以及医疗管理干部互动学习、双向借鉴。利用与大庆市现有的医疗和信息资源，使用远程通信技术、全息影像技术、新电子技术和计算机多媒体技术，在两市建立包括远程诊断、远程会诊及护理、远程教育、远程医疗信息服务等，提高两市的整体医疗水平和医疗资源使用率。

（七）深化干部人才交流

根据需要合理商定互派挂职干部，共同推动两市干部人才交流合作。探索建立两市干部挂职交流长效机制，搭建两市人才信息共享交流平台。两市共同开展为期一周或十天的短期培训、跟班学习等交流活动，进一步丰富人才交流模式。

（八）推广交流改革经验

深化交流两市在"放管服"改革、营商环境改革、行政管理体制改革、机构编制管理改革、"惠企政策"等各方面经验。积极主动宣传大庆市营商环境改善情况，提升各类市场主体对大庆市的认知度、友好感、行动率，激发广东省企业家到大庆市投资的信心和热情。

（撰稿人：郑陆威、邱天）

第七章　东莞市与牡丹江市对口合作

东莞市发展和改革局　牡丹江市经济合作促进局

2020年是东莞市与牡丹江市开展对口合作工作的第三年，也是落实两市签订的《牡丹江市与东莞市对口合作备忘录（2018－2020)》的最后一年。尽管受到了新冠肺炎疫情的较大影响，两市市委市政府和有关部门仍坚持密切联系，主动沟通交流，落实既定安排，推动项目落地，共同抗击疫情，各项工作有序开展，取得了既定的成果。

一、2020年两市对口合作工作回顾

（一）聚力推进产业项目合作

1. 积极推进产业项目落地

两市始终把推进项目落地作为对口合作工作的重中之重来抓，2020年重点推进15个项目，涉及木制品加工、智能设备和电子商务等领域，合同总投资额达18.89亿元，其中5个项目已开工。东莞企业投资的阳明区物德木业家具配件生产加工项目和鑫轩盛有限公司木业产业园项目，均已完成基础设施建设和项目主体建设，并且投入运营和生产；投资东安区的峰速科技智慧教育牡丹江运行中心项目已选址落户，正在进行投入运营前最后的准备；投资西安区的汽车空调电控压缩机项目和联动云共享汽车项目已完成企业注册和相关对接工作。

2. 加强扩展项目合作

2020年10月23日，牡丹江市在东莞市举行了"牡丹江—粤港澳大湾区"招商推介会及项目合作签约仪式，邀请广东省内近200余家企业和机构参加，到会260多人。会上

介绍了牡丹江市基本情况、第四届旅发大会和自贸区（绥芬河）片区的情况，牡丹江市委书记杨廷双同志作了热情洋溢的讲话，引起很大反响，企业家们纷纷表示出浓厚兴趣，会上签订了 39 个项目合作协议，总投资额达 84.1 亿元，涉及文化旅游、医疗康养、新材料和新能源等诸多领域。

（二）主动沟通，加快落实既定工作安排

1. 加速推动既定合作

依托两市已确定的合作协议和已商定的工作安排，积极推进工作落实落地。东莞铧为物流和牡丹江市华晟物流签订战略合作协定，围绕开通绥芬河—牡丹江—东莞货运班列，主动与海关、铁路等部门沟通协调，做了大量积极有效的工作，使开通具备了相当条件；东莞市教育局持续落实两市签订的《职业教育对口合作协议》，推动牡丹江市职教中心管理干部和骨干教师于 11 月赴广州和东莞开展学习考察，同时，确定了东莞教师和学生赴牡丹江研学的具体时间表；东莞科技孵化协会主动对接牡丹江市科技局，加速启动孵化器建设的同时，通过华为技术有限公司与其建立了联系，确定了在数字政府、人工智能和智慧供暖等领域的合作意向。

2. 积极开展精准对接

两市市直部门结合自身职能，开展精准对接。东莞市文化广电旅游体育局应邀赴牡丹江实地考察旅游资源，双方商定了《对口合作工作重点任务清单》，围绕共同搭建企业合作平台，签订了相关合作协议；东莞供销社、东莞绿范农业集团和东莞太粮集团等与牡丹江市农业农村局对接洽谈，依托东莞"米袋子、菜篮子"工程的 100 多家门面店，开展牡丹江市绿色农产品专项推广、整体上架和专柜销售。

（三）坚持不懈，积极开展友好往来

1. 积极开展高层往来

2020 年 10 月 21～23 日，牡丹江市委书记杨廷双率党政代表团访问东莞市。在莞期间，两市共同召开了对口合作工作座谈会，通报了三年以来对口合作工作情况，杨廷双书记对东莞市长期以来给予牡丹江市的大力支持表示感谢，期待双方在生物制药、林木林纸等产业的合作，同时加快推动园区共建，抓住旅发大会机遇，利用牡丹江农业和对俄区位优势，在旅游、绿色农业和对外经贸等领域广泛开展深度合作；东莞市委书记梁维东表示，希望两市进一步深化在园区建设、科技、人才、旅游和农业等领域的合作，不断扩大合作成果，同时更好发挥政府作用，引导聚集更多社会力量参与对口合作工作，不断激发内生动力，携手构建发展新格局。

2. 组织做好干部交流学习

2020 年 11 月，为进一步提升牡丹江市分管文旅工作领导干部专业素质，更好地助力第四届黑龙江省旅发大会，东莞市委党校、东莞理工学院城市学院和牡丹江市委组织部在东莞市联合举办了"牡丹江市提升领导干部文旅融合与创新发展能力专题培训班"。牡丹江市（县）区分管文旅工作的宣传部长、副县（市）区长、旅游局长及市直部分单位领导干部、旅发大会指挥部工作组组长，共计 44 人参加了培训。12 月，东莞市组织文化市场综合执法业务骨干 15 人赴牡丹江市开展执法交流学习活动，积极了解学习牡丹江市推动综合行政执法体制改革，全面整合执法职责、编制综合执法事项清单、精简执法队伍，推动行政执法重心下移，提高执法效能的新措施、新做法。

3. 开展各层级多形式交流

2020 年下半年随着新冠肺炎疫情的缓解，两市陆续恢复了交流来往。9 月，东莞市对口合作领导小组办公室相关领导赴牡丹江市，代表东莞市政府向牡丹江市两家民营企业赠送了由东莞企业生产的干燥设备，目前这两台设备分别在绥芬河和东宁投入使用，取得了很好的效益，设备制造生产企业已经与绥芬河和东宁的木材加工和食用菌加工企业开始深度合作；东莞贤丰集团、东莞泰通农业集团、广东大粮仓农产品产品公司等 10 余家企业应邀参加东宁节庆活动，在进口粮食加工、对俄经贸等领域开展合作交流。10 月，牡丹江市工信局赴东莞学习调研，考察东莞市经济发展情况、企业服务平台建设情况，同时前往道滘镇和虎门镇实地走访企业，双方就两地在产业合作、企业对接方面深入交换了意见。

（四）守望相助，共抗新冠肺炎疫情

1. 深化加强联系

新冠肺炎疫情暴发后，面对人员往来困难的不利局面，两市市直部门和县（市）区积极转换思路，创新开展工作，努力保证疫情期间工作不掉线、感情不降温。东莞卫健部门与牡丹江卫健委建立网络沟通机制，开展"网上会晤"和"云端交流"，定期通报防疫情况，传递防疫信息，分享工作经验；牡丹江西安区将"面对面"交流改为"屏对屏"沟通，通过"云端互动"，先后面向广东推出近 10 个推介信息视频，收到意向咨询 50 余条，其中东莞市就有 30 条，单个项目点击量接近 1000 次，累计点击量达 6000 余次；东莞凯达实业、裕泰粮油等 146 家企业通过微信、抖音、云会议等形式，获得牡丹江宁安市发布有关招商信息，确定了多个合作意向。

2. 共抗新冠肺炎疫情

在新冠肺炎疫情最严重的时候，两市始终坚持相互鼓励，相互支持，遥相呼应，共克

时艰。东莞市委市政府发出了热情洋溢、感人肺腑的慰问函，牡丹江市给予了热切回复；东莞安排相关企业对牡丹江口罩企业订购的口罩生产线以最快的速度交货；东莞铧为物流公司排除困难，及时安排运送了黑龙江省急需的防疫物资和设备；2020 年 3 月，东莞市工商联向牡丹江市捐赠了 3 万只口罩、1 万双医用手套和 500 个测温枪，4 月，东莞众家联集团向牡丹江市捐赠了一批 N95 口罩、医用口罩和防护服等防疫物资。

二、2021 年两市对口合作工作目标和思路

2020 年是国务院确定的黑龙江省与广东省对口合作的第一轮最后一年，通过三年多的实践，东莞市与牡丹江市的对口合作工作取得了显著实效。接下来，两市在认真总结三年来的工作经验基础上，继续配合两省对口合作领导小组办公室做好相关工作，围绕今后一段时期两市的合作积极谋划，计划从以下几个方面开展：

（一）以加快产业项目合作为工作重点

一是积极引导两市企业围绕绿色食品、生物医药、林木林纸和传统装备制造等优势产业积极开展对接合作，推动产用结合、产需对接和相互配套；二是鼓励东莞相关企业赴牡丹江市发展中医药、石墨等新兴产业，推动资源就近利用和产业链上下游配套发展；三是支持引导东莞企业利用牡丹江市境外园区资源实现产业转移和生产前移，结合绥芬河跨境电商综试区建设中俄双向流动的综合跨境电子商务平台，推进 1210、9610 等跨境电商进出口业务。

（二）以落实多领域合作为工作抓手

一是在保持两市粮食购销规模的基础上，进一步扩大牡丹江优质特色农产品的销售渠道，同步发展营销实体店和线上营销体系，开拓粤港澳大湾区市场。二是利用牡丹江市已给予东莞市民国有景区市民待遇这一政策，相互开展旅游营销推介活动，扩大往来游客规模，共同打造"南来北往，寒来暑往"旅游合作品牌。三是推动两市在医疗卫生和健康养老领域的合作，围绕新冠肺炎等传染病防控、医疗物资生产供应和中医医院医疗等方面的交流合作。四是落实在科技教育领域的合作，尽快启动孵化器建设，探索以"东莞—牡丹江—俄远东地区"三方合作模式加快科技成果转化落地。推进两市职业学校间交流互动，尽快组织广东轻工职业技术学校及东莞轻工业学校和牡丹江市职教中心互相开展学

生研学旅行和教师交流。五是加强两地国资国企学习交流，共同探索组建国有资本投资运营公司和国有资产市场化运作平台，继续深化两市国有企业改革合作。六是组织牡丹江企业参加东莞举办的中国加工贸易产品博览会。同时，争取将中俄博览会、哈洽会列入东莞重点组团参展计划，并予以政策支持，充分发挥"以展促贸"的良好效应，以"贸易先行"为重点，注重为两地企业开展贸易合作创造更多对接机会，帮助东莞企业打开东北内销市场和俄罗斯远东市场。

（三）以推进园区基地建设为工作平台

一是加大东莞市与牡丹江市协调对接力度，探索由两市投资合作辟建产业园方式；二是推动东莞企业在绥芬河片区设立产业转移工业园，集中"拳头"产品生产企业，打造对俄贸易集散地；三是探索两市粮食种植、农产品深加工和出口基地等领域的合作，共同建设对俄日韩特色农产品生产加工集散基地；四是根据东莞《关于进一步扶持非公有制经济高质量发展的若干政策》相关内容，借鉴南非和迪拜等东莞产品境外展销中心建设经验，研究探索在牡丹江市设立东莞产品展销中心。

（四）以加强干部人员交流为工作途径

一是在组织层面做好沟通协调，持续选派干部交流学习，联合举办专题培训班，派出东莞市优秀教师到牡丹江市授课，专业干部到牡丹江市交流学习；二是组织两市政府部门、社会团体和企业家参观、访问和考察，组织专题交流研讨，拓展合作机会；三是鼓励引导社会力量参与，开展文化、体育和艺术等方面的交流活动，增进了解，加深友谊。

（撰稿人：皮圣洁、张鹏）

第八章　中山市与佳木斯市对口合作

中山市发展和改革局　佳木斯市发展和改革委员会

按照省工作部署，2020年中山市务实推进与黑龙江省佳木斯市对口合作工作，在已经建立的对口合作基础上，本着"政府搭台、社会参与，优势互补、合作共赢，市场运作、法制保障"的原则，继续围绕孵化器平台建设、生物科技、农产品推广战略、"南来北往，寒来暑往"旅游合作等方面开展交流合作，并充分利用中山市黑龙江商会的资源优势，搭建专业招商平台，有效整合两市企业资源。

一、加强组织领导，全力推进对口合作

一是加强交流交往。2020年11月29～30日，时任佳木斯市委书记杨博率佳木斯市代表团到中山市考察。市委书记赖泽华，时任市委常委、常务副市长、翠亨新区党工委书记杨文龙会见代表团一行，共商两市下一步对口合作。赖泽华书记表示，中山市与佳木斯市的地理区位、资源禀赋、产业结构、发展优势等各有特点，两地差异互补、共赢合作具有广阔空间。希望两市进一步建立完善合作机制，在木材、中药材等原材料供应和深加工、农副产品销售、工业产品布点、旅游业发展等领域开展更多合作，推动产业链强链补链、企业"走出去"布局等，开拓对口合作新局面，以高质量发展成果造福两地人民。二是制定实施方案。为落实《黑龙江省与广东省对口合作2020年重点工作计划》，推动中山市与佳木斯市对口合作工作取得实质性成果，经市政府同意，制定了《关于落实〈黑龙江省与广东省对口合作2020年重点工作计划〉的实施方案》并印发各相关镇街及对口合作工作各成员单位，共同推进对口合作工作。三是完成黑龙江省与广东省对口合作白皮书（佳木斯市篇）补充完善工作。总结中山市、佳木斯市2019年度对口合作工作，

报经省发展改革委，现已汇编至 2019 年黑龙江省与广东省对口合作工作报告并印发。

二、加强科技企业孵化器合作，共建项目顺利推进

中山火炬开发区企业广东大唐盛视科技产业有限公司与佳木斯高新技术创业服务中心共建龙粤科技企业孵化器，加强两地基地企业孵化、创业创新辅导、人才引进、投融资服务、行政服务等方面对口合作。

（一）积极引进企业入驻和构建服务体系

中山市积极推进与佳木斯市的科研合作，加快复制推广孵化器建设和管理先进经验，推动佳木斯高新技术创业服务中心与广东大唐盛世孵化器项目建设。于 2020 年 4 月下拨龙粤共建孵化器项目专项经费 100 万元。截至 2020 年底，该平台已经引进农业科技、人工智能、创新服务企业 58 家，其中高新技术企业 6 家。同时，基地建立了孵化企业入驻、毕业及跟踪管理服务标准、入孵企业管理制度、入驻企业创业辅导服务标准、创业导师服务机制等一系列服务标准，构建了"辅导员 + 创业导师"二级服务模式以及五链融合的高新技术创新创业服务体系。

为深入推进龙粤科技对口合作，创新合作方式，建立起横向联动、纵向衔接的工作机制，2020 年 10 月 22 日在广东大唐盛视科技产业有限公司举行首届龙粤（中山）科技创新创业投资大会——暨中佳（龙粤）双向孵化基地揭牌仪式。双方共同决定建立新型双创工作服务模式，共建两地共享双向孵化基地，推进两地开放共享"双创"资源，共同推广培育"双创"企业、"双创"平台。

（二）建立创业导师库辅导企业

基地引进创业辅导、投资创投类、工业大学高校教授、财法税、系统软件开发、成功创业企业家等创业导师 8 名。辅导 7 家企业完成商业计划书和 PPT，指导 9 家企业成功申报专项资金扶持，帮助企业解决资金难题。

（三）积极组织企业培训

积极组织基地企业开展知识产权培训、法律合同培训、财务管理等创业培训以及商业模式梳理、产品营销等创业辅导类活动共 18 场次，为提升企业管理、风险防控、产品规

划等方面提供了较大帮助。

（四）推动科技成果转化

建立科技成果转化基地并举办了揭牌仪式，助推企业科技成果转化及产业化发展。

三、加大两地产业合作，实现优势互补

（一）为疫情防控提供技术支持

哈工大机器人集团中山双创基地协同中山慧能科技有限公司为中山两家口罩供应商免费提供技术支持，第一时间为企业解决设备不稳定问题，提高口罩产能。哈工大中山公司与中山慧能、中山华粹公司共同投入到 KN95 全自动口罩生产设备的研发生产中，首台自主研发设备调试成功仅用时 25 天，并交予客户单位生产。

（二）发挥高端人才蓄水池作用

哈工大机器人集团中山双创基地高端人才"蓄水池"已初步形成。截至 2020 年底，共汇集人才 310 人，其中院士 1 人、博士 33 人。基地依托哈工大校友资源，通过引进院士、行业顶尖专家及其团队，导入其核心技术与优质项目，深度融入本地产业结构，开展项目产业化，带动政产学研合作凸显"裂变"效应。其中，研究院与谭久彬院士团队合力打造超精密高端仪器产业化基地，现已启动大尺寸平板部件在线检测设备、共焦显微化验分析仪、智能采血机器人三大产业化项目研发并成功孵化一家产业化公司。

（三）研发成果转化初见成效

2020 年上半年，哈工大研究院克服新冠肺炎疫情影响，在研项目有序开展，并陆续新增"助眠专家""全自动头部护理机器人""新型卤胺高分子涂层在抗菌消毒领域的应急测试项目"三个新项目。其中新型卤胺项目为研究院疫情期间的应急测试立项，开发一种新型卤胺环境表面自消毒涂层产品，可广泛应用于医疗卫生、公共场所、学校甚至家庭环境消毒，目前该产品已完成小批量试产。

（四）推动本土传统产业转型升级

哈工大中山研究院深度融合本地产业，促进产学研多领域合作，共同推动区域科技创新与产业转型升级。5月15日，研究院分别与中山市古镇镇人民政府及中山市产学研促进会、广东百佳百特实业有限公司签订战略合作协议。本次合作将深度推动灯饰产业链、创新链融合与发展。6月18日，研究院与广东光阳电器有限公司签订战略合作协议，建立全方位的战略合作关系，在推动"智动＋照明"相关产品快速应用方面展开深入合作，为灯饰产业智能化发展助力。

（五）打造超级孵化器促进"双创"升级

哈工大机器人（中山）智能制造孵化器自投入运营以来，为科技创业者提供研究开发场地、种子资金支持、政策扶持和相关服务；截至2020年底，园区已入驻企业15家，综合利用面积约30000平方米，开发新产品40余种，新创造就业岗位300余个，2020年上半年完成项目对接10个，其中常规科技项目4个、重大科学仪器专项项目6个，正在陆续准备答辩中。

（六）园区企业产品销售创佳绩

5月15日，哈工大中山基地园区企业哈工天愈（中山）机器人有限公司（以下简称"哈工天愈"）小愈机器人销售再传捷报，继3月出口海外24台小愈机器人外，哈工天愈总经理王进带领销售团队成功进入苏州市场，与苏州某知名医疗器械及康复设备生产销售企业签订100台产品订单。

（七）成功认定国家高新技术企业

哈工大机器人集团引进成立的中山华奥易航已成功认定成为国家高新技术企业，申请及授权专利11项。未来中山华奥易航将以农业植保为主力产品，开拓集智能控制、智能检测、智能维修于一体的智能无人飞行器产业。三角镇超导腔项目。和超高装（中山）科技有限公司是一家专门从事超导腔的研发、制造、销售及其后续服务的高新科技企业，由哈工大机器人集团与哈工大超导腔团队联合创立，该公司在三角镇三角村投资建设超导腔项目。三角镇积极协助对口引进企业申请省、市、镇相关政策扶持，加强对企业全方位、全生命周期服务。协助企业解决人才落户、住房、子女入学等问题，创造更具吸引力的引才生态环境，近两年为进驻企业落实人才住房35套。落实兑现中山市装备制造业3000万元扶持资金，其中中山昂腾光电科技有限公司新型氟化物高性能激光晶体材料制备及元器件设计与开发项目620万元、和超高装（中山）科技有限公司的超导腔项目500万元。翠亨新区人工智能产业基地项目。哈工大机器人（中山）有限公司计划在翠亨新区投资建设机器人与人工智能产业基地项目，该项目正加快开展土地供应。

四、文化旅游合作成效显著

中山市文化广电旅游局主动与佳木斯市文化广电和旅游局进行沟通联系，就《关于落实〈黑龙江省与广东省对口合作2020年重点工作计划〉的实施方案》达成共识，确立了两地文化旅游主管部门2020年合作交流工作坚持互为旅游目的地的理念，通过推广两地文化和旅游资源产品，鼓励更多社会资本积极参与，共同开发文化和旅游项目，持续打造"南来北往，寒来暑往"营销品牌，研发并推广具有特色的旅游产品。继续推广旅游优惠政策。加强文化和旅游领域重点项目的宣传推介，建立优秀文化资源共享机制，为行业机构共同开发、合作交流搭建平台。最终实现两地文化旅游交流合作，推进当地社会经济发展的目标实现。

（一）举办文化艺术专题展

为促进中山市与佳木斯市对口合作交流与文化资源共享，进一步加强两地的文化艺术交流，助力国家公共文化服务体系示范区创建工作，中山市博物馆与佳木斯市博物馆进行展览交流合作于2019年12月26日至2020年1月12日在中山市博物馆举办了《哈普都·隽明书法》作品展，促进两地文化艺术交流，增进中山市民对民族文化更广泛的了解。

（二）加强线上合作推广和文化交流

两地文化旅游部门加强线上交流和文化旅游资源推介宣传，特别是在全国疫情防控取得阶段性胜利，文化旅游行业逐步升温的情况下，充分借助两地现有线上媒体平台，实现资源共享。中山市利用中山文旅微信、"同程"旅游网等合作宣传平台，持续帮助佳木斯市在粤港澳大湾区进行文旅宣传推广，先后推出了"东极之夏——佳木斯""我眼中的佳木斯""富锦国家湿地公园""达勒花海公园""桦西湖公园""水源山公园""七星旅游名镇""抚远三江湿地""初夏街津口"等系列文化旅游资讯和报道。同时，中山市向佳木斯市推送"一镇（区）一专辑"镇街文化旅游专题报道系列推文，已完成南区、开发区、东区、三角等 14 个镇街的专辑推送报道，两地市民群众对中山市、佳木斯市的文化旅游资源有了更深的了解。

（三）加强文旅交流活动

为进一步推进与中山文化旅游对口合作与交流，提升佳木斯文化旅游在广东的知名度和影响力，受中山市文化广电旅游局邀请，2020 年 9 月 11～13 日佳木斯市文化广电和旅游局任丽新局长带领文旅系统相关人员、重点景区负责人和文旅企业代表组成的 16 人团队赴广东开展文旅交流活动，参加广东国际旅游产业博览会，通过互动体验、有奖问答等方式，让游客加深对佳木斯文旅品牌的认识。通过展会推介对接，实现两地资源共享、优势互补、客源互送、利益互惠，促进两地文旅业共同发展。独具特色的赫哲民族歌舞在中山展台上演，《伊玛堪说唱》《萨满女神》《金色的鱼滩——伊利嘎》《乌苏里船歌》等精彩的歌舞节目，充分展示了赫哲族深厚的文化艺术底蕴，得到广大游客和活动参与者的赞誉。通过宣传展示推介，吸引了多家文旅企业参与，并就佳木斯文旅资源、产品、线路及旅游地方奖励政策进行深度交流，对加强佳木斯与广东旅游企业合作交流、进一步开拓广东客源市场起到了积极的推动作用。

五、加强合作交流，推动农产品、粮食产销务实合作

（一）加强粮食产销合作

2020 年 4 月，根据广东省粮食和物资储备局关于疫情防控粮油供应和应急物资保障工作精神，为进一步加强与粮食主产区的粮食产销合作关系，完善与黑龙江省粮食对口合作机制，逐步拓宽对口合作领域至粮食生产、加工等环节，利用国家和其他省份现有粮食产销合作平台，巩固加强与产区的产销合作关系，进一步拓展广东粮源渠道，中山市粮食和物资储备局与同江市发展和改革局签订了《粮食稳定产销战略合作框架协议》。

（二）举办"同江市粮油及特色农产品（中山）宣传推进会"

为进一步促进粮油产品产销对接，佳木斯同江市于 2020 年 12 月在中山市举办了主题为"推广同江好粮油　共享发展新机遇"的同江市粮油及特色农产品（中山）宣传推介会。活动充分展示了同江优质粮油产品和农业产业发展成果，企业通过交流互动探索农业

发展机遇，开拓市场和销售渠道，进一步提升了同江农业和地标标志品牌知名度。中山市相关部门、各镇街发展改革和统计部门、粮经公司、粮食企业、粮食应急保障网点、商业团体、电商企业代表等约 200 人参加。菜娘子（中山）农业科技股份有限公司等多家采购商与同江农产品企业达成采购意向并签约。

（三）推进农产品合作

2020 年 12 月，佳木斯市供销联社金涛主任赴中山市考察对接，发挥供销社国有企业农产品交流平台作用，推介佳木斯市优质农副产品资源销往中山市，并与中山市供销联社达成战略合作意向。此外，组织广东果美农业发展有限公司、黑龙江省中山商会、大型超市等农产品流通主体到贫困地区对接考察、签订协议，建立稳定的产销关系。在中山市农产品交易中心设立扶贫农产品集市试点，出台租金优惠政策，鼓励生产、销售扶贫产品的企业进驻集市，丰富农产品的经营品种，尤其是佳木斯市优质大米等农产品，通过与对接地区签订合作协议，引进更多的农副产品进入中山市展示和销售。已采购销售佳木斯市农副产品 300 多万元。企业充分利用中山农产品交易中心、中山市会展中心等高人流场地，通过政府协助、当地媒体的参与宣传报道，提升集市对接农产品的认识度，助力集市对接农产品走进千家万户。

六、2021 年工作计划

围绕对口合作框架协议确定的重点内容，深入谋划合作项目，加强农产品产销平台、产业园区建设、旅游等重点领域对口合作，携手推动对口合作工作取得实效，务实推进中山市与佳木斯市对口合作工作取得实质性成果。

（一）继续加强互访交流，拓宽合作渠道

按照《黑龙江省与广东省对口合作实施方案》部署要求，依据中山、佳木斯两市优势，继续推进在农业和绿色食品产业、生物医药和新能源等新兴产业、装备制造业、新材料及建材加工产业等方面的合作。

（二）进一步加强两市文化旅游部门的交流合作

促进两地旅游业界频繁互动和交流，加强互送客源和宣传推广等工作的落地。继续加

强两地线上平台推广与交流，优化共享机制，创新宣传推广方式，推动"南来北往，寒来暑往"品牌的提升，并落实好上级交给的其他工作部署。

（三）紧抓对口合作机遇，搭建经贸合作交流平台

继续发挥桥梁和纽带作用，以两市商务领域交流合作、不断深入为契机，积极构建有利因素，增强对接交流的精准度。一是加强农业和绿色食品产业合作。构建两市优质产品产销直供体系，扩大销售品种。加大力度做推广，拓展优质特色农产品的销售渠道，夯实绿色食品长期产销关系，配合推进"五谷杂粮下江南"在粤展销活动。找准目标消费群体，建设流通渠道，降低运营成本。二是深化粮食合作。继续做好"黑龙江好粮油"等宣传推介，进一步推动"龙粮入粤"。三是对口合作农副产品的展示及销售工作。广东果美农业发展有限公司在西区农产品批发市场设立展厅，来自佳木斯的300余种优质农副产品在集市中入场，涵盖了优质大米、黑木耳、松茸、有机紫苏籽油、高原雪菊等，该集市有望成为佳木斯地区农副产品在中山的集散窗口，下一步中山将从多角度促进批发市场在交通、电商、农产品加工等方面良性发展。四是筹备举办"灯都软装饰品家居博览会"。拟于2021年6月9~13日在中山市灯都会议展览中心举办"灯都软装饰品家居博览会"，由中山市黑龙江商会与中山市灯饰照明行业协会联合举办展会。计划由中山市黑龙江商会作为主办方，拟邀请佳木斯市政府及领导针对"会展经济"交流考察，同时为佳木斯市软装、饰品、家居相关企业提供展销平台。

（四）切实解决对口合作关键问题

一是抓好已有线索对接。在已有线索的基础上，明确项目对接责任人，加强与有合作意向或招商线索的企业信息沟通，做好项目跟踪和对接工作。二是跟踪有协议、有意向的项目。对已签协议的项目，尽快落实建设条件，早日开工。三是加强项目落地服务，促进开工建设。四是抓好企业市场对接。借助协会、商会、电商平台进一步对接，争取合作实现共赢。

（五）动员社会力量参与对口合作

加大对口合作宣传及对佳木斯投资环境的推介力度，共同推进政策落地，共建对外开放平台，通过项目把对口合作引向纵深，形成合力推动两市对口合作实现优势互补、互利共赢，携手共谋中佳两地发展。

（撰稿人：陈振耀、史春胜、贾康）

第九章 江门市与七台河市对口合作

江门市发展和改革局　七台河市发展和改革委员会

2020 年是江门市和七台河市确立对口合作关系的第三年，也是两市对口合作工作的关键之年。两市市委、市政府始终坚持以习近平新时代中国特色社会主义思想为指引，坚持"政府搭台、社会参与，优势互补、合作共赢，市场运作、法制保障"的原则，发挥双方的比较优势，密切对口合作伙伴关系，对口合作工作不断走深走实，两市对口合作重点项目江河园区建设进入"快车道"，对口合作各项工作取得了阶段性成果。

一、2020 年对口合作进展情况

（一）密切开展交流往来，积极对接高位推动合作

两市共同制订并印发《七台河市和江门市 2020 年对口合作任务清单》，清单共列出 7 个方面 13 项重点任务，明确责任单位，确定年度工作目标任务，指导市直相关部门及区县有序推进对口合作工作。2020 年 7 月，七台河市委常委、市政府副市长安虎贲率政府考察团赴江门市考察，重点考察了鹤山工业新城和江门市国家高新区，与江门市园区负责同志进行座谈，双方围绕园区的运营、招商、监管和融资模式等进行了交流，为促进两市产业务实合作，推进鹤山工业新城模式在江河园区落地，创新园区建设、管理和招商新方式进行探讨。9 月，七台河市委常委、副市长刘国华率领政企代表团参加以"庆丰收、迎小康"为主题的"第七届江门市农业博览会"，同时还参观了江门市人民政府行政服务中心，与江门市政府有关部门就政务服务工作相关问题进行集中座谈交流。11 月，江门市

政务服务数据管理局组队到七台河市考察学习，围绕江门市与七台河"跨省通办"合作协议的落地落实，纵深推进两地"放管服"改革进行交流，同时双方基层党组织启动党建联建活动。

（二）园区建设进入"快车道"，吸引优势产业集聚发展

2020年6月30日，省政府正式批复设立黑龙江江河经济开发区，园区晋级为省级开发区，江河园区已经成为七台河市转型高质量发展的"主力军"。至2020年底，开发区管理企业17家，其中规模以上企业8家。2019年园区新入驻企业5家，分别为联顺生物制药、辰能热电联产、鹿山紫顶光合合成油、华夏一统复合肥、博达生物科技项目，项目总投资152亿元，并相应建立了项目专班，重点抓好疫情期间园区在建项目服务，现5个在建项目已全面复工。2020年园区已经签约金栢利精细化工、瑞腾科技精细化工、山东潍坊荣涛冠雄粉体设备项目和茄子河区风力发电4个项目，项目总投资额54.2亿元。截至2020年底，江河园区基础设施项目已完成投资12.47亿元，总投资120亿元的联顺生物制药一体化项目已完成投资17.6亿元，项目建设进展顺利，预计联顺生物制药一期工程2021年可实现竣工投产。

（三）拓宽合作发展领域，打牢两市对口合作基础

一年来，虽受新冠肺炎疫情影响，但两市各领域各部门坚持合作，交流不断，谋求务实发展。

1. 重点产业合作方面

在江门市政府的大力支持下，七台河市与华控赛格股份有限公司签订了合作协议，清华同方投资6亿元的奥原锂离子电池负极材料项目落地七台河市，并深化与清华大学研究生院和宝泰隆石墨烯公司的合作，项目前期进展顺利，截至2020年底，该项目已完成投资5200万元。

2. 文化旅游合作方面

2020年，为积极推进双方文旅合作，两市文化广电旅游体育部门联合制定《七台河市文化广电和旅游局关于加强与江门市文化广电旅游体育局文旅合作实施方案》。2020年6月，江门市以江门文旅公众号为载体，推出以《四季分明、景色各异！黑龙江七台河，一座值得期待的城市！》为标题的宣传推介文稿，插播四季旅游宣传片。同时，通过《江门日报》发布盛夏时节到七台河市来场"避暑游""江门市'消费扶贫——江门行动'"等系列活动，展出数百种优质扶贫农副产品图片，宣传七台河的旅游及农业资源，扩大七台河市文旅以及农业资源的知名度和影响力。

3. 营商环境建设方面

加强"放管服"改革领域的合作，两市的跨省联通迈出了新步伐，共同推进"数字政府"综合改革，实现高频政务服务"跨省通办"事项清单58项，数字赋能让人民群众体验更加便捷的服务，并印发《七台河市—江门市政务服务"跨省通办"工作方案》和《关于做好政务服务"跨省通办、省内通办"近期有关工作的通知》，进一步提升政务服务水平，优化营商环境。

4. 党建工作交流方面

2020年7月，七台河市、区两级组织部相关负责同志和街道、乡镇党组织书记等8人组成考察组赴江门市学习考察党建工作，考察了江海区礼乐街道英南村、江门市党群服务中心、新会区党员群众服务街等10个部门的党建工作情况，深入了解江门市党建引领基层治理相关经验做法和成效，为七台河市基层党建建设提供了思路。

（四）深耕农业产业合作，协同发展实现互惠共赢

七台河市农业农村局、江门市农业农村局、广西壮族自治区崇左市农业农村局等六方代表签署《现代农业高质量发展区域合作框架协议》，共同推动农业生产、农产品加工和特色农业旅游实现高质量发展，搭建各方参与的农产品产销联盟，推进信息共享，实现"我需你产、我销你供"的联产联销合作模式。2020年1月，参加江门市"消费扶贫——江门行动"启动仪式，按照"六方"现代农业高质量发展区域合作框架协议精神，"六方"深入开展消费扶贫，坚持政府引导、市场主导、社会参与、互利共赢的原则，进一步激发"六方"参与消费扶贫，拓宽贫困地区农产品销售渠道，带动贫困人口增收脱贫。2020年9月，七台河市21家知名农业企业和农民专业合作社携27种"名优特新农产品"参加以"庆丰收、迎小康"为主题的"第七届江门市农业博览会"，产品得到当地百姓的一致好评，七台河市荣获"第七届江门市农业博览会"组委会授予的最佳组织奖。

（五）江河合作情深谊长，携手抗击疫情共克时艰

2020年2月全国上下共同抗击疫情期间，江门市政府向七台河市赠送一次性医用口罩10000只、N95口罩2000只，3月再次捐赠一次性口罩5000只。

二、对口合作下一步工作计划

2021年，江门市与七台河市将在园区共建、改革经验、产业合作、文化旅游、医疗教育、人才交流等领域持续合作。重点以园区共建为核心，进一步巩固合作基础、创新合作思路、深挖合作潜力，共同推进对口合作向纵深发展。

（一）创新园区共建发展模式

借助国家和两省支持共建园区的有利契机，以共建江河经济开发区为载体，促进两市产业务实合作，推进江门市鹤山工业新城模式在江河融合绿色智造产业园落地，探索组建管理公司，创新园区建设、管理和招商新方式，进一步深化江河经济开发区共建方案。加强两地园区产业合作。推动江门市有对外投资意向的企业落户江河经济开发区或与七台河市本地企业开展合作。利用江门市招商推介活动平台，大力宣传七台河，积极营造优良发展环境和投资环境。通过行业推介、项目推介等形式，组织本地企业与七台河市企业进行项目对接，吸引产业集聚，实现合作并进和创新发展。

（二）借力侨乡融入大湾区建设

借力粤港澳大湾区国家战略，两市加强合作，为七台河参与粤港澳大湾区经济创造良好契机，促进其加快融入全球经济的产业链、供应链和价值链。借助江门市"侨都"优势，通过江门市在世界各地的人脉优势和政商网络，积极开展对外经济、科技、文化各领域的交流合作，吸引华人华侨参与东北振兴事业和七台河市经济建设，争取更多国外资本投资内陆，搭建一个更加开放包容的合作平台，促进两市对口合作工作迈上新台阶。

（三）深化产业合作培育发展新业态

支持两地科研机构、高校及高新技术企业科技主体之间开展产学研交流。持续跟进清华同方（黑龙江）新材料产业基地落户七台河市项目推进情况，两市通力合作，推动项目早日建成投产。建立农业和绿色食品长期产销对接关系，深化"六方"区域现代化农业高质量发展区域合作，促进共同发展，牵引和带动乡村振兴。开展七台河市名优特农产品展销，在江门大型商场设立七台河市名优特农产品展销点，并且开设网上销售，助力七台河市经济发展。利用七台河市确定打造"寒地北药之都"中医药产业总体发展定位和勃利县推进寒地中草药小镇项目建设的机遇，组织江门市制药企业赴七台河市考察，合作开发中草药资源。以联顺生物制药为龙头，充分利用联顺生物制药下游产业链进行招商，带动江河园区生物制药下游产业发展，形成倍增效应。利用江门市制造业优势，结合七台河市丰富的冰雪资源和宝泰隆公司石墨烯产业优势，探索高端冰雪运动装备的研发和制造。

（四）加强党建干部人才培训交流

互相选派党建工作人员学习考察，交流基层党建方面创新理念和成功经验；继续开展干部人才交流学习，推动两地干部人才相互学习、相互借鉴，转变观念，提高工作水平；在学校管理、师资培训、教学科研、教育信息化等方面开展对口交流，开展教师互派，整合教育资源，实现资源共享；推动七台河职业学院和五邑大学、江门职业技术学院进一步完善高校互访交流学习机制，在专业建设、师资培训培养和教学科研成果交流等方面继续深化合作。

（五）拓宽文化旅游合作空间

开展乡村游交流推介活动，共同举办文旅产品、非遗项目展览展销活动，展示两地文化特色，促进两市文旅产业的交流与合作。利用两市日报旅游专版、微信公众号、官方网站等媒体，加大对双方旅游市场、旅游IP的宣传，扩大双方文旅资源的知名度和影响力。深挖两市旅游资源，创新旅游模式，完善旅游景点配套基础设施，打造精品旅游路线。

（六）继续推进改革经验交流

深化江门市商事制度改革，为七台河市提供更多可复制可借鉴的经验。力促与七台河市"跨省通办"合作协议的落地落实，按照"先易后难、高频优先"和"急用先行，分类推进"的原则，纵深推进两地"放管服"改革，持续优化营商环境。

（撰稿人：林焕光、区志权）

第十章　湛江市与绥化市对口合作

湛江市发展和改革局　绥化市发展和改革委员会

2020 年湛江市与绥化市落实《黑龙江省与广东省对口合作实施方案》和《黑龙江省绥化市与广东省湛江市对口合作框架协议》，加强区域合作与交流，在各领域积极开展对接活动，共同推进发展，取得明显成效。

一、2020 年对口合作工作情况

（一）两地经贸交流合作情况

1. 推进双方特色产品零售合作

一是湛江市在绥化市电子商务创新创业园的寒地黑土绿色食品旗舰店设立"湛江市产品销售专柜"。该专柜现已入驻湛江企业 11 户，销售 72 款产品，同时，将消费者引流到天猫绥化原产地商品官方旗舰店、金马优选、绥化消费者扶贫商城等线上平台，已在绥化周边地区实现了销售。二是绥化市在湛江市设立的农产品体验店购销两旺。推动绥化市望奎县政府在湛江市霞山区海滨路设立了寒地黑土优质农产品营销网点——望奎寒地黑土农产品（湛江）体验店，截至 2020 年底，该体验店主要销售的产品有优质大米、大豆油以及五谷杂粮等特色农产品 70 多种，与昌大昌超市、民豪超市、全家福超市和湛江赤坎区海田批发市场合作，覆盖吴川、徐闻等地，销售网点 190 处；并与湛江市宾馆、机关饭堂等 20 多家单位建立了产品销售渠道，年销售额达 1000 多万元。

2. 积极推进南菜北上，保障黑龙江冬季蔬菜市场稳定供应

广东湛绿农业科技开发有限公司2019年底至2020年销往黑龙江冬季北运菜共计7.6万吨，其中哈尔滨4.2万吨、齐齐哈尔1.6万吨、佳木斯1万吨、绥化0.8万吨，保障黑龙江省绥化等4个重要城市2019年冬季至2020年以及新冠肺炎疫情期间蔬菜市场供应的稳定。

3. 加强羽绒原材料供应商深化合作

2018年湛江市羽绒协会与绥化市青冈县人民政府签订《战略合作框架协议》，由吴川市羽绒行业协会牵头投资1500万元在青冈县建设羽绒加工基地，生产加工优质羽绒原料。目前，羽绒加工基地项目正在开展项目选址、规划设计等前期工作。湛江市羽绒企业与绥化市羽绒原材料供应商深化合作，于2018年度开启羽绒原材料贸易，2020年完成羽绒原材料贸易额约700万元。

4. 两地加强交流互动

2020年绥化市委常委、统战部部长张跃文，黑龙江省农业农村厅总畜牧兽医师张雨等一行9位领导出席第五届广东东盟农产品交易博览会开幕活动，工商联党组书记、统战部副部长王春权参与绥化直播间，为绥化农产品卖货助力。

（二）农业和绿色食品产业合作情况

1. 推进"稻稻薯"项目实施

2019年11月至今，广东粤良种业有限公司联合黑龙江望奎县龙薯农业种植专业合作社，在"粤黑合作稻—稻—薯高效生产示范基地"稻田冬种了马铃薯710亩，其中种植"荷兰15号"品种680亩、"大西洋"品种30亩。种植期间，组织遂溪县农技管理与农机管理人员、马铃薯种植专业户100多人，举办了冬种马铃薯现场观摩会1场；在马铃薯生长中期，又举办了1场大型稻田冬种马铃薯中期管理现场会，参加人数近200人。珠江电视台、岭南电视台、湛江电视台、遂溪电视台分别报道了现场会的盛况，示范效果良好。马铃薯已经收获完毕，平均亩产达到2200公斤，销售价格3.1元/公斤，每亩产值6800元，每亩马铃薯生产利润达到2500元。发挥了很好的示范带动作用。2020年3月，稻稻薯种植基地向湖北省荆州市捐献马铃薯5吨支援抗击疫情，得到了湖北方面的好评。

2020年早稻种植水稻面积760亩，示范优质、高产水稻新品种16个，包括粤良珍禾、恒丰优郁香、野香优9号、靓优占、美香占2号、野香优莉丝、软华优815、软华优玉丝香、软华优金丝、软华优6100、增两优金丝、纳优6388、华航48、南红3号、红香米、大丰糯，2020年早稻平均每亩生产优质稻谷410公斤，平均销售价格 3.2 元/公斤，每亩产值超过 1300 元，每亩水稻生产利润达到 350 元，经济效益显著，示范效果良好。2020 年，该项目增加"稻田冬种马铃薯示范基地"1个，面积近 300 亩，使"稻田冬种马铃薯示范基地"达到 1000 亩。目前马铃薯生长状况良好，据初步估产马铃薯平均亩产可达 2300～2500 公斤，比上年增产 100 公斤/亩。

2. 推广旱坡地"北薯南种"技术

两市联合申报了"北薯南种优良品种筛选与优质生产关键技术研发与应用""马铃薯大垄双覆膜下滴灌机械化生产示范与应用"两个科研项目。其中"北薯南种优良品种筛选与优质生产关键技术研发与应用"项目正在稳步推进中。2019 年 11 月至 2020 年，黑龙江省望奎县龙薯现代农民专业合作社联社继续牵头在遂溪县北坡、草潭、河头等镇的旱坡地冬种马铃薯近 10000 亩，比 2019 年增加 2000 亩。继续充当遂溪县冬种马铃薯产业的"领头羊"，带动百事公司、湛江市国就农业发展有限公司等一大批种植大户扩大马铃薯种植面积，2020 年遂溪县旱坡地冬种马铃薯面积达到 30000 亩，亩产值约 5000 元，亩产利润约 1500 元。

（三）粮食合作情况

2019 年湛江市委托绥化市庆安东禾金谷粮食储备有限公司、望奎县三维粮食收购有限公司分别在绥化市庆安县、绥化市望奎县异地代储本市市级储备粮共 11500 吨（稻谷），2020 年继续签约。2020 年湛江市粮食企业湛江怡丰米业有限公司与绥化市庆安华鑫米业有限公司继续进行产销合作，签订 8000 吨的大米购销合同，合同金额达 3500 万元。

二、2021 年对口合作工作计划

（一）深入推进两地经贸合作

一是拟邀请绥化市组织大型批发市场及相关水产、家电、农业企业参加湛江市 2021 线上、线下举办的水博会等大型展会活动，争取通过线上云办展的模式，实现水博会线上入驻云端的转型升级，为两地水产行业相关企业搭建交流与合作、共寻商机、共谋发展的平台。二是拟请绥化市组织大型商场等企业采购团到湛江市共同举办湛江市小家电产销对接品牌推介会，共同推动两地探索产销直接对接新模式，减少流通环节，降低流通成本，进一步促进湛绥两地经贸交流与合作和消费升级。三是积极组织湛江市小家电电商企业开展走进黑龙江、走进绥化千家万户的小家电专项电商销售行动；支持湛江市京东特产中国馆运营企业"广东碧海蓝天电子商务有限公司"进一步对接绥化各县市区相关企业，支持绥化市电子商务创新创业园寒地黑土绿色食品旗舰店"湛江市产品销售专柜"，依托线下绥化电商创业园寒地黑土农产品旗舰店和线上湛江京东·特产中国馆、天猫绥化原产地商品官方旗舰店、黑小象商城等，进一步扩大两市电商合作项目和范围。

（二）深化粮食合作

一是逐步恢复与绥化市代储30000吨市级储备稻谷项目。截至2020年底，绥化市代储湛江市级储备稻谷达11500吨。二是发挥湛江市粮食行业协会的作用，发动民营企业积极参与和绥化市的产销合作，加强两地企业间的产销对接。三是加强与当地粮食部门的衔接，选择当地优质粮食企业对口合作，充分发挥产粮区的优势，继续推动与绥化市异地代储对口项目合作。

（三）加强两地企业合作

一是拟邀请绥化市企业召开交流座谈以及到湛江市有关对口企业进行现场市场考察调研，拓展双方合作交流的深度和广度，达到推动两市协同发展、合作共赢的目的。二是鼓励绥化市优秀的企业和创业投资团队参与湛江市创业投资发展，重点加强在农海产品精深加工、绿色食品、精细化工、生物医药等领域的合作。

（四）继续推进教育合作

一是推进湛江市普通话能力建设，计划下半年继续邀请绥化市组织普通话水平测试评委和普通话专家来湛江指导湛江市普通话水平大赛，并作普通话演讲示范演出。同时，湛江市适时组织一批语文老师到绥化进行普通话培训或者邀请绥化市的普通话专家到湛江授课。二是加强两地基础教育合作，目前已初步建立两地中小学结对合作机制教育，就教学交流、人才互派等方面开展结对合作。待绥化市教育局率领基础教育考察团来湛江市开展教育交流后，就全面铺开此项合作事项。

（五）强化工作保障支撑

健全完善两市对口合作工作机制，强化对口合作领导小组成员单位的积极对接与密切配合，全面推进湛江市与绥化市在文旅康养、生态农业、教育教学、科技创新、干部交流等多项领域的长期合作。建立健全信息共享制度，畅通信息沟通渠道，搭建信息共享平台。建立定期互访考察学习交流工作制度，两市根据本地区工作需要，定期组织相关领域负责人互访考察学习、研讨工作机制方法，提高本地工作水平。

（撰稿人：陈薇伊、张鹬曦）

第十一章　茂名市与伊春市对口合作

茂名市发展和改革局　伊春市发展和改革委员会

2020 年是极不平凡的一年，面对新冠肺炎疫情带来的严峻形势，我们认真贯彻落实《黑龙江省伊春市人民政府广东省茂名市人民政府关于印发黑龙江省伊春市与广东省茂名市对口合作实施方案的通知》（伊政发〔2019〕13 号）工作部署，积极推进茂名市与伊春市对口合作工作，取得扎实成效。

一、2020 年对口合作工作进展情况

2020 年，新冠肺炎疫情突如其来，给茂名市与伊春市对口合作工作带来严峻考验。面对困难，我们树信心，强理念，千方百计推动对口工作持续有序开展。

（一）进一步加强"放管服"改革经验交流

2020 年，茂名市委编办先后与伊春市委编办互相交流了《茂名市委编办坚持"四同步"统筹推进事业单位改革》《茂名市经营类事业单位改革总结》《茂名市激活林场体制，保障生态安全工作》《茂名市在全省经济发达镇行政管理体制改革推进会上的发言》《茂名市理顺关系优化权责扭住经济功能区体制机制牛鼻子》《茂名坚持"瘦身"与"健身"相结合打通基层治理和服务体系"最后一公里"》《关于伊春市机构编制管理工作情况的汇报》《伊春市委编办优化机构设置盘活编制资源》等工作经验材料。

2020 年 9 月 18 日，伊春市委常委、副市长张国军同志一行 4 人访问茂名市政务服务数据管理局，通过实地考察和召开座谈会的形式，就推进"互联网＋政务服务"、数据共享方面开展经验学习交流。茂名市政务服务数据管理局分享了茂名市在深化"放管服"

改革优化营商环境、"数字政府"建设、公共资源交易、12345 政府服务热线运营方面的经验做法：一是建立数字政府改革建设"一体化"体制机制经验做法；二是提升"一门一窗一网"经验做法；三是推行政务服务网"指尖办"经验做法；四是推行 66 项政务服务"全市通办"和高州试点"办事不出村"经验做法；五是依托"数字政府"平台支撑疫情防控经验做法；六是实施"百项政务服务进网点"工程，打造百姓身边的"政务服务大厅"经验做法；七是将 12345 打造成"一号对外"的政府"总客服"经验做法；八是推进公共资源交易全流程电子化交易经验做法；九是全面构建"1645"规范化管理体系经验做法。两地通过融合优秀经验和探索新做法，为解决两地政务服务的难点、痛点、堵点提供有力支撑。

（二）推动两市民营经济加强合作交流

两市工信部门就产业方向、合作主体进行了联系沟通。2020 年新冠肺炎疫情期间，两市工业和信息化局就口罩、消毒液生产及熔喷布料等防疫物资方面进行了沟通交流，相互提供信息、互帮互助。2020 年 8 月，广东省工信厅同意与茂名市共建信宜南药产业培育园区，茂名市工信局还就南药产业的招商引资情况，与伊春市工信局进行沟通。

广东绿恒制药有限公司在与伊春市的黑龙江九峰山养生谷有限公司建立战略合作关系并签订中药材产销协议的基础上，2020 年双方还增加特色品种野生刺五加的产销合作，两公司广泛开展了中药材种植和加工项目的合作，促进南北药的产销发展。两公司表示继续努力扩大合作，争取在两年内把合作药材种植面积达到万亩水平以上。

（三）进一步加强农业和绿色食品交流合作

茂名市农业农村局制作"茂名市现代农业推介 PPT"和"茂名农业招商引资指引 PPT"等宣传资料，组织编制茂名市现代农业产业发展招商引资手册，通过伊春市农业农村主管部门，开展宣传推介活动，全面推介茂名现代农业产业发展情况。茂名市农业农村局在茂名农业综合展示中心平台播放伊春市农业产业宣传片，设置伊春市农产品展示专区，推广伊春市农产品品牌，宣传推介和展销伊春市特色农产品。截至 2020 年底，茂名市壹坊农业有限公司累计购进伊春市北货郎黑木耳、北货郎秋木耳、北货郎野生榛蘑等 27 种农产品。广东金信农业科技有限公司继续与铁力市金海粮米业有限公司加强合作，2020 年向对方购进大米 20900 吨，交易金额达 1.7556 亿元。

（四）谋划推动两市建立养老、健康产业交流合作

茂名市民政局与伊春市民政局就养老服务对口合作项目进行了积极的沟通和交流，加

强了双方的合作理念，希望通过引导两市社会组织、养老机构参与到双方的养老服务市场，充分利用两市良好的资源和产业基础，实现养老、健康等产业的发展和共赢。

2020 年 9 月 2 日，茂名市和伊春市共同参与了在黑龙江省黑河市举办的"天鹅颐养经济走廊城市合作机制（黑河）云端年会暨全省养老服务发展推进电视电话会议"。本次会议，天鹅颐养经济走廊城市所在的省市领导、各省市老年大学校长、康养产业领域专家学者、企业代表以及俄、日、韩等国际嘉宾共聚云上平台，深化沟通、交流合作、凝聚共识。依托"天鹅颐养电子商务平台"主展厅、合作机制城市展厅、四流互动主题展厅等展览推介板块，集中展示合作机制城市养老事业和养老产业品牌及各城市季节性目录清单、合作机制城市特产资源、合作机制城市大健康产业及招商引资项目以及合作机制城市老龄科技成果等内容。

（五）深化科技对口合作

茂名市积极搭建创业孵化服务平台，鼓励伊春市创业者到茂名创业。截至 2020 年底，茂名市已认定 10 家市级创业孵化基地，其中 5 家被评为市级示范性创业孵化基地，1 家被评为省级示范性创业孵化基地。各级创业孵化基地建筑面积达 65.9 万平方米，可容纳经营户数 2229 户。完善到茂名市创业的伊春市创业者可享受一次性创业资助、租金补贴、创业带动就业补贴等创业优惠政策，积极落实创业带动就业补贴，为创业保驾护航。

二、2021 年对口合作工作思路

2021 年，我们将按照中央和省关于对口合作工作部署，进一步推进落实两市对口合作协议及实施方案，坚定信心，主动作为，促进两市对口合作工作再上新台阶。

（一）加强两市园区的规划建设

进一步推动食品、药品等产业方面的园区建设，两市定期开展磋商会晤，通过资源互补、合作双赢的原则，合作共建产业园区，为企业合作打造平台，吸引两地企业落户。

（二）抓好经济合作项目落实

继续抓好 2018 年以来茂名市与伊春市签约合作项目落实工作，并在此基础上继续寻求新的合作领域。充分发挥两市的资源优势，以资源型企业合作为突破口，带动其他产业交流合作的开展。

（三）继续推进两市间的干部人才培训交流

组织学员到伊春市委党校开展短期培训，定期组织师资交流和学员互访。继续将伊春市委党校作为茂名市处级干部进修班和中青年干部培训班的对口交流学习培训点。继续推进"东南西北中"重点院校人才工作联络站建设，搭建好伊春市、茂名市人才交流合作平台。加强高层次人才的交流与学习，定期组织两市高层次人才实地考察学习、召开座谈会、参加沙龙等交流学习活动，推动两市间各类干部、人才间的交流。

（四）继续加强粮食产销合作，积极探索异地代储合作

1. 继续组织人员参加各类粮油产销合作洽谈会

茂名市将继续组织企业积极参加黑龙江金秋粮食交易会，双方共同努力，鼓励两市粮食企业深度合作，进一步提升相关组织工作成效。

2. 支持伊春市粮油企业在茂名建立更加广泛的销售渠道

结合两省共同开展"黑龙江好粮油"进广东销售、媒体宣传等活动，促进"伊粮入茂"取得进一步成效，进一步提升两地产销对接成效。

3. 加快建立两市粮食项目合作平台

及时发布两市粮食合作项目供求信息，定期跟踪合作项目进展情况，积极为合作企业协调解决问题，促进双方合作健康发展。利用黑龙江省粮食产区粮源优势，指导、支持有意愿、有需求的市、区（县级市）企业在黑龙江省建立粮食储备基地，降低粮食储备利费。

（五）加强经贸旅游交流合作

充分发挥两市工商联的桥梁纽带作用，推动两市企业积极参加两省举办的各类经贸交流活动。充分发挥各行业协会联系面广、信息灵通的特点，开展相关行业协会的交流。通过举办各类展销会、洽谈会等形式，相互邀请两地企业参加，增进了解，寻找商机，达到互利共赢。引导两市旅游主管部门、主要旅游企业继续推动相关合作项目落实，打造"南来北往，寒来暑往"旅游品牌交流活动，推动两市互为旅游客源地和目的地。

（六）引导企业对接，推进项目合作

继续积极引导两市企业对接，切实加快推进意向性项目签约、签约项目开工建设。适时组织民营企业家到伊春市实地考察投资环境，寻求双方合作切入点，实现优势互补、携手共赢。

（七）推动养老服务业合作

1. 拓展服务业合作范围

两市在旅居养老服务、旅居养老培训、旅居养老项目等领域开展密切合作，满足老年人多元化养老服务需求，推动候鸟养老产业共同发展。

2. 抓好养老合作项目落实

大力支持伊春市投资者在茂名市开设养老院，从床位资助、用水用电、税收及行政事业性收费减免等方面享受同本地养老企业一样的优惠政策，推动养老项目落地。鼓励茂名市投资者到伊春市开办养老院，促进伊春市养老机构发展。

（八）加速科技成果转化

1. 加大合作项目实施力度

利用茂名的先进加工技术、科技人员优势和物流优势，壮大茂名市和伊春市的优势产业。

2. 加强合作项目事后服务

加强两地双创工作和孵化器发展工作交流，做好科技合作事项的跟踪、指导、协调、服务工作。

3. 建立科技创新公共服务平台

围绕茂名市和伊春市在中药现代化、新能源、新材料、节能环保、电子信息、矿产资源和现代农业等科技问题，建立科技创新公共服务平台，建设孵化器、产业园区等创新载体，促进茂名市和伊春市战略性新兴产业培育和传统产业转型升级。

（撰稿人：张正群、张琪）

第十二章　肇庆市与鸡西市对口合作

肇庆市发展和改革局　鸡西市发展和改革委员会

2020 年，肇庆市与鸡西市认真贯彻落实国家和省关于开展东北地区与东部地区对口合作工作有关要求，坚持科学谋划、务实对接、扎实推进，对口合作工作取得阶段性成效。

一、2020 年对口合作工作进展情况

（一）健全合作机制

6 月，两市发改部门联合编制印发《黑龙江省鸡西市与广东省肇庆市 2020 年对口合作工作重点任务》（鸡发改振兴〔2020〕3 号），明确两市 2020 年重点开展 6 个方面 14 项具体合作内容。

肇庆高新区与鸡西经开区签订了《黑龙江鸡西经济开发区与肇庆高新技术产业开发区合作框架协议书》，主要在招商引资、科技创新、人才交流、企业合作等多领域建立长期、全面、深度合作内容。

（二）开展多领域合作对接

1. 开展社会事务合作

1 月 7～8 日，鸡西市民政局拜访肇庆市民政局，实地考察了肇庆市社会福利院、肇庆市救助站、端州区信安社区，双方还就落实《黑龙江省与广东省对口合作实施方案》要求，推进"互动式"养老，引导社会组织、养老机构积极参与养老市场服务等事项进

行了深入探讨，提出了初步合作意向。

2. 开展文旅合作

1月11日，鸡西市政府代表团应肇庆市政府邀请，参加了由广东省文化和旅游厅、肇庆市政府共同举办的"2020请到广东过大年·粤游粤精彩"活动。两市文旅部门就2020年的合作计划进行了协商并达成初步共识。8月，由黑龙江省文化和旅游厅、鸡西市、佳木斯市、双鸭山市联合主办，广东省对口合作城市肇庆市、中山市、佛山市摄影家参与的2019年黑龙江东部湿地旅游联盟城市首届湿地冰雪摄影大赛获奖作品展在鸡西市举行，展出两省多地市参展作品1000余幅。9月，肇庆、鸡西两市文旅部门分别赴银川、西宁等地，参加"活力广东·多彩广佛肇"——广佛肇文旅联盟推介会，两市重点就推进鸡西与肇庆在文化、体育、旅游领域加强对口合作，推动南北区域旅游联盟之间密切对接互动合作等进行深入交流。9月，肇庆市文旅部门邀请鸡西市文旅部门及文旅企业赴广州市参加"2020广东国际旅游产业博览会"，并在展会现场开展宣传推介，与国内旅行商就资源共享、客源互送、线路互推、政策互惠等方面进行有效对接和交流。

3. 开展干部培训合作

10月26～30日，鸡西市选派40名县处级干部赴肇庆市委党校参加学习贯彻习近平新时代中国特色社会主义思想培训班，并在肇庆市四会市考察了新农村建设，在肇庆市高要区与陶瓷、环保能源企业进行了现场交流。

4. 开展产业合作

7月20日，鸡西市唯大新材料科技有限公司到肇庆市拜访广东风华高新科技股份有限公司，双方就开展石墨烯产业合作事项进行了对接。8月6日，为进一步加深肇庆市与鸡西市的粮食产销合作，推广鸡西市优质粮食品种，肇庆市高要区裕丰粮食储备有限公司与黑龙江省鸡西市城子河区龙玺丰安家庭农场签订了7000吨稻谷的购销意向协议，拟定在市场行情合适的情况下，向鸡西市采购粳稻7000吨。

5. 开展招商合作

5月15日，肇庆市高新技术产业开发区与鸡西市经开区共同举办了2020年网络招商推介会。推介会主会场设在鸡西经开区，分会场设在肇庆高新区，采用线上会议、视频互动的方式，共120余名国内客商和肇庆分会场20余名企业家代表参会。

二、2021年对口合作工作思路

肇庆市与鸡西市将继续按照国家和省安排部署，加强沟通交流，按照《黑龙江省与广东省对口合作实施方案》和《黑龙江省鸡西市与广东省肇庆市对口合作实施方案》的有关要求，协调两市对口单位继续开展合作交流，完善沟通联系机制，推动两市企业加强合作，务求取得实效。

（一）落实对口合作工作机制

一是推动沟通联系常态化，协调两市已建立联系的对口单位继续保持沟通交流，实现信息共享、资源共享，推动对口合作更加深入。二是共同争取政策支持。积极谋划，主动对接两省相关部门，积极争取两省的政策支持，探索在产业、科技等方面先行先试。

（二）深化人才交流合作

一是继续推动两地领导干部挂职交流培训，学习先进经验。二是增加教育、医疗等专业型人才挂职交流、短期培训等活动，提升业务水平和服务质量。三是推动两地职业院校资源共享、专业共建、联合培养，提升高层次人才培养能力。

（三）推动重点合作项目落地见效

一是加强产业合作。突出两市在资源和产业发展等方面的互补性，发挥各自优势，重点推进鸡西石墨新材料产业与肇庆新能源产业合作。二是推动农业领域合作。加强在农业和绿色食品产销、粮食精深加工方面合作对接。三是推动中药材合作。筹备召开"肇庆·鸡西医药产业合作与发展研讨会"，重点围绕中医药产业发展趋势、产业合作路径等进行广泛交流与合作。四是加强文化旅游对接合作。充分发挥双方旅游资源优势，开展"南来北往，寒来暑往"合作，互为旅游客源地和目的地，通过共同开发、共同宣传等多种方式，打造"肇庆—鸡西"特色旅游品牌。

（撰稿人：卢坤华、赵欣儒）

第十三章　揭阳市与大兴安岭地区对口合作

揭阳市发展和改革局　大兴安岭地区行政公署发展和改革委员会

2020 年，按照两省对口合作的统一部署，在两省省委省政府的坚强领导下，揭大两地积极克服新冠肺炎疫情影响，通过完善工作机制、密切双方交流、推动产业项目合作、推动航线复航和加强宣传推介等举措，各项工作取得了积极进展。

一、2020 年对口合作工作完成情况

（一）完善合作机制

两地制定了 2020 年《大兴安岭地区与揭阳市对口合作工作推进方案》《工作任务分解表》及《工作任务图谱》，明确了下步对口合作工作的总体思路、主要目标、重点任务和保障措施，并将每项工作任务落实责任、设定时限，推动重点任务如期完成。

（二）推动产业项目合作

一是继续开展绿色产品旗舰店销售。2020 年揭阳旗舰店销售金额总计 96.31 余万元，其中实体店线下销售 49.52 万元，线上销售 46.79 万元；普宁旗舰店销售金额总计 74.65 余万元，其中实体店线下销售 38.42 万元，线上销售 36.23 万元。二是继续开展食用菌购销。2020 年揭阳市欣润有限公司与黑龙江省天锦食用菌有限公司十八站分公司完成食用菌销售 22.93 吨，销售额为 183 万元。

（三）推介谋划产业项目

2020年大兴安岭谋划了与揭阳对口合作的招商引资项目 38 个，项目总投资 42.3 亿元。其中生态旅游产业项目 18 个，项目总投资 27.5 亿元；林农产业项目 9 个，项目总投资 6.1 亿元；矿产开发产业项目 5 个，项目总投资 6.3 亿元；生物医药项目 4 个，项目总投资 1.3 亿元；物流仓储项目 2 个，项目总投资 1.1 亿元。揭阳市发改局及时将项目表及项目简介等相关材料转发至各县（市、区），推动两地间更多的企业达成合作。

（四）推动两地航线复航

经过揭大双方不懈努力，揭阳—哈尔滨—漠河航线于 2020 年 7 月 2 日正式复航。该航线搭起从南海之滨到祖国北端的空中桥梁，促进南北合作、协调发展，推动两市的旅游、文化产业交流合作，实现合作共赢。

（五）加强宣传推介

大兴安岭日报社针对 2020 年疫情防控工作实际，采取播发动态消息。揭阳市文化广电旅游体育局官方公众号"发现揭阳" 2020 年共推出 18 期"南来北往"专栏介绍大兴安岭地区特色旅游产品，大兴安岭地区文体广电和旅游局官方公众号也相应推出同名专栏介绍揭阳地区义旅产品。2020 年 11 月 3 日，《大兴安岭日报》推出"欢迎您到揭阳来"专版，详细介绍了揭阳人文、地理等情况，为推动双方合作共赢营造了良好的舆论环境。

二、2021 年对口合作工作计划

（一）加强宣传推介

继续利用两地的旅游官网官微、主流媒体等，互相宣传对方旅游资源、地方文化、节事活动、美食小吃、特产手信等旅游全产业链情况，进一步提高两地民众对两地对口合作工作的知晓度。

（二）开展文化旅游合作

召开两地旅游联席会议，加大旅行社的对接，促进资源互推、游客共享。充分利用大兴安岭独特的旅游资源和闲置资产，引进广东战略投资者，培育候鸟式养老、森林康养等新业态，加快旅游康养产业融合发展。

（三）深化产业项目合作

一是继续开展电商合作。充分利用揭阳作为国家电子商务示范城市和电子商务企业的运营、快递物流等方面优势，推动大兴安岭绿色食品"上网触电"。二是深化经贸交流合作。支持有意开拓大兴安岭及周边市场的揭阳企业落户，不断拓展深化两地交流合作的领域，为推动形成信息互通、资源共享、互利共赢、和谐发展的合作发展新格局贡献商务力量。

（四）继续推进大兴安岭绿色产品旗舰店合作

通过全方位的广告宣传和线下促销等方式，不断提升自身的服务与销售能力，加强大兴安岭绿色产品在客户群中的影响力，让更多的消费者认可大兴安岭产品，从而达到促进两地企业间更多领域的合作。

（撰稿人：柯燕瀚、吴祥瑞）

第四部分　案例篇

第一章 发展经验共享共鉴
打造园区合作典范

深圳市扶贫协作和合作交流办公室

2019年5月，深圳、哈尔滨两市政府正式签署协议合作共建深圳（哈尔滨）产业园区，成为东北地区与东部地区两市间对口合作的第一个产业园区，为探索对口合作发展新模式提供了引领和示范。

一、主要做法

一是政府引导，以企业为主体，按市场化方式运作。由深哈两市政府共同投资39.2亿元，组建合资公司，共建深圳（哈尔滨）产业园区，园区规划面积26平方公里，核心启动区1.53平方公里，首个启动项目科创总部22万平方米。按照市场化方式，创新产业园区服务体制和运作模式，打造从创新创业、科创总部到智能制造的全生命周期产业链，促进产业协同发展、集群发展，努力成为营商环境优良、新兴产业集聚、服务体系完善、配套设施齐全、运营管理高效的低碳智慧园区。

二是共享改革发展经验。深圳改革开放40余年来积累了不少成功的实践经验，按照"能复制皆复制、宜创新即创新"的原则，通过"带土移植"在园区推广深圳行之有效的市场观念、管理理念、政策环境和创新文化，实现对"特区基因"的深度复制，将园区打造为深圳的"飞地"、哈尔滨的"特区"。

三是对标世界一流建设标准。聘请一流团队，完成园区全流程综合规划编制。在核心启动区内，构建了郊野公园、城市公园、社区公园三级公园体系，规划了23公里长的海绵城市滨水岸线、48公里长的绿道，打造宜居、宜业、宜游的北方水城。在园区范围内构建了"1+1+3+4"的空间规划,打造从南至北贯穿整个园区的产城服务核心轴,划定了全生命周期的产业发展用地。

四是注重优化营商环境。建立符合新区特点的"混合用地"标准,提高控制性详细规划的弹性。贯彻落实审批"只跑一次"的工作要求,通过优化审批流程,实现深哈公司1天完成公司注册、36天取得施工许可证、63天展览馆封顶、101天地下室结构封顶。同时,2020年3月12日第Ⅱ标段正式破土动工,打破了哈尔滨市大项目传统在4月中下旬开工的惯例,为哈尔滨市突破自然低温施工限制、优化施工方法提供了新经验、新借鉴。

二、主要成效

截至2020年底,深哈产业园综合展览中心已正式开馆运行,项目一期Ⅱ标段正式封顶,园区累计完成企业注册数量127家、注册资金62.5亿元,签约华为鲲鹏、深圳敢为、深圳聚芯智汇等24家企业,储备重点客户108家,计划投资总额约432.8亿元,成为哈尔滨市经济增长新引擎。

第二章　严格管理保安全　异地代储促双赢

广东省粮食和物资储备局

粮食对口合作在两省对口合作中行动最早、步伐最快、最早取得阶段性成果，多次得到省政府领导的高度肯定。广东是全国最大的粮食主销区，黑龙江是全国最大的粮食主产区且粮食储备条件优越，两省在粮食异地储存合作方面展开探索，取得了显著成效。

一、主要做法

一是严格规范，把好合作企业选取关。由当地粮食行政主管部门黑龙江省粮食局根据辖区内粮食企业仓储、经营、信用等基本情况，优中选优，向广东省粮食和物资储备局推荐广东省异地储备粮候选合作企业。广东省储备粮管理总公司选派工作组，对候选合作企业进行实地资信核实，形成资信报告，开展商务谈判，择优选取。广东省储备粮管理总公司将选取的意向合作企业报广东省粮食和物资储备局、广东省财政厅、农发行广东省分行联合审批后实施。

二是加强监管，保障异地储备粮"两个安全"。广东省储备粮管理总公司委托下属单位派员实地驻库，对合作企业异地储备粮日常管理工作进行现场监督和指导。广东省储备粮管理总公司本部对异地储备粮开展春秋普查，每年底对下属单位的驻库监管工作进行年度考核。黑龙江省粮食局委托黑龙江省储备粮管理总公司作为第三方监管单位，每月对广东省省级异地储备粮开展实地监管检查。广东省粮食和物资储备局、黑龙江省粮食局每年采取联合检查、专项抽查、突击检查等多种方式，强化对广东省异地储备粮的监督管理。

三是持续创新，异地储备合作模式不断优化。广东省储备粮管理总公司委托合作企业开展异地储备粮轮换，防控轮换风险。合作企业向广东省储备粮管理总公司交纳与异地储备粮货款现值等额的履约保证金，防范异地储备粮资金风险。合作企业向广东省储备粮管理总公司提供银行开具的无条件履约保函，保障粮食对口合作的顺利履约。合作终止时，异地储备粮的所有权归合作企业所有，合作企业缴纳的履约保证金转为异地储备粮货款全额归广东省储备粮管理总公司所有，最大程度地避免合作终止时产生商务纠纷。

二、主要成效

自 2017 年广东省建立省级异地储备以来，驻库监管、第三方监管和省级粮食行政部门联合监管各司其职，成效显著，运作机制和合作模式不断优化，收储、移库、轮换等任务按规范完成。经国家大清查和省、市、县及广东省储备粮管理总公司组织的多次检查表明，在库异地储备粮数量真实、质量良好、储存安全、管理规范，安全生产零事故，合作模式受到国家粮食和物资储备局的肯定。

第三章 "北薯南种" 助推粤黑农业深度合作

湛江市发展和改革局

湛江市遂溪县紧紧抓住粤黑两省对口合作的有利契机，加快与绥化市望奎县的深度合作，通过探索"北薯南种"实践，深入推动两省农业合作，取得了良好的效果。

一、主要做法

一是扎实推进"北薯南种"项目。2014年，绥化市望奎县龙薯联社在湛江市遂溪县草潭镇钗仔村试种了500亩马铃薯，马铃薯收获后即刻轮茬种植青储玉米。在对试种地点气候变化、土壤条件和适宜种植品种进行全面分析总结的基础上，于2015年开始，采取"政府牵线搭桥、合作社自主经营、农户两地生产"的方式，组织贫困户和大型机械及喷灌设施在每年10月中旬南下种植马铃薯，第二年2月末收获，接茬种植青储玉米，然后4月末北上返乡种大田，实现了"一年忙两季、一年有三收"。

二是深度合作，延伸发展"稻—稻—薯"模式。通过精心谋划、精准对接、精细实施，由试种成功到基地规模不断扩大，由单一种植马铃薯到青储玉米、水稻、火龙果多品种开发，开启了两地农业发展新篇章。绥化望奎龙薯联社、湛江市粤良种业、遂溪一亩田农业三方合作，继续发展"稻—稻—薯"农业产业园，全面推广高效生产新模式，在雷州半岛打造多个旱坡地冬种马铃薯示范基地，并深度融合5G、人工智能、电商销售等智慧农业手段，实现更广领域优势互补，谋求更大范围合作共赢。

二、主要成效

一是盘活遂溪县闲置土地，推广先进的种植技术和经营理念，从种到收一条龙作业的现代化大农业经营模式推动了当地农业的转型升级，有效促进农民增收，实现多方共赢。

二是助力两地脱贫攻坚。绥化望奎县尽量吸纳有发展欲望和劳动能力的贫困人口参与联社经营，先后有 27 户贫困户通过在联社务工、土地入股分红实现了增收脱贫，同时在生产经营中学习先进农业技术，激发内生动力，其中 9 户贫困户实现致富，成为村里的"致富带头人"。在助推遂溪县脱贫工作中，促进了当地土地流转，增加了当地农民的务工收入，马铃薯种植和收获期间每天雇用当地农民 200～300 人，平均每天工资为 100～150 元，一年可为当地农民创造收入 240 多万元。

第四章　加强院校合作　深化两地卫生健康领域交流

广州市扶贫协作和对口支援合作工作领导小组办公室

南方医科大学与齐齐哈尔市第一人民医院合作建设南方医科大学附属齐齐哈尔医院，深入推动两省卫生健康领域交流合作，具有良好的示范效应。

一、主要做法

一是历史渊源促成良好意愿。南方医科大学的前身——东北军区军医学校于1951年10月在齐齐哈尔诞生，至1969年奉命迁出时已驻扎在齐齐哈尔整整18年。在广州市与齐齐哈尔市对口合作和科技等多部门积极推动下，南方医科大学与齐齐哈尔市第一医院经历明确合作意愿、商定合作内容、磋商协议条款、组织全面考察评估、正式签订非直属附属医院合作协议等多个环节，确定在人才培养、联合科研以及医疗协作等方面深入开展平等、互惠合作。2019年5月13日，南方医科大学附属齐齐哈尔医院正式挂牌。

二是人才为先展现合作效应。南方医科大学赴齐齐哈尔市第一医院举办学术报告，开办医学教育、临床解剖学研究等多个专题讲座，举办多场次临床教学培训班。支持专家人才进修，齐齐哈尔市第一医院选派中医老年病科李姝花博士到南方医科大学研修学习，为第一医院中医老年病省级领军人才梯队可持续发展提供动力和人才储备。联合培养高水平学生，齐齐哈尔市第一医院主动参与南方医科大学硕士研究生培养，1名科技人员被聘为南方医科大学学术学位硕士研究生指导教师，24名科技人员被聘为实践指导教师。

三是联合科研强化合作纽带。两地科技部门共同支持，推进齐齐哈尔市第一医院与南方医科大学合作科研项目进展顺利，"建立颅内最常见胶质瘤的重点实验室等基础和临床转化科研平台"项目列入 2019 年广州市基础研究计划民生科技专题，支持科研经费 100 万元，成果论文被国际期刊《细胞死亡及疾病》（*Cell Death & Disease*）采纳发表。南方医科大学全力支持齐齐哈尔市第一医院积极申报广东省医学 3D 打印应用转化工程技术研究中心临床基地；指导齐齐哈尔市第一医院申报 2019 年度国家基金项目，并成功申报 2 项基金，实现了零的突破。

二、主要成效

南方医科大学与齐齐哈尔市第一医院在临床教学培训、会诊、医疗技术合作、人才培养、临床专科共建等多方面合作进展顺利，齐齐哈尔市第一医院医疗人员技能水平得到提升，人才领军能力有所增强，科研发展建设取得突破，将为齐齐哈尔人民群众提供更好的医疗健康保障。

第五章 融合南北差异 打造旅游品牌

黑龙江省文化和旅游厅

充分发挥黑龙江省森林生态、冰雪旅游资源优势和广东省滨海、商务旅游资源强省及第一旅游客源市场的优势，有效融合双方互补优势，按照市场化原则，不断创新合作机制，拓宽合作领域，提升合作层次，两省文旅互促互鉴持续深化，文旅产业合作不断深入，两省文化旅游业协同发展取得长足进步，合作共赢的战略合作新格局逐步形成。

一、主要做法

一是找准合作定位。从合作之初，两省就把旅游资源互补作为合作的基本支点和动力源泉，在"差异"上做好文章。充分利用两省地理位置、气候特点、景观景色、人文环境的迥异，在"空间差""时间差""体验差"上发掘商机，共同策划推出"南来北往，寒来暑往，常来常往"旅游促进工程，以品牌效应撬动两省旅游合作。

二是精准宣介营销。围绕推进"南来北往，寒来暑往，常来常往"主题旅游工程，两省举办"南北极对话""湿地旅游联盟旅游产品发布会"等多种形式的文化旅游推介会，展示两省特色文化和旅游资源，推动两省文旅企业交流合作。双方互派代表参加广东国际旅游产业博览会、中国（深圳）国际文化产业博览交易会、中俄博览会、哈洽会、黑龙江旅发大会、冰雪节等大型会展，有效宣传两省特色旅游产品和精品线路，积极开拓国内国外旅游市场。联合广东电视总台《活力大冲关》节目组与北极村、五大连池、英杰温泉、镜泊湖四景区拍摄13集大型电视冰雪真人秀栏目《冰雪的游戏》，并在境内外媒体播出，有力展示黑龙江旅游实力。组织指导两省市（地）文旅部门开展对口合作城市推广交流，指导结对城市之间设立"主题交换日"，鼓励两省重点景区之间结对，在景区内放置对方的宣传资料、播放宣传视频，进一步推动两省区域文化和旅游合作。

二、主要成效

开展对口合作工作以来，通过打造旅游精品，两省推出了"广结齐缘""花城看花"等精品文化旅游品牌，推出了"乐享冰雪体验游""广州过年"等特色旅游线路，开通大兴安岭—揭阳、黑河—珠海航线，齐齐哈尔—广州和谐夕阳号专列，至2020年底广东铁青共牵头组织黑龙江专列60余趟，游客人数超过34000人。两省还通过实施门票优惠、住宿补贴、联合航空公司买断机位、组织跟团游、定制游和自驾游等多种方式，持续推动客源互送，已实现游客互送2600多万人次，两省已相互成为对方最重要的旅游目的地和客源地。

第六章　强化交流　干部人才合作显成效

哈尔滨市发展和改革委员会

哈尔滨市委、市政府把干部赴深圳学习交流作为推动深哈合作持续深化的重要手段，最大限度挖掘干部潜能，更新思想观念，增强改革意识，提升发展能力。

一、主要做法

一是强化统筹对接。《哈尔滨市与深圳市对口合作框架协议》签订后，两市多次会商交流，就选派干部交流学习的范围、方式、时间等进行了认真研究。哈尔滨选派出市管干部、重点市直部门干部、区县（市）干部、国企及其他重点企业干部赴深圳开展学习交流，干部选派范围实现全覆盖。开展包括挂职学习、跟岗学习及短期集中培训等多种方式的学习交流工作，学习方式实现多元化。学习时间长短结合，既有为期6个月的市管干部挂职学习，也有为期2~3个月的对口部门挂职学习或跟岗学习，还有为期7天的短期集中培训。双方互学互鉴，哈尔滨市委组织部、统战部、市人社局、国资委和各区、县（市）等单位先后组织1000余名干部赴深进行短期挂职、培训、考察调研；深圳先后选派干部到哈尔滨相关部门交流指导，深圳市罗湖区40多名企业家赴哈尔滨参加在哈尔滨工业大学举办的罗湖区非公有制经济人士综合素能提升培训班等。

二是做好服务保障。积极搭建学习交流平台。在深圳市经理进修学院搭建集中培训平台，既保障了短期培训的学习资源，还在每期学习班结束后，不定期在学员微信群中发送线上教学课程，保持了学员学习的连续性。充分发挥哈尔滨市政府驻深办作用，搭建多领域交流平台，使学员在完成个人学习任务基础上，能够对接各类商会、企业等资源，促成产业等其他领域合作。加强学习评估督导。由哈尔滨市发改委配合市委组织部，对市直各部门对口跟岗学习、区县（市）交流学习、集中培训个人学习成效进行分类考核，重点考核学习深圳新理念、做好深圳体制机制和政策"带土移植"、抓好重大产业项目合作等方面的举措和成效，保证学习效果。

二、主要成效

截至 2020 年底，哈尔滨市已有 34 个部门及 16 个区、县（市）近千名干部围绕优化营商环境、创新行政管理体制机制方面，赴深圳开展对接学习，转化落地成果 96 项。通过干部赴深学习交流，多项深圳先进经验在选派干部所在单位或辖区落地转化，哈尔滨市发改委干部赴深学习后，进一步完善了政府投资项目储备和计划管理流程等；哈尔滨市工信局干部赴深学习后，制定出台了《哈尔滨市促进民营经济、中小企业发展的若干措施》等。通过学习交流，一大批学习成果在相关领域转化落地试行后，推广至哈尔滨全市范围，第一批市管干部赴深圳挂职学习并形成《关于深圳市强区放权改革的调研报告》，市委编办采纳吸收，在全市推行了"强区放权"改革，下放 162 项事权清单，重构市区职权配置；哈尔滨新区学习深圳招投标评定分离经验并在深哈园区试行，目前已在全市范围内推广使用；营商环境局借鉴深圳"最多跑一次"政务服务经验，制定了《哈尔滨市"最多跑一次"改革实施方案》，推进"一网、一门、一次"改革，并在区、县（市）政务服务工作中推广。通过学习交流促成产业项目落地，两批 20 名赴深挂职市管干部中，"一把手" 17 人，这些干部在学习深圳先进经验的同时，积极与相关企业对接，以此为契机引入华为、正威、宝能、平安等一批深圳企业落户哈尔滨。通过互派干部学习交流，进一步推动了两市多领域信息共享，推出深圳市民可在哈尔滨景区享受与本地居民同等优惠等政策；谋划并推动两市交响乐团多次在深哈两地以线上、线下的方式联袂演出；深圳来哈交流干部引荐哈尔滨油画作家赴深圳画家村开办画展，一定程度上宣传推介了哈尔滨城市风貌；通过挂职干部与深圳中兴公司对接，哈尔滨市与中兴网信公司达成合作共建健康医疗云项目，目前一期工程已全部完成。

第七章　龙头企业强强联合
推进重大装备国产化

齐齐哈尔市与广州市对口合作工作领导小组办公室

在黑粤两省对口合作、齐广两市对口合作的背景下，国内专业的成套智能装备企业——广州数控设备有限公司和我国机床行业大型重点骨干企业——齐重数控装备股份有限公司强强联合，发挥各自研发和制造优势，装备制造"软（数控设备）""硬（机械）"结合，共同致力于基于国产数控系统的高端重型机床的研发与制造，并在航空航天、造船、军工、能源等重点行业进行规模化应用，对国民经济发展与国防建设具有重大战略意义。

一、主要做法

一是市领导挂帅促成合作。齐齐哈尔市委书记孙珅、副市长姚卿相继到广州数控公司考察对接，推进两家企业务实合作。企业双方 2019 年 4 月签订《广数数控系统在齐重数控七轴五联动机床上的应用研究》合作协议，2019 年 6 月在黑龙江·广东对口合作座谈会上，双方在两省省长的见证下签订《共建重型数控机床系统国产化及智能化重点实验室》合作协议，全面开启合作历程。

二是联合组建研究院。齐重数控与广州数控联合组建黑龙江省智能机床研究院，整合科技创新资源，开展产业共性关键技术研发、科技成果转化和产业技术服务，突破高端智能机床及数控系统等核心关键部件依赖进口的瓶颈，提升我国装备制造业整体水平。研究院已于 2020 年 5 月在齐齐哈尔市龙沙区市场监督管理局注册成立，下设航空航天及两机专用设备研究所、大型金属制件增减锻装备研究所、智能机床制造与服务研究所、自动生产线及数字化工厂研究所、重型数控机床系统国产化及智能化重点实验室等多个机构。

三是联合开展应用研究。双方致力于智能制造技术研发及产业化，开展 GSK 国产数控系统在齐重数控七轴五联动立式铣车复合加工中心的应用研究，能够满足航空航天、造船、军工、能源等行业大型复杂几何形状零件及整体叶轮的高精度车铣加工要求。重点研究应用广数数控系统与齐重数控重型七轴五联动机床匹配，实现大型、复杂、高精零件的加工。广州数控提供的高档数控系统和多自由度工业机器人已安装在齐重数控的工作台移动式立式铣车复合加工中心。

四是共同推进国产数控系统的市场应用。齐重数控长期致力于重型数控机床系统的国产化及智能化，选派专家骨干突破技术难关，应用广数系统的重型数控机床实现机械加工所要求的高速、高精度和高效率加工，产品具备高性价比、高可靠性的特点，得到用户的广泛好评。

五是省市科技经费支持助力合作深入推进。两家企业在两省及两市政府相关部门的积极推动下，争取科研经费支持两家企业进行可持续性的科技研发。广州市将齐重数控和广州数控合作开展"重型数控机床系统国产化"项目列入 2020 年广州市基础研究计划民生科技专项，奠定了双方合作的基石。黑龙江省科技厅在 2020 年黑龙江省"百千万"工程科技重大专项中设置了"基于 5G 通信的智能机床开发"项目，专项支持齐重数控与广州数控合作开发高端机床。

二、主要成效

截至 2020 年 12 月，齐重数控与广州数控已合作完成机床的整机设计、机电接口匹配技术、机床的安装调试、广数系统与第三方电机的适配技术、标准车削等功能科研课题与安调工作。目前，双方技术人员正在进行 C 轴/SP1 主轴双伺服电气驱动技术、智能刀库系统技术、复杂车铣复合加工技术、国产数控系统可靠性与精度稳定性技术等研究，项目完成时机床可实现一次装卡完成复杂工件加工，同时具备大型立车所具有的车削功能和大型龙门铣具有的铣削功能。

第八章　优势互补合作办学探索高教发展新模式

深圳市扶贫协作和合作交流办公室

哈尔滨工业大学（深圳）的建设，探索了中国高等教育"名城＋名校"的办学新模式，建立起广东省和黑龙江省高等教育合作的重要桥梁，为广东省和深圳市高等教育快速发展提供了重要支撑，为粤港澳大湾区高质量工科人才培养、科技成果转化和经济社会发展提供了新助力。

一、主要做法

一是合作举办本科教育，建设哈工大（深圳）。2014年，利用哈工大的品牌优势、学科优势和办学资源优势以及广东省深圳市的地理优势和经济优势，哈工大与广东省和深圳市合作筹建本科教育，2017年教育部批准哈工大（深圳）正式举办本科教育，2018年深圳市投资20多亿元建设的新校区正式启用。为保证本科教育高质量举办，哈工大选派优秀师资到深圳校区支持本科教育体系的建设。同时，为助力深圳"设计之都"建设，哈工大与深圳市政府、苏黎世艺术大学签约共建哈尔滨工业大学深圳国际设计学院，深圳市投入近7亿元建设11万平方米的国际设计学院校园。

二是支持科研平台建设，共建科学技术创新重要载体。基于哈工大国家重点实验室的优势，以"一室两区"模式高水平建设哈工大（深圳）重点实验室集群项目；建设特殊环境与物质作用研究装置，与哈尔滨在建的"空间环境地面模拟装置"相互协同，共同打造国内有影响力和示范性，国际上最为完备的环境及物质作用的重大研究装置；发挥哈工大国防航天特色，与深圳校区共同承担某国防重大项目，在国际上首次提出新概念卫星，打造国之重器；多方共建人工智能研究院，打通人才、创新、成果转化的跨区域合作通道，搭建创新要素省际流动和聚集平台；广东省和深圳市大力支持深圳校区建设索维奇诺奖科学家实验室、广东省空天通信与网络技术重点实验室等 54 个高水平科研平台。

三是发挥工科强校优势，持续助力地方经济社会发展。哈工大（深圳）围绕大湾区战略规划和区域企业创新需求广泛开展校企合作，与华为、中广核集团建立战略合作伙伴关系，与腾讯、中兴、华大基因等广东省企业成立联合实验室 62 家，与 OPPO、大族激光、美的等 60 余家企业合作，建立校企合作产学研基地，有效提升企业技术水平，助力区域经济高质量发展。

二、主要成效

利用双方优势合作办学效果凸显，2020 年哈工大（深圳）本科生招生分数线在全国高校中平均位列第 11；2002 年以来，哈工大（深圳）累计培养硕博研究生 14000 余人，60% 在广东就业（哈工大一校三区 2019 年向华为输送 700 多名毕业生，位列华为当年招聘目标高校榜首），为广东省和深圳市输送了一大批高质量理工科人才，有力支持了广东省制造强省建设；哈工大（深圳）毕业生先后创办企业百余家，具备规模的企业 62 家，90% 在广东省；哈工大（深圳）与广东省内 500 余家企业开展了紧密合作，为企业解决了 1000 余个技术难题。

第九章　发挥新型智库优势
复制推广特区经验

珠海市发展和改革局

珠海市横琴创新发展研究院黑河分院发挥新型智库优势，开展制度创新集成总结，服务于珠海与黑河对口合作，助力黑河自贸片区高质量发展，在成立之后较短的时间内取得了较为显著的工作成效。

一、主要做法

一是合作建立新型智库机构。推动成立珠海市横琴创新发展研究院黑河分院，充分利用对口合作的优势，充分发挥横琴创新发展研究院既有的资源特色，以"贯彻中央精神"为核心，以"推广特区经验"为主线，以"探索边区实践"为重点，以"实现合作共赢"为目标，着力打造"专、精、尖、特"新型研究智库，服务对口合作深入开展。

二是推动先进经验导入落地。以广东自贸试验区已经形成的527项改革创新成果为基础，系统梳理总结遴选适合在黑河自贸试验区落地的具体改革创新政策，实施制度创新的转换性落地研究，与黑河自贸片区的实际情况进行精准对接，制定导入落地的操作方案，形成自主创新成效。总结借鉴横琴探索粤澳深度合作区建设经验，探索开展依托大黑河岛深化离岸经济模式研究、跨境能源利用与创新合作模式研究、边民互市贸易创新模式等专项研究。

三是开展制度创新集成总结。对国务院及商务部在全国自贸试验区复制推广的260项自贸试验区改革创新成果在黑河自贸区落地情况进行跟踪评估，对在各县区（园区）复制推广情况进行跟踪性评价。对黑河自贸片区在推进改革探索过程中形成的制度创新成果进行首创性、实施有效性、系统性、集成性、复制推广可行性等多维度的分析评估，梳理汇总沿边、跨境等特色领域的系统性、集成性制度创新成果，推动形成全国、全省首创性案例。

二、主要成效

参与编制黑河自贸片区"十四五"规划、黑河自贸片区挂牌一周年评估报告；呈报《决策参考》、重要文稿10余份；开展营商环境专题调研、大黑河岛发展规划论证、黑河自贸片区重要政策咨询会议等活动10余次；逐步将广东自贸试验区改革创新成果导入黑河自贸片区，形成创新驱动高质量发展的成效。

第十章　建设智慧养老平台
提升社会管理水平

佛山市发展和改革局

2019 年初，为加强两市社会管理经验交流共享，佛山市将南海区信息化智慧养老综合服务管理平台无偿提供给双鸭山市使用。根据双鸭山实际，佛山市南海区支持双鸭山市789 万元，对平台进行二次开发、运营及人员培训，该项目列入两市重点合作项目并得到有效推进。

一、主要做法

一是注重平台架构设计，强化养老服务功能。根据双鸭山实际，经两市发展改革、民政、南海区等相关部门多次对接协商，确定了"一个平台，三层体系，五类服务，两翼驱动"的业务布局总体思路。一个平台即基于互联网蕴含先进技术和管理运营体系，涵盖政府部门智慧管理、机构信息化及社会化养老运营的智慧养老综合服务平台。三层体系即机构、社区和居家养老三层养老服务体系和区、街道、社区三层管理体系。五类服务是指提供政府部门智慧大脑管理体系建设及运营，机构信息化开发、实施及运营，社区居家养老服务平台建设及运营，专业居家护理服务，慈善基金管理及运营五位一体业务。两翼驱动是指人才驱动、资本驱动。

二是着力推进项目建设，不断提升社会管理水平。从业务模式上实现从机构养老到社区养老到居家养老的三级业务模式，从管理上搭建从市级到区县级到街道居委到村的四级管理体系，形成立体化养老业务平台，实现政府监管、机构标准化运营、社区居家市场化的养老新局面。帮助双鸭山四县四区养老机构基础数据初始化，建立双鸭山居家养老呼叫中心，建立居家养老运营商体系；指导养老服务机构负责具体的服务产品开发、线下推广及服务。

三是强化后续服务工作，保障平台高效运行。佛山市及南海区积极协调项目承建公司与双鸭山签订补充协议，后续南海区智慧养老综合服务管理平台迭代开发后，部分功能将会反哺双鸭山平台，售后免费服务期内，该公司将协助双鸭山市完善业务体系搭建、平台基础功能。

二、主要成效

该项目建设从 2019 年初开始至 2020 年 10 月完成验收，累计完成养老平台使用培训共 114 人，完成居家和社区养老服务中心运营、社会组织孵化和养老行业协会建设性报告 3 份（含 11 项指导意见），完成社工及养老护理员培训共 42 课时（50 人/课时）。帮助双鸭山 29 万多老人提供了安全监护、健康管理、紧急救助、生活照料、休闲娱乐、亲情关爱等综合养老服务，促进了社会管理水平提升。

第十一章 探索"跨省通办"
优化政务环境

江门市发展和改革局

为解决两地企业和群众异地办事"多地跑""折返跑"等堵点难点问题，江门市与七台河市通过"云上签"方式签订了政务服务"跨省通办"合作协议，积极开展政务服务"跨省通办"改革探索和创新实践，不断拓展通办领域。

一、主要做法

一是梳理"跨省通办"事项清单和完善办事指南。按照"先易后难、高频优先""急用先行、分类推进"的原则，分批梳理高频使用、操作性强的"跨省通办"事项清单，规范申请表单、办理材料、审查要点、审批流程、办理时间等标准化要素，确保企业、群众按标准备，异地通办窗口照单收件，通过广东政务服务网、黑龙江政务服务网"跨省通办"专区以及政务服务大厅"跨省通办"专窗多渠道对外公布，确保每个事项在线办事指南、在线办理网址都可查、可用。

二是开设"跨省通办"专窗服务。在双方县级以上政务服务大厅开设"跨省通办"服务专窗，并配置工作人员开展异地收件工作。编制规范的业务手册，做好窗口人员业务培训。窗口人员严格按照对口城市提供的材料收取标准开展收件工作，并通过 EMS 或业务申办审批系统将申请材料流转至对方的"跨省通办"专窗。

三是完善"跨省通办"系统支撑。围绕跨区域、跨层级、跨部门审批服务目标，按照一窗受理、在线核验、远程办理、即时协同、全程管控要求，基于双方政务服务一体化平台和统一身份认证平台，探索建设"跨省通办"业务中台，接入"跨省通办"事项相关的业务受理审批系统，实现系统前端收件、相关业务系统联动办理、窗口收件登记、办件进度查询、物料流转监控、关键过程数据、结果数据协同共享、办事效能统一监督等功能。

四是党建与业务"双促双融"。江门市政务服务数据管理局机关党委与七台河市营商环境建设监督局机关党委签订党建联建协议，为两地"跨省通办"工作注入"红色基因"，掀开以"党建合作促业务合作"的新篇章。双方以"推动党的建设，提升党建水平，加强服务质量，共创和谐发展关系"为目标，开展携手共建，力争使双方基层党组织实现党建与业务"双促进、双融合"。

二、主要成效

首批"跨省通办"事项已上线。截至 2020 年底，通过在政务服务网开辟"跨省通办"服务专栏的线上"全流程网办"、在行政服务大厅开设"跨省通办"专窗的线下"收受分离、异地可办"的方式，实现了个体工商户登记、劳动用工备案、专业技术人员职业资格证书查询核验等第一批江门 114 项、七台河 42 项高频事项"跨省通办"，涉及市场监管、人社、司法、发改、卫健、社保、生态环境、医保等多个部门，为企业和群众提供了优质、便捷、高效的跨省政务服务。首创区级政务服务"跨省通办"。在市级事项"跨省通办"的基础上，江门市新会区政务服务数据管理局与七台河市勃利县营商环境建设监督局签订政务服务"跨省通办"合作协议，推动江门市区级政务服务"跨省通办"。

第十二章　贯通产学研用
致力科技成果转化

中山市发展和改革局

哈工大机器人集团（HRG）中山双创基地背靠粤港澳大湾区经济发展前沿优势，将HRG "科创产教" 共同体模式进行延伸式复制，推动 "创新＋创业＋产业" 联动发展，营造良好创新创业生态，深化科创产教合作成效突出，已成为粤黑两省对口合作的重大标志性项目。

一、主要做法

一是通过创新研究平台保障科技成果、人才、技术和创业项目来源。HRG 中山基地背靠哈尔滨工业大学的机器人技术与系统国家重点实验室、国家机器人检测与评定中心，其中，机器人技术与系统国家重点实验室面向国家重大工程、国家重大科技计划、国家安全和国防建设需求，确立多个稳定而有特色、处于国内领先地位的研究方向；国家机器人检测与评定中心主要从事机器人与先进智能装备质量体系建设、机器人检测与评价、机器人自动化集成系统技术开发、机器人培训等业务。HRG 中山基地同时还对接中山国资委下属企业参股的国家机器人创新中心，协同中山市政府打造哈工大机器人（中山）无人装备与人工智能研究院，形成协同创新、合作研发的良好生态系统。

二是通过创业服务平台为创业项目导入人才、技术、资金、营销、供应链、品牌、场地等各方面资源，打通科技成果从科研机构到市场的产业化道路。在人才方面，集团拥有企业家学院——繁星学院；在资金方面，集团创建生态运营事业部，有效整合产业与金融资源，各基地筹划组建基金扶持项目发展；在场地方面，集团建立基地建设部，在全球建设多个产业基地，为创业企业提供生产经营所需的载体空间。

三是通过产业平台实现成熟创业项目提速增长。HRG 中山基地通过产业平台，围绕机器人产业图谱，进行机器行业及其上下游方向的产业公司孵化及招商，营造产业集聚效应，带动地方经济转型升级。产业平台内保持良性的竞争、合作及上下游供应以及淘汰机制，促进创业项目加快发展。

二、主要成效

哈工大机器人（中山）有限公司作为 HRG 中山基地的总体运营单位和广东省与黑龙江省对口合作的先行单位，一直致力于对口合作的产业园区建设及科技成果转化工作。2017 年以来 HRG 中山基地共引进新技术、新材料类对口合作项目企业 9 家，涉及智能装备、无人机、医疗器械、焊接、3D 打印等多个领域，其中已认定高新技术企业 4 家、规模以上企业 5 家，总投资约 6.4 亿元。对口合作项目稳步发展持续投入，正在对接及储备项目达 50 余项。

第十三章　依托互联网平台　众家联助力家具行业转型升级

东莞市发展和改革局

　　众家联公司由华颂、华辉等16家东莞知名头部家具制造企业联合发起成立，是目前国内领先的家具产业供应链服务平台。众家联与绥芬河市政府共同建设众家联绥芬河俄罗斯木材集采中心，依托互联网平台助力家具行业转型升级，已成为两地产业合作项目的标杆。

一、主要做法

　　一是依托工业互联网平台对产业上下游的物料供应链、仓储、物流等数据进行采集和分析，以"互联网＋金融资本"两轮驱动，推动家具行业供给侧结构性改革，实现互联网、大数据、人工智能和家具实体经济深度融合，从而实现提升生产效率、降低企业成本、推动家具行业转型升级的产业链整合服务。

　　二是针对传统家具行业存在行业分散、企业规模小、供应商作坊式管理问题，采取了"链接、优化、改变"三步走的策略，借助SRM系统、工业物联网系统、工业app、移动端app及SaaS云服务，高效推进了家具企业信息化和企业供应链管理。

　　三是通过产业合伙人机制快速聚集头部家具企业，链接上下游企业的信息流、物流、资金流、商流，实现供应链数据化、价值化、资本化的有效应用和实践。

二、主要成效

在两地政府、企业的大力协调配合下，众家联绥芬河木材集采中心各项工作加速推进并取得积极进展。2019 年 1 月众家联绥芬河集采中心揭牌成立，6 月启动首批木材集中采购，当年完成木材集采量超过 16 万立方米，降低家具企业综合采购成本 12.83%，提升绥芬河木材加工企业交易和生产效率 40%。截至 2020 年底，平台已汇聚 800 多家家具厂商、8000 多家家具原材料供应商，累计订单量达 150 万余笔，交易金额达 180 多亿元。同时，众家联获得华夏银行、工商银行、浙商银行联合授信 50 亿元，联合多家银行及金融机构，推出普惠金融，打造票据宝、E 家宝、繁星计划等多个新型金融产品和服务，并纳入国家工信部工业电子商务典型案例。

第十四章 推广"公司＋农户"模式
温氏助力北安振兴发展

黑河市经济合作促进局

重大项目建设带动成为对口合作的有力支撑，北安温氏畜牧养殖项目就是两省对口合作项目建设热潮中的一个缩影。通过广泛动员养殖户加入温氏集团"公司＋农户"合作体系，企业的发展势头越来越好，北安的振兴发展之路越走越宽。

一、主要做法

一是超前谋划建园区。以打造省级重点经济开发区为目标，北安市将原有产业园区规划整合为"一区三园"，"一区"即北安经济开发区，"三园"即工业园、黑河（北安）健康产业园和农产品物流园。编制完成园区总体规划、控详规划，产业发展、基础设施等专项规划，推动园区实现专业化、规范化发展。在规划先行、筑巢引凤理念的引领下，园区软硬件标准持续提高，为招大商、引名企、壮产业奠定了坚实的基础，这也成为了吸引温氏集团最终落户北安的关键性条件。

二是顺势而为谋产业。北安市立足区位优势和资源禀赋，将农副产品精深加工、商贸物流确定为主导产业、主攻方向，立足国家产业政策和黑龙江省重点发展绿色食品产业政策导向，强化机遇意识，谋划储备了一批优质产业项目。受黑龙江省政府邀请，温氏集团两次考察黑龙江市场，北安市紧紧抓住了这一机遇，市委书记全程陪同考察选址、参观环境、答疑解惑。通过真诚的接待、有效的沟通、雄厚的基础、优越的条件赢得了携手发展的难得机遇。

三是真诚服务解难题。项目落地后，北安市第一时间成立了项目推进专班，指定专人开展项目服务。为加快推进项目建设，多次召开项目协调会，解决公司发展的实际问题。猪场建设需要大块的设施农用地，原有设施农用地大都在乡镇和村屯周边，因养殖行业的特殊性，不能离城镇和村屯太近，土地寻找特别困难。市政府对此高度重视，会同各乡镇、自然资源等部门认真研究、积极争取，推动解决项目用地难题。具体项目选址过程中，乡镇干部冒着严寒，同北安温氏开发人员现场看地、测量，顺利完成养殖场用地的租赁工作，为北安温氏后期发展打下坚实基础。为推进北安温氏项目快速动工建设，国土、环保、畜牧联合办公，仅用时4个月，完成前进猪场开工前所有证件办理工作。了解到前进猪场项目由于一段土路导致物料进场困难，第一时间组织施工队连夜赶工，一周的时间土路变成水泥路，保障了物料的正常进场。

四是深度融合促发展。项目建成初期，正值脱贫攻坚关键时期，为更好扶持温氏养猪项目发展，充分发挥带动效应，北安市委市政府在企业和农户间架起了连心桥梁。广泛动员养殖户加入温氏集团"公司+农户"合作体系，形成统一供种、统一防疫、统一进苗、统一用料、统一销售的经营模式，既协助企业解决了农户的资金短缺、技术缺乏以及市场风险等问题，也充分保障了企业的群众基础、生产基础和发展环境。

五是绘就蓝图创未来。在北安市"十四五"规划中，充分考虑了畜产品加工产业发展。谋划围绕温氏集团生猪养殖发展生猪屠宰、肉制品加工产业链，依托现有的肉制品加工企业，引进大型冷鲜肉加工企业。在统一规划引领下，市政府同北安温氏多次沟通谋划未来企业发展路径，推动企业发展梦想在全市的发展蓝图中一步一步变为现实。力争将先进的生产管理、环保模式、防疫模式，通过物联网、家庭农场一卡通、种猪电子信息化、管理信息平台及物联网云平台应用于日常管理、监控，应用先进环保处理理念，带领周边畜牧行业实现产业化升级。

二、主要成效

大部分温氏养猪项目合作养殖户平均单头肉猪利润在300元左右。北安温氏带动养殖户盈利的同时直接解决275人就业，原材料的采购、肉猪的销售等环节间接解决100人左右的就业问题。同时，积极协调信用社，组织对贫困户开展"户贷社用"，让企业发展和乡村振兴发展、群众丰产增收深度融合，共带动801户建档立卡贫困户，每年户均增收2700元。预计到2025年可实现年上市肉猪50万头，年产值10亿元，安置就业1000人，带动农户年增收4000万元，年消耗玉米约35万吨、豆粕8.5万吨。

第十五章　创新业态　"广电益家"
惠及万家

黑龙江省广播电视局

龙江网络是黑龙江省最大的有线电视运营商，以数字电视为载体，用先进的技术、丰富的业务、优质的服务为百姓缔造精彩的数字生活。近年来，龙江广电网络与深圳市华阳悦客公司合作，结合广电体系打造"广电益家"新零售平台，以腾讯生态数字化运营系统为基础，实现线上线下融合的分享式闭环运营体系，携手建立以服务驱动购物、以消费增加权益的新业态模式，既实现互惠互利，也惠及众多消费者和广大农户。

一、主要做法

一是借助新媒体手段助力防疫抗疫。通过龙江广电网络和深圳市华阳悦客公司的多重推动，"广电益家"平台于 2019 年 12 月 3 日上线，上线初期旨在聚合省内优质企业、商家和服务机构等，为黑龙江广播电视听众观众、有线电视用户，以及为未来的融媒用户提供便宜、便利、优质、优惠的服务。面对平台推广发力期与疫情防控强化期不期而遇的重大考验，龙江广电网络参考广东省同行业做法，主动作为、积极应对，在助力疫情防控战"疫"大局中不断增强平台的影响力和用户认知度。第一时间在广电益家平台开通"众志成城、抗击疫情"宣传专区，借助 H5 微推、公众号、企业微信、微信朋友圈等新媒体手段，对实时疫情、防疫常识、政策公告等进行每日实时更新，共设计平台及微推海报 131 幅、疫情防控海报 187 幅、微信长图 44 幅，制作 H5 微推 4 个。积极联合黑龙江省物业协会、省广播电视台举办"平安守望者，点赞逆行人——战'疫'物业最暖瞬间评选活动"，宣传防疫抗疫正能量。针对疫情期间防护用品短缺及用户不便采购的情况，全力加强商品开发力度，积极调动各方资源，对接广东省各类防疫商品的供应商和获得广东省援助生产设备的黑龙江本地生产商，及时上线增强免疫力专区和防护专区，助力省内防疫物资合理分销调配。

二是借助新媒体手段助力脱贫增收。受新冠肺炎疫情影响，很多地方的农产品生产销售受到冲击，影响了农户收入。广电益家平台充分履行服务属性职责，与全省各地农村专业合作社深入合作，将广东省消费群体与"小康龙江"综合性扶贫电子商务平台相链接，充分发挥平台在助力脱贫攻坚和黑龙江优质产品推广中的作用。龙江网络及时开展覆盖全省的广电益家助农行活动，14家分子公司积极对接当地政府、农业合作社，深入了解当地农产品销售情况，整合当地农业优势资源，全省实现新增近30家农业供应商入驻平台，商品涵盖地标米面油、当地土特产、文化产品等，丰富益家商城农副产品品类，扩大助农产品销路。龙江网络利用对口合作优势，积极对接省内农产品资源和广东省消费市场，以"新媒体＋助农扶贫"的直播带货模式，全力打造爆款产品，充分利用自身媒体优势，大屏小屏相互宣传导流，员工顾问齐上阵，在吸引粉丝和促进销售方面助力每场助农行直播活动。

二、主要成效

广电益家在新冠肺炎疫情期间的表现得到了认可，获得哈尔滨市电商平台企业防疫保供稳企稳岗资金补助。积极对接各大生鲜市场、大型商超企业，陆续上架了353种商品，项目生鲜专区，优选蔬菜类生鲜产品，联合998交通广播，参与"998安心送"活动，采用无接触配送，保证用户在无须出行的同时也能安全收取货物，极大解决了用户在疫情防控期间不便采购的困难，赢得了用户的赞誉和认可。着眼综合服务平台的功能定位，学习广东省同类功能平台应对疫情做法，积极对接有线电视"空中课堂"专区，通过线上直播加强宣传引导，开辟线上缴费渠道网上办理业务，保证用户足不出户享服务，平安居家度疫期。全面对接有线电视"空中门诊"专区，使用户通过"广电益家"平台在家就能解决就医需求，在手机端实现"空中门诊"业务功能，上线以来每天点击近千次，共计为近万人提供服务，减少医疗聚集感染风险，缓解省内疫情防控医疗资源紧张的局面。

广电益家借助新媒体营销手段,为农户与消费者搭建了桥梁,为精准脱贫赋能,助推农产品销量,助力农民脱贫增收,共成功举办八场专场直播,每场时长约两小时,人气峰值21.6万;累计直播期间销量达482.29万元,单场直播销量峰值为205万元;累计销售商品11.29万件,单场直播销售峰值为6.17万件。

第五部分　资料篇

广东省情概况（2020）

广东，简称"粤"，省会广州。地处亚热带，气候温暖，雨量充沛。面积 17.97 万平方公里，约占全国陆地面积的 1.85%，大陆海岸线长 4114.3 公里，约占全国海岸线总长的 1/5，管辖海域面积 6.47 万平方公里。海岛 1963 个（含东沙岛）。内陆江河主要有珠江、韩江、漠阳江和鉴江等。设广州、深圳 2 个副省级市，19 个地级市，122 个县（市、区）。

历史源远流长。10 多万年前已有"曲江马坝人"生息繁衍。秦代，设南海郡；汉代，番禺是全国著名都会；唐代，广州开设"市舶司"，成为著名对外贸易港口；清代，佛山成为全国手工业中心和四大名镇之一。广东既是我国现代工业和民族工业的发源地之一，也是我国近代和现代许多重大事件的发生地和策源地。如鸦片战争、太平天国运动、辛亥革命、国共两党第一次合作、北伐战争、广州起义等，是杰出历史人物康有为、梁启超、孙中山、廖仲恺和中国共产党著名革命家彭湃、叶挺、叶剑英等人的故乡。

岭南文化独特。2020 年末常住人口为 1.26 亿人，分属 56 个民族，汉族人口最多、占 98%，少数民族主要有壮族、瑶族、畲（shē）族、回族、满族等。汉语方言主要有 3 种：粤方言（广府话）、客方言（客家话）和闽方言（潮州话）。地方曲艺有广东音乐（代表作品《步步高》《赛龙夺锦》《平湖秋月》《雨打芭蕉》）、粤剧、潮剧、汉剧、雷剧、山歌剧等。海外侨胞和归侨侨眷众多，有 3000 多万海外侨胞，占全国一半以上，分布世界 160 多个国家和地区；省内有 10.2 万归侨、3000 多万侨眷，杰出代表有司徒美堂、冯如、钟南山等。

名胜古迹众多。有广州白云山、肇庆鼎湖山和七星岩、惠州西湖和罗浮山、韶关丹霞山、南海西樵山、清远飞霞山、阳江海陵岛、汕头南澳岛、湛江湖光岩等著名自然景观，最高的山是清远阳山县石坑崆（广东第一峰，海拔 1902 米）。有中共三大会址、中山纪念堂、黄埔军校旧址、西汉南越王墓、陈家祠、林则徐销烟池与虎门炮台旧址、韶关南华寺和梅关古道等历史人文景观。开平碉楼与村落被列入世界文化遗产，丹霞山被列入世界自然遗产。历史文化名城 8 个，5A 级景区 12 个。

交通四通八达。2020 年末公路通车总里程 22.2 万公里，其中高速公路里程 10488 公里，居全国第一，实现县县通高速。2020 年港口货物吞吐量 20.2 亿吨，亿吨大港 5 个（广州港、深圳港、湛江港、珠海港、东莞港），其中，广州港集装箱吞吐量 2350.53 万标准箱，深圳港集装箱吞吐量 1294.50 万标准箱。民用机场 8 个（广州、深圳、珠海、揭阳、湛江、梅州、佛山、惠州），其中，广州白云国际机场旅客吞吐量 4376.81 万人次，深圳宝安国际机场旅客吞吐量 3791.60 万人次。

经济实力雄厚。经济总量连续 32 年居全国首位。2020 年受新冠肺炎疫情冲击，部分经济指标增速有所回落，实现地区生产总值 11.08 万亿元，增长 2.3%；规模以上工业增加值增长 1.5%；固定资产投资增长 7.2%；社会消费品零售总额 4.02 万亿元，下降 6.4%；进出口 7.08 万亿元，下降 0.9%；地方一般公共预算收入 1.29 万亿元，增长 2.1%；居民人均可支配收入 4.10 万元，增长 5.2%。

黑龙江省情概况（2020）

　　黑龙江省土地面积45.3万平方公里，约占全国陆地领土面积的4.8%，占东北三省的57.6%，居全国第六位。省内居住着汉、满、达斡尔、鄂伦春等54个民族，2020年末常住人口3185.01万。设有12个地级市和1个地区行政公署，63个县（市）。

　　历史文化。大约四五万年前就有古人类在黑龙江地区生息，先后有肃慎、东胡、秽貊、挹娄等先民在此定居，夫余、渤海等古代地方政权和大金国在此建立。新中国成立后，曾设立黑龙江和松江两省，1954年合并为黑龙江省。不同民族的文化差异，如古老的渤海文化、金源文化、满族文化，加之清末以后的流人文化与关内移民带来的习俗，融汇形成了丰厚的历史文化资源和独特的边疆民俗风情，孕育了"东北抗联精神""闯关东精神""北大荒精神""大庆精神"和"铁人精神"，成为推动全省经济社会发展的精神财富和动力源泉。

　　自然资源。林地面积、森林总蓄积均居全国首位，森林覆盖率达46.7%。已探明矿产资源132种，保有储量居全国前10位的有55种，除石油、天然气、煤炭等战略性资源储量位居全国前列外，石墨、长石、铸石玄武岩、火山灰等9种矿产储量居全国首位。大庆油田累计生产原油24.1亿吨，约占全国同期陆地原油产量的40%以上。草原面积达433万公顷，居全国第7位。湿地面积约556.2万公顷，占全国的15%。年平均水资源量810亿立方米，有黑龙江、乌苏里江、松花江和绥芬河四大水系，大小江河1918条，兴凯湖、镜泊湖等大小湖泊640个。

　　农业生产。有耕地面积2.39亿亩，占全国耕地面积的8.5%，是全国唯一的现代农业综合配套改革试验区，是绿色有机食品生产基地和无公害农产品生产大省，绿色食品认证个数1400个，绿色食品种植面积达7400万亩，绿色食品认证数量和产量均居全国第一位。畜产品安全水平全国领先，婴幼儿奶粉产量及质量全国第一。

　　工业基础。"一五"时期国家布局156个重点工业项目，黑龙江省有22个，形成了以"一重""两大机床""三大动力""十大军工"等大型骨干企业为支撑的工业体系，工业生产跨 38 个大类、172 个中类、363 个小类的 404 种工业产品、上万个规格品种。新中国成立以来，累计提供了占全国 2/5 的原油、1/3 的木材、1/3 的电站成套设备、1/2 的铁路货车、1/10 的煤炭和大量的重型装备与国防装备。装备、石化、能源、食品四大主导产业占规模以上工业的 88.2%。良好的工业基础为利用现有经济存量数量扩张、技术升级、合资合作和引入发展要素上项目，推动区域经济发展，提供了重要前提条件。

科技教育。科技综合实力在全国列第 12 位。有哈兽研、703 所等 778 个科研院所，哈工大、哈工程等 80 所高等院校和 4 个国家级大学科技园。有专业技术人员 116.2 万人、两院院士 41 位。机器人、载人航天、新材料等科研能力居全国乃至世界领先水平。较强的科技实力和较多的技术成果，为全省促进高新技术成果产业化上项目提供了内生动力。

开放区位。与俄罗斯有 2981 公里边境线，有 25 个国家一类口岸，其中对俄边境口岸 15 个，年过货能力 2900 万吨，对俄贸易占全国的近 1/4，对俄投资占全国的 1/3。对俄合作拓展到资源、能源、旅游、科技、文化、教育、金融等领域。

2020 年全省地区生产总值 13698.5 亿元，增长 1.0%；一般公共预算收入 1152.5 亿元，下降 8.7%；社会消费品零售总额下降 9.1%；进出口总额为 1537.0 亿元，下降 17.7%；城乡居民人均可支配收入分别为 31115 元和 16168 元，增长 0.5% 和 7.9%。

广东省与黑龙江省对口合作工作大事记

2020 年

省级领导互访交流

3 月 2 日，广东省省长马兴瑞主持召开省对口合作工作领导小组第三次会议，总结广东省与黑龙江省对口合作 2019 年工作并部署 2020 年工作。

8 月 6 日，黑龙江省副省长沈莹带队赴深圳，与深圳证券交易所理事长王建军就深化和丰富双方合作进行深入务实交流。

9 月 12 日，黑龙江省委书记张庆伟会见广东省委常委、常务副省长林克庆带领的考察团，双方就加强两省对口合作进行交流。

10 月 13～15 日，黑龙江省委常委、哈尔滨市委书记王兆力赴深圳参加深圳经济特区建立 40 周年庆祝活动并考察企业。

11 月 2 日，黑龙江省政协主席黄建盛率全国政协委员考察团赴广东考察指导，广东省政协主席王荣会见并召开座谈会。

11 月 12 日，哈尔滨市委副书记、市长孙喆率市政府代表团赴深圳市参加深哈对口合作第五次联席会议，就进一步推动两市对口合作深入发展进行沟通交流，并在广州、深圳、珠海等地开展系列招商考察调研活动。

2020 年 1 月

1 月，黑龙江省农业投资集团与广东省储备粮管理总公司签订《广东省省级储备粮

（黑龙江）异地储备稻谷合作协议》，建立两省企业粮食产销对接关系。

1月4日，由惠州市东北经济促进会主办的首届东北、大湾区企业家峰会暨惠州市东北经济促进会十周年庆典在惠州举行。活动以"搭建平台解决供需，提升东北营商环境，促进南北经济繁荣"为主题，邀请两地政府、标杆企业、商协会组织近500名嘉宾，通过高峰论坛、项目推介、面对面交流的形式促进东北与大湾区经贸投资合作。

1月7～8日，鸡西市民政局应肇庆市民政局之邀，赴肇庆开展交流，并实地考察肇庆市社会福利院、肇庆市救助站、端州区信安社区。双方就落实《黑龙江省与广东省对口合作实施方案》要求，推进"互动式"养老，引导社会组织、养老机构积极参与养老市场服务等事项进行了深入探讨，提出了初步合作意向。

1月11日，鸡西市政府代表团应肇庆市政府邀请，参加由广东省文化和旅游厅、肇庆市政府共同举办的"2020请到广东过大年·粤游粤精彩"活动。两市文旅部门就2020年合作计划进行了协商并达成初步共识。

1月12日，"鹤舞雪原、冰韵鹤城"齐齐哈尔文化旅游展览会在广州举行，展览会上推出9条齐齐哈尔市冬季精品旅游线路。

1月12～15日，珠海市发展和改革局赴黑河调研储备粮异地代储工作情况。

1月17～18日，黑河市政府副市长彭海涛带队赴珠海考察重点企业，衔接两市产业合作建设情况，并邀请珠海银隆新能源有限公司参加黑河市和中国汽车工业协会共同举办的试车巡展拉力赛和寒地试车。

2020年2月

2月，在防疫物资紧缺情况下，为协助大庆市做好疫情防控工作，惠州市向大庆市紧急援助医用防护服100套、隔离衣100件、口罩10000只，缓解大庆市防疫物资紧缺之急。

2月8日，江门市委、市政府赠送七台河市一次性医用口罩10000只、N95口罩2000只，同时为七台河市提供医疗物资采购渠道信息，为物资生产企业提供技术支持并交流疫情防控、诊治等方面经验。3月5日，再次向七台河市相关部门捐赠一次性口罩5000只。

2月14日，粤黑两地合作的首期稻稻薯迎来大丰收，稻稻薯项目建设单位负责人首次通过网络直播形式，宣传推介稻稻薯项目背景和种植基地、种植技术，现场展示了马铃薯及五色香米等产品，1小时内共5661名采购商进入会议室，在线文字互动200多人次。

2月15日，齐齐哈尔市克山县与广东云鹰农业集团有限公司双方代表在"上上签"电子签约云平台合成的《云鹰马铃薯全产业链项目合同书》（盖章文本）上成功签约。依托克山马铃薯产业基础及现代农业优势，一期计划投资30亿元，建设21万吨级全新进口全粉生产线、30 万吨级储能的智能气调库及附属配套设施，打造种薯繁育基地 2 万亩、原料基地 20 万亩，建设加工能力 50 万吨级的马铃薯全粉加工厂。

2 月 20 日，为支援武汉抗击新冠肺炎疫情，在遂溪县城月镇石塘村粤黑合作"稻稻薯"项目基地，原计划于 3 月上旬采摘的马铃薯提前抢收发车运往武汉，定点捐赠给方舱医院等多家单位，保障重点疫情地区果蔬供应，广东省农业农村厅总农艺师郑宏宣视频连线发车仪式现场表示感谢与祝福。

2 月 21 日，第 27 届广州国际旅游展览会和广州市旅行社年会在广州召开，黑龙江省相关领导及企业负责人参会。

2020 年 3 月

3 月，哈工大机器人集团中山双创基地协同中山慧能科技有限公司为中山两家口罩供应商免费提供技术支持，为企业解决设备不稳定问题，提高口罩产能。哈工大中山公司与中山慧能、中山华粹公司共同投入到 KN95 全自动口罩生产设备的研发生产中，首台自主研发设备调试成功仅用时 25 天，并交予客户单位生产。

3 月 23 日，中国黑河—俄罗斯布拉戈维申斯克跨黑龙江（阿穆尔河）索道中方免税店项目通过黑河市政府审批并上报至黑龙江省财政厅。9 月 2 日，俄方免税店项目获批。

2020 年 4 月

4 月，中山市印发《关于落实〈黑龙江省与广东省对口合作 2020 年重点工作计划〉的实施方案》。

4 月，中山市粮食和物资储备局与黑龙江省同江市发展和改革局签订《粮食稳定产销战略合作框架协议》。

4 月 8 日，广东省对口合作工作领导小组办公室与黑龙江省对口合作工作领导小组办公室联合印发《黑龙江省与广东省对口合作 2020 年重点工作计划》。

4 月 10 日，双鸭山市集贤县与佛山迎鑫五金机电有限公司进行对接推介并签约口罩加工及消毒液项目。

2020 年 5 月

5 月，《大庆市与惠州市对口合作 2020 年重点工作计划》印发实施。

5 月，哈工大研究院分别与中山市古镇镇人民政府及中山市产学研促进会、广东百佳百特实业有限公司签订战略合作协议，合作将深度推动灯饰产业链、创新链融合与发展。

5月15日，肇庆市高新技术产业开发区与鸡西经济开发区共同举办2020年网络招商推介会。推介会主会场设在鸡西经开区，分会场设在肇庆高新区。推介会采用线上会议、视频互动的方式，120余名国内客商和肇庆分会场20余名企业家代表参会。

5月18日，为迎接第44个国际博物馆日，由广州市文化广电旅游局、齐齐哈尔市文化广电和旅游局主办，广州博物馆、齐齐哈尔市博物馆承办的"广州历史图片展"在齐齐哈尔市博物馆正式开幕，展览通过百余幅图文版面，重点揭示了广州作为"岭南文化中心地""海上丝绸之路发祥地""近代民主革命策源地"的独特城市魅力，受到当地文博同行和市民、媒体的关注。

5月28日，《广州市与齐齐哈尔市对口合作2020年重点工作计划》印发实施。

5月30日，顺德职业技术学院组织"推进三教改革共促协同发展"的骨干教师高级研修班，黑龙江职业学院选派30名骨干教师参加培训。

2020年6月

6月，黑龙江省交通投资集团与华为技术有限公司联合成立"龙江交投与华为联合创新中心"，在智慧园区、数字物流、智慧高速、车路协同、行业数字化转型等方面开展广泛合作。

6月，大庆市组织创业服务中心、软件园管理办公室等4家国家级孵化器及星空众创等3家众创空间共12人赴惠州参加广东省创业孵化从业人员培训班，并与惠州市孵化器协会签署《大庆市孵化联盟与惠州市孵化器协会2020年合作框架协议》。

6月，哈工大研究院与广东光阳电器有限公司签订战略合作协议，推动灯饰产业智能化发展，在"智动＋照明"相关产品快速应用方面开展深入合作。

6月8日，"深化国企改革、助力龙江振兴"央地合作视频会议在哈尔滨举办，在国务院国资委、黑龙江省委省政府主要领导见证下，黑龙江省旅游投资集团与华侨城集团全资子公司深圳华侨城资本投资管理有限公司签署合作协议，共同搭建黑龙江省文旅产业发展投资基金（有限合伙）。

6月10日，茂名市与伊春市共同印发《黑龙江省伊春市与广东省茂名市对口合作2020年重点工作计划》（茂发改贸〔2020〕752号）。

6月11～13日，由大庆市科学技术局组织，大庆中科创业科技有限公司选派人员赴惠州参加第三十二期广东省创业孵化从业人员培训班学习。

6月19日，肇庆市与鸡西市联合印发《黑龙江省鸡西市与广东省肇庆市2020年重点工作任务》（鸡发改振兴〔2020〕3号），明确重点合作事项，落实合作举措，推动对口合作取得实效。

6月24日，广州番禺职业技术学院国家"万人计划"教学名师阚雅玲教授为黑龙江建筑职业技术学院102名教师进行课程思政专项培训。

6月30日，由江门市和七台河市共同建设的江河融合绿色智造产业园区经黑龙江省人民政府正式批复，晋级为省级开发区，定名黑龙江江河经济开发区。截至6月底，开发区入驻17家企业，其中规模以上企业8家，成为七台河市转型高质量发展的"主力军"。

2020年7月

7月2日，经过揭阳和大兴安岭双方不懈努力，揭阳—哈尔滨—漠河航线正式复航。

7月7日，广州市从化区与双鸭山市饶河县通过一亩田、新华社现场云、广东广播电视台触电新闻开展县域结对直播活动。

7月8~12日，齐齐哈尔市科技局组织中国第一重型机械股份公司、建龙北满特殊钢有限责任公司、中车齐齐哈尔车辆有限公司、齐齐哈尔德达铸造有限公司等单位组成齐齐哈尔科技交流团，赴广州与粤港澳大湾区金属新材料产业联盟开展交流合作。交流活动中，签订1项合作协议，形成3项合作意向。

7月16~17日，七台河市委常委、副市长安虎贲率团赴江门市考察，重点考察鹤山工业新城和江门市国家高新区，推进鹤山工业新城模式在江河园区落地，就两地创新园区建设、管理和招商新方式进行深入探讨。

7月17日，揭阳市惠来县和双鸭山市宝清县开展县域结对直播，一亩田、新华社现场云、广东广播电视台触电新闻等直播平台进行全程直播。

7月20日，鸡西市唯大新材料科技有限公司到访肇庆市广东风华高新科技股份有限公司，双方就开展石墨烯产业合作事项进行了对接。

7月22日，由广东轻工职业技术学院牵头发起主办、毕节工业职业技术学院承办、来自全国11所职业院校共同发起组建的"职业院校对口支援协同发展联盟"成立大会在贵州省毕节市召开。大兴安岭职业学院作为联盟成员单位参加会议，并与毕节工业职业技术学院签订"林业专业建设"合作备忘录。

2020年8月

8月，黑龙江省产权交易集团赴横琴国际知识产权交易中心调研，学习广东企业在知识产权运营创新、"三项制度"改革及党建工作方面的成功经验。

8月，粤海水务派出董事长、总经理、副总经理及财务总监4名高管入驻哈尔滨工业大学水资源国家工程研究中心有限公司（简称"国家水中心"），全面主持国家水中心相关工作，助力国家级科研平台实现新突破、新发展。

8月，由黑龙江省文化和旅游厅、鸡西市、佳木斯市、双鸭山市联合主办，广东省对口合作城市肇庆市、中山市、佛山市摄影家参与的2019年黑龙江东部湿地旅游联盟城市首届湿地冰雪摄影大赛获奖作品展在鸡西市举行，两省多地市参展作品1000余幅，两地文化交流进一步加深。

8月1日，《黑龙江省广东省对口合作工作报告（2019）》由经济管理出版社出版。

8月5~7日，两省人社厅组织开展人社部高层次人才专家助力脱贫攻坚服务行活动，邀请广州大学朱竑教授、广州中医药大学附属第一医院刘凤斌教授赴大兴安岭漠河市，针对当地旅游资源开发、医疗服务开展国家级专家服务基层活动。

8月6日，为进一步加深肇庆市与鸡西市的粮食产销合作，推广鸡西市优质粮食品种，肇庆市高要区裕丰粮食储备有限公司与黑龙江省鸡西市城子河区龙玺丰安家庭农场签订7000吨稻谷购销意向协议，拟定在市场行情合适的情况下，向鸡西市采购粳稻7000吨。

8月14日，双鸭山市委常委、组织部部长张春娇带队赴佛山推进两市干部交流。

8月16~17日，大庆高新区和大庆市科技局一行4人赴惠州考察学习，分别与仲恺高新区管委会及东江科技园进行座谈，交流自创区申报和建设经验，探讨双方科技交流、驻点招商等合作事项。

8月19~25日，黑龙江省人社厅专题调研组赴广东省人社厅，实地调研了解广东省在就业创业和职业技能培训等方面工作创新举措。

8月26日，黑龙江省商务厅副厅长孟林一行11人赴东莞，研究《龙粤产业工业园及龙粤产业联运班列项目推进方案》，就龙粤产业联运班列项目进行深入交流。

8月26日，随着国内疫情管控平稳，珠海、黑河两市往返航线复航，机型和航班保持不变。

8月31日至9月4日，广东省发改委副主任魏以军一行4人赴黑龙江省哈尔滨、齐齐哈尔、大庆、绥芬河等地考察调研，实地走访了深哈产业园、齐重数控、大庆华为云数据中心和莞绥产业园等多个合作项目。

8月31日，牡丹江市委书记杨廷双会见大连牡丹江商会会长曹仲文、华为技术有限公司数字政府业务部总经理许鹏一行，双方就进一步推进数字政府建设、人工智能、智慧供暖等合作进行了交流探讨。9月1日，牡丹江市政府与华为公司就智慧城市建设召开了工作座谈会，副市长齐忠彦、华为技术有限公司驻黑龙江分公司总经理宋保民和华为技术有限公司数字政府业务部总经理许鹏等出席会议，双方在智慧供暖、远程医疗、旅游等领域进行了深入交流。

8月31日至9月4日，肇庆、鸡西两市旅游部门赴银川、西宁等地，参加"魅力广东·多彩广佛肇"——广佛肇旅游联盟推介会,宣传鸡西"不一样的江湖"产品线路和品牌形象,推介鸡西"生态旅游名城"名片,推动南北区域旅游联盟之间互动合作。

2020 年 9 月

9 月,黑龙江省交通投资集团与深圳赛格集团共同出资成立黑龙江省交投赛格新能源科技有限公司,以高速公路光伏发电项目为落脚点,合作培育龙江新能源市场。

9 月,广东省人民政府发展研究中心党组书记、主任钟旋辉带队赴黑龙江开展开放型经济高质量发展专题调研。

9 月,广州博物馆《慎守儒风忧国奉公——林则徐家风展》在齐齐哈尔市博物馆开展,让鹤城百姓通过展览感受林则徐的人格魅力和优良家风。

9 月 1～3 日,双鸭山市文化广电和旅游局受邀参加广州、佛山、肇庆三地市旅游联盟举办的"魅力广东·多彩广佛肇"旅游主题推介活动,推介资源产品线路,加强与各方参会人员的沟通交流,力求在旅游资源共享、线路互推、客源互送、政策互惠等方面开展合作,活动期间重点就推进与"广佛肇"地区文旅领域加强对口合作、推动南北区域旅游联盟之间密切对接互动合作等进行深入交流。

9 月 2 日,茂名市和伊春市共同参与在黑河市举办的"天鹅颐养经济走廊城市合作机制(黑河)云端年会暨全省养老服务发展推进电视电话会议"。会上,天鹅颐养经济走廊城市所在的省市领导、各省市老年大学校长、康养产业领域专家学者、企业代表以及俄、日、韩等国际嘉宾共聚云上平台,深化沟通、交流合作、凝聚共识。

9 月 10 日,广东省发改委和广东省农业农村厅组成调研组,赴遂溪县城月镇石塘村实地调研粤黑合作"稻稻薯"项目,省市县发改、农业农村部门与项目建设单位召开座谈会,探讨交流项目建设情况。

9 月 11～13 日,哈尔滨市副市长张万平带队参加第 6 届深圳国际现代绿色农业博览会。博览会期间召开哈尔滨市绿色优质农产品(深圳)推介会,张万平副市长做主题推介,深圳市政府党组成员黄敏致辞,深圳市有关单位领导及深圳市 70 余家农业企业参加推介会。展会期间,意向签约金额达 6160.63 万元,签约金额达 925.07 万元,现场销售完成 66.09 万元。

9 月 12～14 日,珠海市副市长胡新天随同省考察团赴黑河就加快两省自贸片区合作、推进重点产业合作进行工作调研。

9 月 16～18 日,黑龙江省人社厅调研组赴粤学习考察广东省"数字政府"改革建设情况,详细了解"政务云平台"、"粤省事"app、"广东省政务服务网"等信息系统建设运行情况,听取广东省在政务服务数据工作中的创新做法介绍。

9月17～19日，齐齐哈尔市委常委、常务副市长吴煜带队，市营商局、市市场监管局、市住建局、市自然资源局、市税务局等部门组成考察团赴广州学习考察网上政务服务能力建设等相关内容。9月18日，广州市政府副市长黎明与吴煜一行会见座谈，双方在推进共建现代农业产业园和科技示范园、进一步加强两地旅游合作、推进农产品供应等方面工作交换了意见。

9月17～19日，珠海市委书记、市人大主任郭永航率代表团赴黑河市进行工作调研。两市市委主要领导举行工作会谈，就进一步加强珠海与黑河开展对口合作进行考察对接，确定今后对口合作工作的7项重点工作任务。

9月17～19日，七台河市委常委、副市长刘国华率领营商局、人社局、市政务经济信息中心等11个部门主要领导参观考察江门市政务服务中心，与江门市政府有关部门就政务服务工作相关问题进行集中座谈交流。

9月17～20日，黑河市常务副市长王兴柱带队赴珠海调研营商环境和自贸区建设情况。

9月18日，黑龙江省委教育工委副书记、省教育厅党组副书记（正厅级）申林一行赴粤调研教育政务服务一体化建设工作，就实现"一网通办""一网通管""数据共享""互通互认"等教育政务服务事项进行深入交流。

9月18日，伊春市委常委、副市长张国军一行4人到访茂名市政务服务数据管理局，就推进"互联网＋政务服务"、数据共享等方面开展交流。

9月18日，鹤岗市委常委、副市长陈苏一行赴汕头市，就"网上政务服务能力"开展专题调研。

9月18日，大庆市政府副市长颜祥森带队赴惠州学习"一门式一网式"政务服务模式、网上中介超市建设管理经验。

9月21～23日，哈尔滨市委常委、常务副市长郑大泉带领市发改、国资、投资、科技等部门赴深圳调研，考察宝能集团、迈瑞医疗国际有限公司、深圳特区建发集团、深圳怡亚通供应链股份有限公司，在深圳市政府举行座谈会，总结深哈合作工作进展，商讨召开深哈两市第五次联席会议事宜。

9月21～23日，由广州市文化广电旅游局和广州市协作办共同主办的2020年"携手奔小康——广州对口帮扶支援合作地区文化旅游周"活动在广州成功举办。来自贵州（毕节市、黔南州）、重庆巫山县、西藏波密县、新疆疏附县、四川甘孜州、黑龙江齐齐哈尔市、广东省（梅州、清远市）以及广州地区（简称"1＋9"地区）的文旅主管部门代表及演员参加活动。通过举办摄影图片展、文艺专场展演、文旅联合推介会、城市快闪等活动，充分展示和推介了9个地区的文旅特色资源，加强"1＋9"文旅深度交流，更高层次、更大力度地推动 9 个地区的后疫情时期文旅复苏和经济发展。

9 月 22 ~ 26 日，七台河市委常委、副市长刘国华率领政企代表团参加以"庆丰收、迎小康"为主题的"第七届江门市农业博览会"。七台河市 27 种"名优特新农产品"在展会上受到广泛关注，并入驻江门万达卖场专柜。

9 月 24 日，绥化市委常委、统战部部长、市政协党组副书记张跃文带队，一行 7 人赴湛江出席第五届广东·东盟农产品交易博览会，市工商联、市农业农村局、市商务局及望奎县派代表参加，推介了绥化"寒地黑土"有机农产品，极大促进了双方在农产品等领域的深度合作。

9 月 25 日，广东省农业农村厅、黑龙江省农业农村厅、湛江市政府、绥化市政府指导的广东"稻—稻—薯"农业产能提升发展交流会在湛江市举行，共同探讨粤黑两地合作和农业高质量发展的新路径、新模式、新动能。全国城市农贸中心联合会监事会、黑龙江省农业农村厅、广东省农业农村厅、广东省农垦总局、黑龙江省绥化市委统战部、绥化市工商联、广东省农业产业化龙头企业协会等相关领导参加。

2020 年 10 月

10 月 10 日，汕头市工商联考察团赴鹤岗市参观考察。

10 月 11 ~ 16 日，由黑龙江省工信厅及大庆市工业和信息化局组织，大庆创业孵化集团有限公司选派人员赴广东省广州市参加广东省工业和信息化厅创业创新基地专题研修班（黑龙江省）培训学习。

10 月 13 ~ 16 日，广州市协作办一行 8 人赴齐齐哈尔考察调研并座谈，先后赴梅里斯区、依安县、克山县、克东县考察项目，并与齐齐哈尔市经合局、发改委、交通局等相关部门座谈。

10 月 14 ~ 23 日，牡丹江市阳明区一行 11 人，赴东莞参观考察，与沙田镇、厚街镇对接、交流。

10 月 16 日，首届"东西协作职教实验班"开学典礼在黑龙江旅游职业技术学院举行。实验班实施"1 + 2"培养模式（即第一年在黑龙江旅游职业技术学院培养，第二、第三年在广东科学技术职业学院培养），2020 年首批录取旅游管理、酒店管理、电子商务、会计四个专业 111 人。

10 月 18 ~ 22 日，广东省农业农村厅总经济师廖纪坤率团赴黑龙江省开展农业交流合作，双方就肉类储备加工合作基地、农产品出口、"稻—稻—薯"、"南果北上、北粮南下"等项目合作进行了深入交流与探讨，并参加第八届黑龙江绿色食品产业博览会和第三届中国·黑龙江国际大米节。

　　10月18～25日，哈尔滨市领导干部改革创新能力提升专题培训班（第一期）在深圳举办。深圳市扶贫合作办委托深圳市经理进修学院承办，哈尔滨市委组织部、市发改委牵头组织，哈尔滨市委组织部、市委政研室及市发改委等经济综合部门、9个区县（市）政府、49所等3个研究所、哈尔滨理工大学等3个大学园区以及创投集团等5个市属产业集团的52位副局级领导和业务处长参加培训。

　　10月20～26日，惠州市工商联（总商会）组织企业家代表一行19人赴哈尔滨参加第八届黑龙江绿色食品产业博览会和第三届中国·黑龙江国际大米节，并对大庆市进行商务考察。大庆市政协副主席、市工商联主席栾红，大庆市委统战部副部长、市工商联党组书记王堪等领导及大庆市招商、农业、旅游等部门负责人、企业家代表40余人与惠州市代表团进行座谈，并现场进行了签约活动。

　　10月21～24日，绥芬河市委书记、自贸片区管委会常务副主任黄土伟、副市长王晓宇、自贸片区副主任何炳利赴东莞组织推进牡丹江—粤港澳大湾区招商推介大会暨产业项目合作签约仪式。黑龙江绥东试验区建设投资有限公司、黑龙江绥东木业投资有限公司、绥芬河山鑫木业有限公司、东莞金合汇家居有限公司、东莞众家联供应链有限公司、东莞瑞星科技有限公司等企业参加会议。会上签订了"名品家居智造项目""实木家具规格料、集成材、零部件、半成品和成品委托加工项目""瑞星＆山鑫战略合作项目""俄材进口烘干试验基地项目"等意向协议。

　　10月22日，牡丹江市委书记杨廷双率党政代表团一行25人访问东莞市。东莞市委书记梁维东与党政代表团举行会谈。在莞期间，两市共同召开对口合作工作座谈会。

　　10月22日，首届龙粤（中山）科技创新创业投资大会——暨中佳（龙粤）双向孵化基地揭牌仪式在广东大唐盛视科技产业有限公司举行。

　　10月23日，牡丹江市在东莞举行"牡丹江—粤港澳大湾区"招商推介会及项目合作签约仪式，广东省内近200家企业和机构260余人参会。会上介绍了牡丹江市基本情况、第四届旅发大会和自贸区（绥芬河）片区的情况，牡丹江市委书记杨廷双到会并讲话，会上签订了39个项目合作协议，总投资额达84.1亿元，涉及文化旅游、医疗康养、新材料和新能源等诸多领域。

　　10月25～28日，哈尔滨市政协主席秦恩亭率团赴深圳开展交流合作活动，期间，秦恩亭与深圳市政协主席林洁举行会谈。哈尔滨市政协·深圳市政协委员（企业家）交流座谈会在深举行，哈尔滨市投资和服务局、深哈产业园投资开发公司、哈尔滨工业大学科研院等分别介绍哈尔滨市"4＋4"现代产业体系等相关情况，来自深哈两地的近百位政协委员、企业家围绕为深哈对口合作搭建更大沟通平台、拓展更大合作空间、争取更多合作机会等进行深入交流。考察团先后到前海自贸区、平安集团、宝能集团、洛可可创新设计集团参观考察。

10月26~30日，鸡西市选派40名县处级干部赴肇庆市委党校参加学习贯彻习近平新时代中国特色社会主义思想培训班，并在肇庆市四会市考察新农村建设，在肇庆市高要区与陶瓷、环保能源企业进行现场交流。

10月29~30日，牡丹江市工信局一行10人赴东莞调研。调研组考察了东莞市经济发展情况、企业服务平台建设情况，同时前往道滘镇和虎门镇实地走访企业。双方就两地在产业合作、企业对接方面深入交换了意见。

2020年11月

11月，齐齐哈尔青创咖啡与广州华南新材料创新园在广州举行双创事业共建签约仪式，双方将在搭建资源共享平台、共促团队建设，发挥双方资源优势为平台企业提供创新支持等方面合作共赢。

11月，肇庆星湖科技股份有限公司在绥化市开展的肇东生物发酵产业园一期项目顺利通过ISO9001质量体系、食品生产许可审核。12月底，项目建设完成，处于调试、试产阶段，鸟苷发酵、提取水平达到项目设计指标。

11月，佳木斯市委书记杨博带队赴中山考察。中山市委书记赖泽华，时任中山市委常委、常务副市长、翠亨新区党工委书记杨文龙会见代表团一行，共商两市下一步对口合作。

11月1~4日，黑龙江省教育厅二级巡视员丁哲学一行赴广东调研，就落实职业教育20条——整合职业教育资源、优化布局结构，深化产教融合、校企合作以及搭建职业教育立交桥（如高职本科3+2、中职本科3+4、4年制本科）等方面工作，交流教育对口合作事宜。

11月2~6日，为进一步提升领导干部专业素质，更好助力第四届黑龙江省旅发大会，东莞市委党校、东莞理工学院城市学院和牡丹江市委组织部在东莞市联合举办"牡丹江市提升领导干部文旅融合与创新发展能力专题培训班"。牡丹江市、牡丹江市（县）区分管文旅工作的宣传部长、副县（市）区长、旅游局局长及市直部分单位领导干部、旅发大会指挥部工作组长等44人参加培训。

11月3日，《大兴安岭日报》推出"欢迎您到揭阳来"专版，详细介绍了揭阳人文、地理等情况，为推动双方合作共赢营造了良好的舆论环境。

11月9日，揭阳市榕城区政府与大兴安岭呼玛县政府共同签署《呼玛县人民政府与揭阳市榕城区人民政府友好城市协议书》，正式建立对口合作关系。

11月12日，应中俄友好、和平和发展委员会地方合作理事会中方主席单位黑龙江省邀请，广东省参加"机遇与挑战·后疫情时代的中俄地方合作"视频会议，副省长张新录制致辞视频，就"科技创新·助推数字化、智能化贸易新模式"议题进行发言，进一步拓宽与俄合作领域、创新合作方式、提升合作层级。

11月12日，齐齐哈尔市委常委、副市长杜崇敏带领市科技局、中国一重、市第一医院等单位人员赴广州开展科技对口合作年度会商。会商期间，齐齐哈尔市与粤港澳大湾区金属新材料产业联盟就"中低品位磷矿及冶炼副产硫酸资源化利用项目"合作模式进行了深入探讨；中国一重与黄埔文冲船舶有限公司就共建船用铸锻件研发中心签署合作协议；齐齐哈尔市第一医院与南方医科大学在原有的合作基础上继续合作。

11月14日，广东省交易控股集团与黑龙江省产权交易集团在广州联合举办2020年"龙粤+产权交易机构间交流会暨'三农'资源要素市场化配置创新发展论坛"，并签订《农村产权交易与资金融通业务合作协议》，推动实现两省资源共享和生产要素跨区域流动。会后，黑龙江省国资委党委委员、副主任李忠江和黑龙江省产权交易集团党委书记、董事长孙光远一行，在广东省国资委二级巡视员谭灿的陪同下，调研广东省交易控股集团资金融通、药品交易、国企党建等工作开展情况，并就国企混改、国企资产资金融通和药品交易平台建设等合作事宜进行深入洽谈。

11月14～16日，哈尔滨市委副书记、市长孙喆赴深圳参加深哈对口合作第五次联席会议，考察法诺集团、玉禾田环境发展集团、立体通有限公司等深圳企业。

11月18日，广州市农业农村局组团赴齐齐哈尔梅里斯现代农业产业园区实地调研，推进粤旺集团在该园区投资建设的蔬菜深加工冷链配送中心项目，与齐齐哈尔农业技术推广中心就两地农业技术推广、绿色食品认证、园艺作物南繁加代等进行交流，探讨木瓜等南果北种的可行性。

11月23日，江门市政务服务数据管理局与七台河市营商环境建设监督局联合举办两市政务服务"跨省通办"线上远程"云签约"仪式，签订《江门·七台河政务服务"跨省通办"合作协议》，成功打造黑龙江省与外省首例"跨省通办"案例。

11月25日，黑河市逊克县在珠海成功举办招商引资推介会，签约项目3个，投资额2.8亿元。

11月29日至12月6日，哈尔滨市领导干部改革创新能力提升专题培训班（第二期）在深圳举办。深圳市扶贫合作办委托深圳市经理进修学院承办，哈尔滨市委组织部、市发改委牵头组织，哈尔滨市委组织部、市委政研室及市发改委等经济综合部门、9个区县（市）政府负责招商引资、产业发展、城区建设等领域的分管领导干部或主要业务部门（处室）负责人50人参加培训。

11月30日至12月4日，东莞市组织文化市场综合执法业务骨干15人赴牡丹江开展执法交流学习活动，深入了解学习牡丹江市推动综合行政执法体制改革，全面整合执法职责、编制综合执法事项清单、精简执法队伍，推动行政执法重心下移，提高执法效能的新措施、新做法。

11月30日至12月5日，江门市政务服务数据管理局组团赴七台河市交流学习，围绕江门与七台河"跨省通办"合作协议落地落实，纵深推进两地"放管服"改革进行交流，同时双方基层党组织启动党建联建活动。

2020年12月

12月，以"推广同江好粮油 共享发展新机遇"为主题的同江市粮油及特色农产品（中山）宣传推介会在中山市举办，菜娘子（中山）农业科技股份有限公司等多家采购商与同江农产品企业达成采购意向并签约。

12月4日，勃利县营商环境建设监督局与江门市蓬江区政务服务数据管理局在勃利县举办两地政务服务"跨省通办"签约仪式，签订《勃利·蓬江政务服务"跨省通办"合作协议》，成为黑龙江省首批区县"跨省通办"成功案例。

12月4日，中车齐齐哈尔车辆有限公司、广州铁路职业技术学院、白俄罗斯国立交通大学、广东—独联体国际科技合作联盟四方在广州共同签署共建独联体国家轨道交通进口设备检测认证（中国）中心合作协议。

12月9日，由广东省医院协会主办、齐齐哈尔市卫生健康委协办的广州与齐齐哈尔公立医院管理经验线上交流会在齐齐哈尔市第一医院国际学术报告厅举行，推动广州与齐齐哈尔公立医院深化改革合作进一步深入。

12月9~11日，应珠海市人民政府邀请，黑河市委常委、统战部部长王淑滨一行赴珠海参加"2020澳珠企业家峰会"，研究推进横琴自贸区与黑龙江自贸区黑河片区政务服务"跨省通办"项目合作有关事宜。

12月11~13日，"2020世界数字农业大会"在广州举行。大会以"数字农业·智引未来"为主题，与"第十九届广东种业博览会"一同举办。广东省农业农村厅邀请黑龙江省农业农村厅派员参加，共同研判数字农业建设新形势，探索农业高质量发展新路径。

12月13~15日，深圳市副市长吴以环一行赴哈尔滨调研考察，参加"南来北往滨鹏满座"哈尔滨深圳对口合作暨深圳旅游推介会，与哈尔滨市相关部门座谈，并调研融创文旅城。

12月15日，应中俄友好、和平和发展委员会地方合作理事会中方主席单位黑龙江省邀请，广东省由广东外语外贸大学派学生代表参加"我眼中的中国和俄罗斯"2020中俄大学生视频交流会，积极促进疫情防控常态化条件下中俄地方间教育领域合作，加深中俄大学生传统友谊和对彼此文化的了解。

12月21日，南方医科大学校长黎孟枫应邀带队赴齐齐哈尔市考察交流，开展市校合作高层会商，参加"南方医科大学—齐齐哈尔市第一医院博士后联合培养基地"启动仪式，举办学术报告会。齐齐哈尔市委副书记、市长李玉刚会见了校方领导和专家一行，市委常委、副市长杜崇敏陪同考察。

广东省与黑龙江省对口合作工作
总结评估报告
（2017～2020 年）

广东省发展和改革委员会

概　述

　　对口合作是以习近平同志为核心的党中央作出的重大战略部署，是中央在深化区域合作、促进协调发展方面交给黑龙江与广东的一项重要政治任务，是党中央、国务院支持新一轮东北振兴的重要举措。习近平总书记 2018 年 9 月 28 日在深入推进东北振兴座谈会上的重要讲话中强调，"要以东北地区与东部地区对口合作为依托，深入推进东北振兴与京津冀协同发展、长江经济带发展、粤港澳大湾区建设等国家重大战略的对接和交流合作，使南北互动起来"。

　　东北地区是我国重要的工业和农业基地，战略地位十分重要，关乎国家发展大局。广东省委、省政府深入学习贯彻落实习近平总书记重要讲话和重要指示精神，深入贯彻落实党中央、国务院关于东北振兴的一系列重大决策，全面把握对口合作工作的重大意义，按照国家发展改革委统一部署，根据《东北地区与东部部分省市对口合作工作方案》和《黑龙江省与广东省对口合作实施方案》，遵循"政府搭台、社会参与，优势互补、合作共赢，市场运作、法制保障"的合作原则，以深化对口务实合作为牵引，助力东北全面振兴、全方位振兴，全力推进两省对口合作工作走深走实。

　　2017 年以来，历经起步探索、协调推进、初见成效、示范推广几个阶段，通过坚持协同推进、共促合作运转顺畅，坚持优势互补、共推产业双赢发展，坚持重点突破、共建产业合作平台，坚持探索创新、共享自贸发展经验，坚持互学互鉴、共通先进发展理念，坚持守望相助、共筑疫情防控防线，两省对口合作取得重要实质性成果。目前，已建立横向联动、纵向衔接、定期会商、运转高效的工作机制，构建了政府、企业、研究机构和其他社会力量广泛参与的多层次、宽范围、广领域的合作体系，形成了常态化干部交流学习和人才教育培训机制，重点城市对口合作、自贸片区对口合作取得成效，打造形成深圳（哈尔滨）产业园等一批合作样板，发挥良好示范带动效应，推动对口合作工作不断深入，圆满完成国家部署的18项重点任务。

2017～2020年，广东省与黑龙江省合作产业项目累计433个，总投资超过2500亿元，助力黑龙江复制推广广东政策举措102项，推广改革经验432项，干部人才交流培训近万人次，共建了一批合作园区。两省对口合作成效显著，获得国家有关领导及有关部委的充分肯定。2019年6月，国家副主席王岐山在第六届中俄博览会巡馆期间视察广东黑龙江对口合作成果展。同年6月，时任国家发展改革委副主任罗文同志对广东、黑龙江两省联合编辑出版的《广东省黑龙江省对口合作工作报告（2018）》予以高度肯定。中央电视台《新闻联播》节目2次对深圳（哈尔滨）产业园进行报道，国家发展改革委、国家商务部、国家科技部等领导相继到园区考察调研，广东与黑龙江对口合作品牌效应更加彰显。广东省粮食跨省异地储备联合监管办法在2019年度粮食安全省长责任制考核中获国家表扬。哈尔滨市借鉴深圳市"放管服"改革、扶持民营经济发展、强区放权等经验做法，探索企业集群登记模式，推进商事制度改革，改善营商环境，受到国务院办公厅通报表扬。

一、全力压茬推进，总体目标全面实现

（一）建立一系列运转高效的对口合作工作机制

广东省成立了以马兴瑞省长为组长的对口合作工作领导小组，办公室设在省发展改革委，建立领导有力、协调高效的领导协调机制。建立并实施领导小组工作会议制度、工作协调和信息沟通、工作台账管理等工作机制，与黑龙江建立了良好的常态化沟通协调机制。13对结对城市结对全覆盖和17对省直部门结对并签署合作协议，实现合作交流常态化和制度化。建立干部培训及双向挂职交流机制，推动干部挂职交流制度化、人才交流培训常态化、交流培训方式多元化，营造形成多层次、宽范围、广领域的政府、企业、研究机构和其他社会力量广泛参与的良好合作环境。

（二）推广一批行之有效的改革创新举措

广东省与黑龙江省在优化基层治理体制、深化综合行政执法体制改革、积极推进事业单位改革、创新特殊经济功能区管理、推进"放管服"改革等方面，深入开展了一系列卓有成效的合作交流。协助黑龙江"带土移植"广东省招投标评定分离、M0用地等10余项政策，开创了黑龙江历史上招投标评定分离和创新型产业用地的先河。深圳市协助哈尔滨市出台《哈尔滨市"最多跑一次"改革实施方案》，哈尔滨全市累计1.2万个事项实现"最多跑一次"，占全部事项的91.7%；惠州市协助大庆市制定促进民营经济发展的政策措施，有力推动了大庆市民营经济发展。两省3对自贸片区在改革创新经验复制推广、人才交流合作机制等8个领域不断深化合作，黑龙江自贸区哈尔滨、黑河、绥芬河3个片区分别复制推广广东自贸区深圳前海蛇口、珠海横琴新区、广州南沙新区3个片区创新成果167项、140项和125项。

（三）共建一批产业合作园区等重大合作平台

2017～2020年，广东省与黑龙江省共建合作园区10个，合作建设广东黑龙江科技合作双鸭山孵化基地、跨境电商平台等一批孵化器和合作平台。合作园区共建扎实推进。广州—齐齐哈尔现代农业产业园、深圳（哈尔滨）产业园、江门市—七台河市合作产业园、佛山—双鸭山合作产业园等共引入合作项目投资近330亿元。电商平台合作稳步开展。两省大力发展"互联网＋"新型业态，推动中俄"网上丝绸之路"电子商务经济合作试验区建设，黑河市、珠海市联手与俄罗斯"俄速通"开展跨境电商平台合作。引入佛山市"众陶联"，在黑龙江双鸭山建设"众农联"农产品交易平台，完成交易4184笔，成交企业1124家、个人农户736家，粮食及相关产品累计成交量555.22万吨，累计成交额149.78亿元。孵化器平台加快建设。广东帮助黑龙江建设双鸭山孵化基地、牡丹江市孵化器服务创新联盟、佳木斯天鸿孵化器、齐齐哈尔创业帮孵化器等一大批科技企业孵化器，有力支撑了创业创新。

（四）实施一批标志性跨区域合作项目

2017～2020年，两省对口合作项目累计433个，总投资2500多亿元，完成投资307.5亿元。产业合作务实推进，齐重数控与广州数控合作建设的黑龙江省智能机床研究院迈出重型数控机床国产化重要一步。黑龙江绥化望奎县在广东湛江遂溪县创新开展"北薯南种"项目，成功实施"稻—稻—薯"种植项目，产生良好示范作用。共同实施"南来北往，寒来暑往"省际旅游工程，创建国内跨区域旅游合作典范。总投资约80亿元的"哈工大智能装备产业园"项目落地中山市。哈尔滨、深圳、莫斯科、叶卡捷琳堡市成立了中俄"两国四地"联合创新中心，开展各类创新创业活动。

（五）形成一套相对完整的对口合作政策体系和保障措施

政策体系不断完善。广东省和黑龙江省共同编制《黑龙江省与广东省对口合作实施方案》《哈尔滨市与深圳市对口合作实施方案》，2018 年 3 月，报经国务院同意后报国家发展改革委印发实施。两省联合印发《黑龙江省与广东省对口合作实施方案及任务分工》、黑龙江省与广东省年度对口合作重点工作计划等配套文件。广州、深圳、佛山等市相继出台地市对口合作实施方案、年度对口合作工作计划。保障措施扎实有力。广东省成立以省长为组长的对口合作工作领导小组，先后 3 次召开领导小组工作会议，统筹部署对口合作工作。广东省发展改革委成立对口支援合作二处配备专职人员负责对口合作工作。两省对口合作办经常性召开工作机构联席会议，双方多个省直部门联合召开对口合作协调小组会议。在两省签订省级政府对口合作协议基础上，两省发展改革等部门、13 对结对城市和 3 对结对自贸区深入落实合作协议，不断深化合作机制，茂名、珠海等地市将结对关系延伸至县区，结对县区达到 58 对。

2020 年新冠肺炎疫情突发，两省共同抗击疫情，守望相助的合作关系更加密切。广东省积极协调有关部门、结对城市，通过商（协）会发动企业等各方力量助力黑龙江省开展疫情防控工作。疫情之初克服重重困难，广东省领导亲自关注，帮助黑龙江在广东省采购第一台 N95 口罩生产机并第一时间投入生产，有效解决黑龙江一线医护人员口罩需求。帮助黑龙江省采购、发运医用口罩生产设备 67 台（套），筹措 N95 口罩 5.2 万只、医用外科口罩 627 万只、医用防护服 2780 套、护目镜 1000 套、体温监测设备 5081 台、医用防护手套 7.5 万双、防疫药品 1164 瓶（盒），捐助资金 71.6 万元。同时，广东省黑龙江商会为中山大学附属第一医院、南方医科大学南方医院捐赠抗疫资金 1000 万元。

二、坚持高位推动，合作机制不断完善

（一）组织领导坚强有力

广东省委、省政府高度重视、主动作为、积极对接，将对口合作工作作为党中央交予的重大政治任务纳入全省重要工作日程，统筹部署、精心组织、全力推动，为合作良好开展提供了坚强的政治保障。2017年12月，广东省委书记李希与黑龙江省委书记张庆伟带领的党政代表团一行座谈交流，为合作谋篇布局。广东省省长马兴瑞2次率团赴黑龙江省考察调研，省政协主席王荣，省委副书记、深圳市委书记王伟中，时任常务副省长林少春，常务副省长林克庆分别多次率团赴黑龙江省实地考察和对接工作。据统计，两省省级党政代表团先后20次开展对接交流，切实推进各项工作取得显著成效。各结对地市党政代表团互访常态化。

（二）协调机制健全高效

对口合作工作领导小组办公室设在省发展改革委，负责对口合作日常工作，与黑龙江省对口合作办建立良好的常态化沟通协调机制，协同解决合作工作遇到的各类问题。从省级政府对口合作协议，到两省发展改革委、经信、农业等17个部门对口合作协议，再到广州与齐齐哈尔、深圳与哈尔滨等13对地市对口合作框架协议，省市层面横向纵向均建立起友好协商、沟通顺畅的对口协作关系。建立并实施领导小组工作会议制度、工作协调和信息沟通、工作台账管理、信息报送、档案资料管理和经常性工作会商等工作机制，出台《广东省对口合作工作办事机构相关会议制度》《广东省对口合作工作会议制度》《广东省对口合作工作信息报送制度》等工作制度，确保合作有序高效开展。

（三）工作措施扎实有效

广东省与黑龙江省联合印发实施《黑龙江省与广东省对口合作实施方案及任务分工》、黑龙江省与广东省年度对口合作重点工作计划等配套文件，细化、实化在深化改革、创新转型、开放合作、组织协调等各方面18项重要工作任务并布置责任单位推进落实。广州、深圳、珠海、佛山等地市也通过出台对口合作实施方案、制订年度对口合作工作计划等务实举措扎实推进对口合作工作。与黑龙江省共同编制对口合作工作"白皮书"，总结推广好做法、好经验。2017年率先在结对城市组织"五个一"活动（一次地市间领导交流活动、推动一批地市间干部挂职交流、开展一次对口合作经贸交流会、推动一批对口合作项目落地、组织一次机关干部作风转变"龙江行·广东行"交流活动），有力有效促进起步阶段的对口合作工作。

（四）合作环境日趋良好

广东省与黑龙江省共同营造形成多层次、宽范围、广领域的政府、企业、研究机构和其他社会力量广泛参与的良好合作环境。结对城市交流交往常态化、制度化，结对关系延伸至县区，部分乡镇也建立了结对关系。两省在农业产业、科技创新、旅游文化产业、人才交流等重点领域的交流合作成果获得了良好的社会反响。在项目和园区建设中,两省省市各部门对相关重点项目和重点园区开辟绿色通道,明确专人负责,积极协调推进,在用地、用能、融资等方面给予重点支持,为合作营造良好的政策环境。主要媒体持续报道了两省对口合作进展成效,广东省社会各界共同参与对口合作工作氛围逐渐形成,2020 年哈工大百年校庆,深圳海王集团捐款 1 亿元,深圳翠林投资集团捐款 3000 万元。

三、力求务实合作,重点任务成效突出

(一) 共享发展经验,体制机制持续创新

1. 行政管理体制改革经验交流共享

广东省与黑龙江省在优化基层治理体制、深化综合行政执法体制改革、积极推进事业单位改革、创新特殊经济功能区管理、推进"放管服"改革等方面展开合作交流。助力黑龙江省住建系统"放管服"改革,广东省住房和城乡建设厅向黑龙江省住房和城乡建设厅赠送价值数千万元的"三库一平台"政府服务管理信息系统,开发升级电子证书签发管理系统,建设类企业资质审批"不见面"、证书"秒制发"、企业"零跑路"、查验"全社会",审批事项、流程、时限得到进一步压减,为黑龙江建设工程企业办事带来更大的便利。协助黑龙江"带土移植"广东省招投标评定分离、M0 用地等 10 余项政策,开创了黑龙江历史上招投标评定分离和创新型产业用地的先河。协助黑龙江省自贸区复制推广广东省自贸区的经验做法,在哈尔滨市推广深圳市强区放权等"放管服"改革做法,在双鸭山市复制佛山市政务服务模式开展"一门一网"政务服务改革,在七台河市推广江门市经验出台支持民营经济发展"黄金十条"做法。

2. 国有企业改革提质增效

广东省国资委与黑龙江省国资委签订了《国有企业战略合作框架协议》,在资本投资运营平台建设和国有企业混合所有制改革等方面开展全方位深度合作,省属企业间项目对接交流活动达 10 余次。如广东省广新控股集团牵头对接交流活动 4 次,落地签约合作项目 1 个,涉及资金 10 亿元。广东省交易控股集团与黑龙江省交易集团联合举办产权交易机构交流会、业务调研洽谈会 5 次,通过交 e 汇系统实现项目发布实时对接,挂牌项目金额累计人民币 16.58 亿元。广东省粤海控股集团组织相关业务单位赴黑龙江省就水务及水环境治理、城市综合体开发、产业园等方面工作开展交流考察活动,与哈尔滨工业大学达

成城市水资源开发利用（北方）国家工程研究中心创新合作项目。深圳市与哈尔滨市在黑龙江合资设立注册资本 39.4 亿元的深哈投资开发有限公司，开辟了跨省国企合作新途径。广东战略投资者积极参与黑龙江省国企混改，深圳中国燃气集团与哈尔滨哈西集团共同出资建设首个"天然气冷热电三联动"分布式项目，深圳玉禾田集团入股哈地铁集团。

3. 民营经济发展互促共进

广东省积极组织各类商（协）会、民营团体赴黑龙江开展交流活动。2017 年以来，各级工商联、商协会、民营企业举办了 90 多场交流活动，组织重点民营企业、上市企业、行业商会、异地商会代表赴黑龙江开展投资考察，涵盖食品、日化、新能源、农业、化工、医药、高科技等产业，签订合同和意向性协议金额约 15609 万元。2017 年 12 月，深商总会、广东省黑龙江商会等联合在深圳召开中国深商大会暨全球龙商大会，宣传新时代新龙江，号召深商龙商到黑龙江投资兴业作为，6000 余名深商和 500 余名来自全球的龙商代表参加。相关门户网站发布推介黑龙江省交通、教育等 9 大领域总投资近千亿元 PPP 项目 50 余个，鼓励广东省社会资本参与投资运营。江门市帮助七台河市借鉴该经验并出台支持民营经济发展"黄金十条"，对中小微企业进行信用评级并给予一定补助，缓解中小微企业贷款难、贷款贵问题。

4. 对内对外开放不断深化

广东省商务厅与黑龙江省商务厅签署《黑龙江省与广东省商务领域对口合作框架协议》《广东—黑龙江两省推进跨区域口岸服务合作备忘录》。广泛开展经贸交流，广东省与黑龙江省共同举办"2019 广东·黑龙江'家 520'购物节活动"，活动现场 22 家企业及电商协会签约。广东省组织 30 多家包括世界 500 强在内的广东省龙头企业，以及来自 13 个地市、省内重点行业商协会等 190 家企业组成的经贸代表团参加 2019 年第六届中俄博览会。博览会巡馆期间，国家副主席王岐山专程视察广东馆，央视新闻联播作了专题报道。会上双方签约了一批产业项目，涵盖农业、医疗、产业园区等领域，涉及金额超过 100 亿元。以中国国际中小企业博览会（简称中博会）为平台，协助黑龙江省开展招商引资和产品推介宣传活动，引导广东省内企业前往黑龙江开展投资合作。2017～2019 年，分别举办了第十四、第十五、第十六届中博会，黑龙江省共组织 56 家特色中小企业参展，设立 60 个展位，参展行业领域涉及制造业、农副产品、医疗、信息服务、新材料等领域，据不完全统计，签订合同和意向性协议金额约 1.56 亿元。参加的中小企业数、展位数和涉及领域均为参会省份前列。

广东省与黑龙江省并肩融入"一带一路"建设，共同参与中蒙俄经济走廊和粤港澳大湾区建设。2019 年，广东省正式加入黑龙江省与俄罗斯毗邻五边区（州）省长定期会晤机制，联手拓展与俄罗斯远东地区的交流合作。联合黑龙江省与俄罗斯经济发展部共同主办中俄地方合作论坛，召开中国（广东、黑龙江）—俄罗斯（远东）经贸合作圆桌会议，搭建三方经贸合作交流平台，打通国际国内大循环。自 2017 年对口合作以来，广东省对俄罗斯进出口快速增长，2018 年、2019 年分别增长 22.6%、12.4%。利用哈洽会、广交会、高交会、绿博会、东盟博览会等大型国际经贸交流平台，携手"走出去"，帮助黑龙江企业参与粤港澳大湾区建设。据不完全统计，黑龙江企业在粤设立子公司或分支机构约 3000 家，吸纳就业人口约 30 万人。

5. 发展理念互鉴共通

广东省通过视频、网络云等线上方式，在事业单位改革、乡镇街道体制改革、综合行政执法改革、消防机构改革等方面，与黑龙江省深入交流。广州、深圳等地市多次组织标杆企业、园区、金融机构、科研单位等赴黑龙江省交流考察，并积极为到广东考察的黑龙江省、市考察团提供全方位对接服务。体制先进理念在两省对口合作中互通共享，鸡西市组织开展"学习借鉴肇庆经验，深入开展调查研究"活动，与肇庆市围绕文化旅游、园区建设、基金建设等 11 个方面开展课题研究。深圳运营团队为深圳（哈尔滨）产业园导入行之有效的市场观念、管理理念，黑龙江望奎县龙薯联社种植大户为广东省遂溪县带来先进农业装备和马铃薯标准化栽培技术，实现南北农业高效合作。

（二）聚焦产业合作，结构优化步伐加快

6. 装备制造业合作成效明显

充分发挥广东省开放型经济和市场发展优势，对接黑龙江省装备制造能力优势，带动产用结合、产需对接和产业链上下游整合，装备制造业合作成效明显。广州数控与齐重数控强强联合，建立黑龙江省智能机床研究院，研发国产化重型数控机床，解决国外技术"卡脖子"问题，迈出重型数控机床国产化重要一步。中国一重为黄埔造船厂量身定做 14 套船舶关键部件，成为南北装备制造业产用结合典范。广东启帆机器人公司与中国一重合作开发齐车集团智能化柔性加工线，实现两省装备制造业"集群式作战"，形成产、研、用互促互进的发展合力。广东省海能达、海邻科等企业相继在黑龙江省设立军民两用（重型直升机、大型舰艇）高精度变速箱生产基地、高速动车组闸片生产研发等一批装备制造业研发制造基地项目。哈工大在中山市投资约 80 亿元建设"哈工大智能装备产业园"。

7. 新兴产业合作提档升级

充分发挥广东省创新设计优势，结合黑龙江省科技优势，促进新材料、生物医药、机器人和"互联网＋"产业对接。依托黑龙江省丰富的石墨资源，深圳中国宝安集团投资 10 亿元建设的哈尔滨万鑫石墨谷项目，成功投产国内首条碳纳米管生产线；肇庆理士电源技术有限公司、广东风华高新科技股份有限公司分别与鸡西市贝特瑞石墨产业院有限公司、鸡西乐新石墨烯新材料有限公司合作开发先进铅酸电池用高性能碳材料、石墨烯应用等。2018 年由中国科学院深圳先进技术研究院、深圳迈瑞生物医疗电子股份有限公司、上海联影医疗科技有限公司、先健科技（深圳）有限公司和哈尔滨工业大学等单位联合牵头在深圳创建广东省高性能医疗器械创新中心，2020 年获工业和信息化部批准为国家首个高性能医疗器械创新中心，通过产学研合作，推动哈尔滨工业大学"机器人技术与系统国家重点实验室"腹腔微创手术机器人及其配套手术器械的关键技术、康复机器人生机感知交互技术、融合多模态医学成像的计算机智能辅助诊疗技术等的临床研究以及高端医疗器械科研成果的产业转化。携手发展"互联网＋"新型业态，广州市电子商务协会助力齐齐哈尔市农产品通过电商等渠道"南下广州"。

8. 农业和绿色食品产业合作成果突出

广东是国内粮食销售最大省，黑龙江是国内粮食生产最大省，两省农产品供需合作有着巨大空间。广东省粮食局与黑龙江省粮食局签订《粮食安全战略合作框架协议》《异地粮食储备合作协议》《黑龙江好粮油走进广东合作协议》，在粮食异地储存、精深加工、绿色食品产业发展方面深度合作，取得了显著成效。2017 年以来，"龙粮入粤"规模达到2200 万吨。截至 2020 年底，广东省粮食（黑龙江）异地存储在储量为 51.65 万吨，占广东省外异地储备的 80.7%。双方共同举办多届"金秋粮食交易暨产业合作洽谈会"和"黑龙江好粮油走进广东活动"，实现农副产品购销互补互通、产需精准对接。黑龙江省在广州市建立优质农产品集散交易中心，发展农产品直销店、体验店、专营店等 30 余家营销网点，面积达 5800 平方米，333 家经营主体入驻。绥化望奎县在湛江遂溪县成功实施"稻—稻—薯"种植项目，产生良好示范作用，吸引百余家黑龙江农民合作社与种植大户到雷州半岛建立示范基地，带动当地大批农民冬种马铃薯，有效促进了两省间生产要素合理流动。肇东星湖生物发酵产业园投入运营，年精深加工玉米 36 万吨，成为当地粮食加工龙头企业。广东温氏食品集团在北安市建设年产 50 万头生猪养殖基地，采取"公司＋农户＋客户"养殖模式，促进养殖业产业化、现代化发展，带动当地农民脱贫致富。

9. 生产性服务业合作成效良好

广东省与黑龙江省在银行、证券、保险、基金、配送仓储、跨境运输等生产性服务业领域开展深度合作，为两省实体经济发展提供支撑。双方互设机构开展合作，广东省金融机构在黑龙江设有银行分支行、证券公司分支机构共 29 家，黑龙江省在广东省设立证券公司分支机构和金融类机构共 8 家。广东省证券公司积极协助黑龙江省企业赴资本市场融资发展，保荐黑龙江省珍宝岛药业股份有限公司、广联航空工业股份有限公司 IPO 上市，协助 2 家上市公司再融资、3 家企业开展并购重组、6 家企业发行公司债券。深交所黑龙江基地正式落户哈尔滨经济技术开发区，面向黑龙江省开展生产性服务企业上市辅导相关工作。平安银行哈尔滨分行挂牌营业，广发证券在哈尔滨、大庆设立分部，深创投与哈创投合作设立 2 亿元黑龙江励恒红土基金、瑞恒红土基金。加强跨区域物流业合作，共同建设农产品物流配送中转仓，寒地黑土优质农产品"北菜南销"，热带瓜果、海产品"南货北运"模式运行顺利。东莞铧为物流与牡丹江先锋物流联手打通木业运输通道，探索开通龙粤联合班列，有力促进俄罗斯丰富木材资源和广东家具制造业优势对接。

10. 文化、旅游和健康产业合作跨越发展

深度挖掘广东省与黑龙江省文化旅游康养资源互补互促合作潜力。共同实施"南来北往，寒来暑往"省际旅游工程，创建国内跨区域旅游合作典范，2017 年以来，两省实现旅游客源互送人数突破 2600 万人。积极推动旅游企业引客入黑，组织广之旅、南湖国旅、携程、途牛等线上线下旅行商重点推介营销黑龙江旅游精品线路。2017 年以来，广东铁青共牵头组织黑龙江专列 60 余趟、游客人数超过 34000 人。打造"广结齐缘""花城看花"等精品文化旅游品牌，开通大兴安岭—揭阳、黑河—珠海航线，齐齐哈尔—广州和谐夕阳号专列。旅游产业化合作蓬勃发展，累计推介两省旅游合作项目 131 个，投资金额近千亿元。2019 广东旅游产业投融资对接会重点推介哈尔滨、黑河、齐齐哈尔、双鸭山等 9 个地市 35 个旅游投资项目，涉及投资金额约 462.3 亿元。

实施"春雨工程"，联合举办涵盖绘画、音乐、光影艺术等领域的 15 个专题、100 余场文艺演出和文化展览活动。联合出品音乐剧《木兰前传》获得 2019 哈尔滨青年戏剧节"最佳青年戏剧奖"，成为对接粤港澳大湾区建设的重点文化项目。广东电视总台《活力大冲关》节目组联合黑龙江省共同策划大型冰雪节目《冰雪的游戏》等文化作品，深化两地文化互动交流。南方医科大学支持齐齐哈尔市第一医院挂牌成为附属医院，共建基础实验室与研究中心，实现品牌与资源整合，开创医院合作新模式。广州第八人民医院与齐齐哈尔市第一医院合作开展远程会诊，提升诊疗水平。黑龙江省哈药集团与珠海联邦制药、丽珠合成制药 2018 年的交易额近 3 亿元；珍宝岛药业在广州设销售点，销售额 0.5 亿元；葵花药业、三联药业与广东开展抗肿瘤药物技术合作。珠海市帮助黑河市引进广东省及粤澳合作中医药科技产业园内的医药研发生产企业，共同开展中药研发和加工等方面合作，提高黑河市中药材精深加工水平。创新旅居养老新模式。2019 年 10 月，广东省利用中国国际老龄产业博览会的平台，牵头与辽宁、吉林、黑龙江三省民政厅签订了旅居养老合作框架协议。中山市、茂名市加入黑龙江省牵头建立的"天鹅颐养经济走廊城市合作机制"，共同致力于城市间养老资源共享、养老产业互促等养老产业链和生态链打造。2017 年以来，广东省接待包括黑龙江省老人在内的来粤旅居养老老人超过 1000 人。

（三）共促成果转化，创业创新不断提升

11. 科技研发与转化效果显现

整合广东省与黑龙江省科技产学研用资源，促进跨区域科研成果转化。合作建设万鑫石墨谷石墨（烯）新材料研究院、黑龙江省乐新石墨烯研究院、鸡西市乐新石墨新材料研发中心、深圳与哈工大特种陶瓷研究所、哈工大深圳（智合）先进材料应用研究院、黑龙江智能机床研究院、双佛绿色食品研发中心暨博士工作站、双顺智能社区居家健康养老技术研发培训中心等一大批集产学研用于一体的企业研发机构，共同提高科技成果产业化水平。南方医科大学与齐齐哈尔市第一医院"建立颅内最常见胶质瘤的重点实验室等基础和临床转化科研平台"项目，列入2019年广州市基础研究计划民生科技专题，合作成果论文被《细胞死亡及疾病》（*Cell Death & Disease*）期刊采纳发表。华南理工大学与建龙北满特殊钢有限责任公司合作开展"高品质模具钢关键技术研发及应用研究"项目，推动齐齐哈尔市高品质模具钢在华南市场的应用。粤港澳大湾区金属新材料产业联盟与黑龙江省金属新材料产业联盟开展合作，达成中国一重与广东技术师范大学联合开展长寿命切削刀具研制等12项合作意向。

12. 高校院所交流合作持续推进

广东省引导高校和科研院所与黑龙江省积极开展交流合作，鼓励高校联合办学，支持学科共建和学生联合培养。深圳、哈尔滨市以哈尔滨工业大学深圳研究生院为基础，共建哈尔滨工业大学深圳校区，目前设有10个学院、4个研究院，有8个国家一级重点学科，在校师生6600人，其中硕士及博士研究生3500余人，已累计向华为等广东省企业输送4000余名优秀人才。依托哈尔滨工程大学在船舶与海洋工程领域的优势，共同筹建哈尔滨工程大学深圳海洋研究院。深圳大学与哈尔滨市共同建立了理论经济学博士后流动站，联袂开展顶级人才输送合作。南方科技大学与哈尔滨工业大学开展工程博士联合培养项目。广东科学技术职业学院和黑龙江旅游职业技术学院创新人才培养模式，遴选4个专业、111名广东科学技术职业学院优秀在校生，组建东西协作职教实验班。

13. 创业创新合作深入拓展

广东省充分发挥在资金、技术、管理方面的理念和经验，帮助黑龙江省建设黑龙江创投孵化基地、广东黑龙江科技合作双鸭山孵化基地、牡丹江市孵化器服务创新联盟、佳木斯天鸿孵化器、齐齐哈尔创业帮孵化器、龙岗产业园孵化器、黑龙江省科技企业孵化器、大庆市科技企业孵化器等10个科技企业孵化器，有力支撑了创业创新。东莞中科蓝海在牡丹江建设的"智能视觉创新创业中心"，吸引了一批高科技项目入驻。支持佳木斯高新技术创业服务中心引入广东大唐盛视理念和创新管理模式，推动南北方"双创"资源有

效融合。深圳市科创委和哈尔滨市科技局联合举办深圳创业创新哈工大专场赛、"双山合作，双创共赢"论坛等系列活动，促进两省"双创"交流。哈尔滨、深圳、莫斯科、叶卡捷琳堡市成立中俄"两国四地"联合创新中心，开展各类创新创业活动。

14. 高端人才交流日趋频繁

广东省与黑龙江省加强两省高级人才和专业技术人员培养合作，搭建人才信息共享交流平台，鼓励双方人才合理流动。广东省对接黑龙江产业需求，做好人才项目需求信息摸查、赴黑龙江对口服务高层次人才遴选等工作，派出 2 位旅游、医疗卫生领域专家参加在漠河市开展的人社部高层次人才专家助力脱贫攻坚服务行活动。连续 3 年组织新材料、石油化工、医疗卫生、旅游等 30 多名对口领域专家人才（其中 9 名为在粤高层次人才）分别到黑龙江佳木斯、大庆和大兴安岭开展对口帮扶，助推基层破解关键核心技术难题。促成国家"千人计划"专家周广滨与佳木斯市泉林造纸公司达成项目合作，年均销售收入达 150 亿元，税收 12 亿元，带动就业超 6000 人。2017 年以来，广东省分两批组织国家和省重点人才工程入选专家、省属国企高管等 47 名高层次人才，赴黑龙江省开展交流合作暨国情研修活动。

广东省教育厅与黑龙江省教育厅签订职业教育东西协作行动计划落实协议，14 对职业教育院校建立结对关系，共建示范专业点 9 个、示范性实训基地 3 个、职教集团（或联盟）6 个，共同研发科研课题 4 个，合作开发教材 4 部，实现互派交流和培训学习 4740 人，提升了两省职业院校教学水平和人才培养能力。其中，广东农工商职业技术学院与黑龙江农业工程职业学院开展国家专业标准（"现代农业装备技术"专业）制定工作，就服务农垦、精准农业、智慧农业、热带农业装备等领域开展交流，探讨合作路径，为学校农机专业群国家高水平专业群建设提供了重要支撑。

（四）搭建平台载体，共赢发展行稳致远

15. 功能区对接积极务实

围绕推进改革创新经验复制推广和系统集成等 8 个方面展开合作，广东省帮助黑龙江省在哈尔滨自贸片区复制推广改革试点经验 167 项，黑河自贸片区复制推广试点经验 140 项，绥芬河自贸片区复制推广试点经验 125 项，联合设立创新发展研究院，开展自贸区创新发展研究，全面提升园区建设和管理水平。通过 40 余次互访交流，深圳市在哈尔滨新区推广深圳在人才引进、提升政务服务水平、融资引资等方面的经验做法，共建宝能国际经贸科技城、深哈金融科技城等多个合作项目。

16. 合作园区共建扎实开展

广东省在黑龙江省推广园区建设方面的经验与做法，输送管理团队，创新管理体制和运行机制，打造对口合作示范园区，共同建设深圳（哈尔滨）产业园等10个合作园区。深圳（哈尔滨）产业园引入深圳运营团队，"带土移植"深圳市场观念、管理理念、政策环境和创新文化，实现了对"特区基因"的深度复制，园区建设赶超"深圳速度"，成为哈尔滨市经济增长新引擎。广州—齐齐哈尔现代农业科技产业园区规划面积900万亩，2019年4月开工建设。依托哈工大机器人集团海外资源，哈工大2019年在中山翠亨新区建设哈工大机器人（中山）工业园区，从国外引进机器人与智能制造领域人才、技术、项目。七台河市与江门市共同建设的江河融合绿色智造产业园晋级为省级开发区，聚焦"煤头化尾""煤头电尾""粮头食尾""农头工尾"，引进包括投资120亿元的联顺制药等多个项目，构建多点支撑、多业并举、多元发展的产业格局。

17. 重点城市合作纵深发展

广东省安排珠三角及沿海广州、深圳、珠海等13个经济发展水平较高的城市与黑龙江省所辖的13个地市全部建立结对关系，一些地市将结对关系延伸至县区，58对县（区）开展一对一合作。结对城市间通过开展"五个一"活动，各结对城市和县（区）联系日益紧密、互动日益频繁、合作机制日益完善、合作成果日益显著。广州至齐齐哈尔"和谐夕阳号"旅游专列开通，南航广州经停大连至齐齐哈尔、珠海至黑河以及揭阳至漠河航线常态化运营。佛山力合创新中心有限公司科技创新孵化平台、中国科技开发院双鸭山孵化中心已正式运营。东莞铧为物流与牡丹江先锋物流联手打通木业运输通道，探索开通龙粤联合班列。大庆华为云数据中心极大提升了大庆市公共服务能力，引领智慧城市建设。

18. 多层次合作体系日益丰富

广东省政府部门和民间团体与黑龙江省持续开展形式多样的合作交流活动。省直对口部门之间交流合作持续深化，干部人才交流、商贸活动开展、科技创新合作已成常态化、制度化。各类商（协）会等民间社团互动交流频繁，合作层次不断深入。两省工商联形成常态化交流联系机制，广州、珠海等市工商联与齐齐哈尔、黑河等市工商联开展对接交流，广东省地产商会与黑龙江省工商联房地产商会结为友好商会。两省26个地市工商联、16个县区工商联、20余家商协会和企业开展了50余场次互访交流活动，10家县区工商联签订友好工商联协议。广东省发展研究中心与黑龙江发展研究中心联合开展对俄贸易课题研究，形成《加强龙粤优势整合大力拓展对俄经贸合作》等研究报告。合作企业数量不断增加，合作业务规模持续扩大。两省间多层次、宽范围、广领域的对口合作体系基本形成。

四、加强交流互访，人才活力充分迸发

（一）干部挂职交流制度化

广东省委、省政府高度重视两省干部人才交流培训工作。省委书记李希同志强调要通过一批又一批的干部挂职，增进交往、密切联系，要进一步加强两省人才交流合作，实现优势互补。省长马兴瑞同志要求探索建立两省干部挂职交流长效机制。广东省与黑龙江省根据对口合作需要，合理商定互派挂职干部数量，统筹做好挂职干部跟踪管理工作，确保挂职锻炼取得实效。2017 年以来，广东省共派出 30 名干部赴黑龙江省挂职，其中省级层面 3 名，市级层面 27 名；共接收黑龙江省 311 名干部到广东省挂职锻炼（厅局级干部 20 名，处级干部 174 名，处级以下干部 117 名），各接收单位（市）对黑龙江挂职干部充分信任、放手使用，为干部干事学习搭建平台、创造条件，帮助挂职干部融入工作，实现学习互鉴、交流经验。通过挂职锻炼，有效促进两省干部观念互通、思路互动、作风互鉴、办法互学。

（二）人才交流培训常态化

广东省加强与黑龙江省沟通协调，多次对接干部人才交流培训需求、商讨推进落实举措。结对城市认真落实对口合作协议或备忘录，谋划推进干部人才交流培训工作。各有关职能部门结合工作、项目，积极组织开展干部人才交流培训工作，基本形成省级统筹、地市协作、部门合作的干部人才交流培训机制。合作以来，充分发挥广东省优质教学资源优势，共接收 2546 名黑龙江省干部赴广东省参加各类培训学习。其中，黑龙江省 11 批 102 名厅级干部参加省委党校市厅级领导干部进修班专题培训，省委党校省管干部进修班、处级干部进修班、青年干部战略培训班等 16 个主体班次 553 人赴广东开展异地办学和实地考察。同时，广东省充分学习汲取黑龙江省先进理念观念，先后派出 1866 名干部赴黑龙江交流培训，组织国家和省重点人才工程入选专家、省属国企高管、高校科研院所专家学者和企业家代表等 47 名高层次人才赴黑龙江开展交流合作。干部人才通过"同学习同调研同生活"，增进相互了解，促进理念观念转变，将先进管理模式、工作方法应用到工作实际，极大提高了工作质量和效果。

（三）交流培训方式多元化

广东省与黑龙江省在干部人才交流培训合作中，坚持目标导向和问题导向，根据不同的培训对象、职能职责、专业背景，设置挂职锻炼、专题培训、插班学习、讲坛讲座、远程授课、考察见学等多样化交流培训方式。先后采取专题技能培训、高级研修、讲演讲座、技能大赛等多种形式开展 58 次各类专业人才培训，培训企业管理人员、实用性技术人才、专家学者 5134 人。华为技术有限公司为黑龙江省规模以上工业企业举办四期培训班，对 100 户企业 120 多名负责人开展战略规划、管理创新、信息化建设等培训。在广东省 2020 年企业人才培训项目中设立创业创新基地（黑龙江）专题研修班，黑龙江省 37 人参加培训，开展新冠肺炎疫情冲击下的财政政策与风险防范、"双创"服务团队的建设等专题课程，加强广东省和黑龙江省企业管理人员、"双创"基地管理人员整体业务素质和服务水平。广泛开展各领域交流学习，利用广交会、哈洽会、高交会、中俄博览会等大型会展平台，组织两省企业、商（协）会参展参会、对接考察 393 次。

五、大胆探索实践，典型经验亮点纷呈

（一）以解放思想为引领，观念转变取得新突破

广东省在与黑龙江省对口合作中，坚持以解放思想为引领，突出政府的引导、桥梁作用，着重发挥市场在资源配置中的决定性作用，通过市场化运作促进产业转移，促进资本、人才、技术等要素合理流动。通过不断解放思想，共鉴共享共通共用先进发展理念，最大程度发挥对口合作借鉴示范效应。

改革发展经验共享。深圳市积极向哈尔滨市提供"强区放权、放管服、园区建设运营、智慧交通"等改革经验做法，哈尔滨市参照出台《关于开展强区放权改革工作实施方案》，下放事权 162 项，对应下放行政编制 113 名。佛山市协助双鸭山市复制移植"一门式一网式"政府服务改革新举措，推动双鸭山市"一窗"受理系统基本建成，市、县（区）一体化网上服务平台实现与省网对接。两省工商联通过网络交流、视频交流等方式开展交流活动，工商联和商会之间通过搭建互通信息平台、定期走访平台、招商投资平台等，构筑起省、地、县（区）三级工商联、商协会、会员企业的多层次合作体系。

人才培养共同进步。2017 年以来，广东省累计接收黑龙江省 11 批 102 名厅级干部参

加省委党校市厅级领导干部进修班专题培训。接收黑龙江干部与广东省干部共同参与"习近平新时代中国特色社会主义思想研究"专题进修，有效促进两省干部观念互通、思路互动、作风互鉴、办法互学。互派干部挂职交流持续开展，干部人才交流培训日益频繁，产生了良好的效果，带动了思想解放、创新发展、能力提升，参训干部人才充分发挥桥梁纽带、参谋助手、示范带动作用，成为促进各级机关和企事业单位优化班子结构、增强队伍活力、转变工作作风、促进当地发展的坚强力量，多项学习培训成果在选派干部归属地落地转化。

营商环境持续优化。黑龙江省营商环境较合作之前大为改观。广东省发展改革委帮助支持黑龙江省信用体系建设。惠州帮助大庆借鉴该市"首席服务官"制度，并推出项目承诺制、审批代办制、驻场服务制、集中会办制、领导包保制的"五制"服务举措，打通项目推进服务"最后一公里"，"首席服务官"＋"五制"服务这一创新举措，已全部纳入《黑龙江省招商引资项目服务保障暂行办法》，在黑龙江全省范围内复制推广。

（二）以深哈园区为标杆，平台共建开创新模式

广东省在与黑龙江省对口合作中，坚持重点突破、示范带动，致力于将深圳（哈尔滨）产业园打造为标杆，通过共建对口合作示范园区，吸引优势产业集聚，探索创新管理体制、运行机制、跨地区产业合作方式，实现资源互补、利益共享。

深圳（哈尔滨）产业园成为园区共建典范。深圳市与哈尔滨市共同投资设立合资开发运营公司，注册资本 40 亿元，负责深哈园区建设运营，为规划面积 26 平方公里的深圳（哈尔滨）产业园输入深圳运营团队，在园区推广深圳行之有效的市场观念、管理理念、政策环境和创新文化，实现对"特区基因"的深度复制，园区建设赶超"深圳速度"，科创总部首期基本建成，综合展览中心投入使用。累计完成企业注册 127 家，注册资金 62.5 亿元，吸引华为、正威登世界 500 强企业共 7 家落户园区，引资 430 多亿元，成为哈尔滨市经济增长新引擎。

在深哈产业园先行先试、示范带动下，一批合作园区同步加快建设，各具特色。广州—齐齐哈尔农业合作产业园包括现代农业产业园和农业科技示范园，其中，现代农业产业园集"生产＋加工＋科技＋营销（品牌）"全产业链于一体打造粤港澳大湾区"菜篮子"基地，农业科技示范园重点共建绿色农业科技创新孵化基地。佛山市—双鸭山市合作产业园由佛山市高新区和双鸭山经济技术开发区合作共建，两市共同给予入园企业优惠政策，形成政策叠加效应，目前已有 5 家佛山企业在园区落地，项目总投资 78000 万元，同时引入深圳清华力合创业投资有限公司、中国科技开发院佛山分院分别在双鸭山建设孵化中心，深化科技合作。中山市—佳木斯市合作产业园包括 2 个园区，分别由广东大唐盛

视科技产业有限公司与佳木斯高新区创新产业基地、佳木斯天鸿孵化器科技有限公司合作共建，首个园区 2019 年 5 月启动运营，以"创业苗圃—孵化器—加速器—产业园"多层级孵化模式，提供孵化工位、联合创业空间、独立空间等多形式众创空间，打造科技企业和人才储备基地。

（三）以异地代储为重点，粮农合作形成新格局

广东省在与黑龙江省对口合作中，坚持互利共赢、突出特色，立足两省农产品产需合作巨大空间，建立农业和绿色食品长期产销对接关系，以异地代储为重点，在粮食、农业产、销、储、加方面深度合作，取得了显著成效。

异地代储合作模式获得肯定。2017 年广东省建立省级异地储备以来，驻库监管、第三方监管和省级粮食行政部门联合监管各司其职，成效显著，运作机制和合作模式不断优化。制定《广东省省级储备粮（黑龙江）异地储备合作监管办法》，异地储备监管合作在 2019 年度粮食安全省长责任制考核情况通报中获国家表扬。粮食收储、移库、轮换等任务按规范完成，在库异地储备粮数量真实、质量良好、储存安全、管理规范，安全生产零事故，合作模式受到国家粮食和物资储备局的肯定。截至 2020 年底，广东在省外异地储备约 64 万吨，其中在黑龙江省异地储备 51.65 万吨，占广东省外异地储备的 80.7%。

粮食产销良好对接。广东省近百家企业与黑龙江开展粮食贸易、订单生产等合作，"龙粮入粤"规模达到 2200 万吨。共同举办多届"金秋粮食交易暨产业合作洽谈会"和"黑龙江好粮油走进广东活动"，实现农副产品购销互补互通、产需精准对接，建立农产品直销店、体验店、专营店等 30 余家营销网点，助力黑龙江在广东省打响绿色、有机、原生态农产品品牌。

"北薯南种"树立农业合作新典范。小土豆种出大名堂，湛江市与绥化市合作"北薯南种"并升级为"稻—稻—薯"模式，采取"政府牵线搭桥、合作社自主经营、农户两地生产"的方式，实现"一年忙两季、一年有三收"，盘活两地闲置资源，既符合市场需求又实现高效生产，为两省现代农业合作生产树立了新典范。"北薯南种"的成功加快推动两省农业合作持续向纵深推进，绥化市望奎县龙薯联社、湛江市粤良种业、遂溪县一亩田农业三方合作，继续发展"稻—稻—薯"农业产业园，全面推广高效生产新模式，在雷州半岛打造多个旱坡地冬种马铃薯示范基地，并深度融合 5G、人工智能、电商销售等智慧农业手段，实现更广领域优势互补，谋求更大范围的合作共赢。

（四）以"五个一"为抓手，全面结对锻造新机制

广东省在与黑龙江省对口合作中，首创性提出由珠三角及沿海 13 个地市与黑龙江所

辖的 13 个市（地）全地域范围组成结对合作关系，以"五个一"活动为抓手，打开两省对口合作突破口，助力两省深化合作常态化。

2017 年在自愿协商一致情况下，广东省珠三角及沿海广州、深圳、珠海等 13 个市与黑龙江省所辖的 13 个地市全面建立结对关系，实现"一对一"全覆盖。广州与齐齐哈尔、深圳与哈尔滨、珠海与黑河、中山与佳木斯、东莞与牡丹江、佛山与双鸭山、惠州与大庆、江门与七台河、肇庆与鸡西、茂名与伊春、湛江与绥化、汕头与鹤岗、揭阳与大兴安岭地区建立结对关系，将对口合作工作做实做细。

结对城市间积极开展、深化"五个一"活动。2017 年首创性提出在结对城市间开展"五个一"活动（即组织一次地市间领导交流活动、推动一批地市间干部挂职交流、开展一次对口合作经贸交流会、推动一批对口合作项目落地、组织一次机关干部作风转变"龙江行·广东行"交流活动），结对城市积极对接，抓紧组织、安排相关活动，务实的工作举措有力有效地促进了起步阶段的对口合作工作。以广州市为例，2018 年与齐齐哈尔市领导先后 7 次互访交流，围绕加强对接协作、产业合作、干部交流培训等深入协商，务实推进，当年在商贸物流、医疗健康、装备制造等领域合作项目 61 个，涉及投资额 48 亿元，其中亿元以上项目 12 个。

（五）以产用结合为纽带，产业合作跃上新台阶

广东省在与黑龙江省对口合作中，把产业合作作为对口合作的支撑点和着力点，以产用结合为纽带，发挥双方比较优势，深入发掘合作潜能，不断探寻两省产业优势互补叠加的契合点，在装备制造业、新兴产业等多领域展开务实合作，不断开创对口合作新局面。

装备制造业互动发展成效明显。充分发挥黑龙江省装备制造能力优势与广东省开放型经济和市场发展优势，带动产用结合、产需对接和产业链上下游整合。广州数控与齐重数控强强联合，建立黑龙江省智能机床研究院，研发国产化重型数控机床，解决国外技术"卡脖子"问题，迈出重型数控机床国产化重要一步。中国一重为黄埔造船厂量身定做 14 套船舶关键部件，成为南北装备制造业产用结合典范。广东启帆机器人公司与中国一重合作开发齐车集团智能化柔性加工线，实现两省装备制造业"集群式作战"，形成产、研、用互促互进的发展合力。广东省能源集团与黑龙江哈电集团合作粤电大埔电厂 2×1000MW 超超临界二次再热锅炉设备项目，将成为粤东地区的骨干电源之一，助力粤港澳大湾区建设。

新兴产业合作开创新局面。充分发挥广东省创新设计优势，整合黑龙江省科技优势，促进新材料、生物医药产业对接。依托黑龙江省丰富的石墨资源，深圳中国宝安集团投资 10 亿元建设的哈尔滨万鑫石墨谷项目，成功投产国内首条碳纳米管生产线。高热通量石

墨烯基散热材料产业化、石墨新材料高端成套自动化生产设备等一大批新材料项目相继落地，呼兰石墨烯科创城、万鑫石墨谷、正威大庆石墨烯产业园等一批石墨产业园区建设稳步推进。依托黑龙江省、俄罗斯远东优质中医"北药"资源，大力发展现代医药产业，利用黑河口岸中药材试进口政策和广东省先进中药研发能力，建设粤澳合作中医药科技产业园，促进中医药人才培养、科技创新和药品研发，推动中医药走向世界。

（六）以"白皮书"为载体，宣传总结探索新路子

广东省在与黑龙江省对口合作中，注重加大宣传力度，通过编辑出版年度《对口合作工作报告》（即对口合作白皮书），系统梳理汇总对口合作年度工作情况、成效，集中体现对口合作成果，宣传总结对口合作工作，营造良好舆论氛围，引导政府部门、企业机构、社会团体等多方面力量积极参与对口合作工作。

2018年广东省率先提出编撰对口合作白皮书，年度白皮书编撰工作由两省发展改革委轮流牵头，充分体现了对口合作工作的合作性质。两省省委组织部、省发展改革委、结对城市发改部门、自贸区结对片区管委会等68家单位参与编撰工作。2019年6月，《广东省黑龙江省对口合作工作报告（2018）》由经济管理出版社成功出版发行，首印2000本，内容涵盖总报告、领域篇、地市篇、政策篇、资料篇五个篇目33章计33.3万字，全面呈现了2017年至2018年底两省开展对口合作的经验与成效。2020年8月，《黑龙江省广东省对口合作工作报告（2019）》克服新冠肺炎疫情影响如期公开出版，在总结第一本白皮书编撰出版工作经验基础上，新增案例篇，内容包括六个篇目47章近47万字，全面总结了2019年对口合作工作经验、成效和工作亮点。2020年12月，第三本年度白皮书编撰工作已正式启动，将继续发挥好白皮书宣传总结对口合作工作的载体功能。

对口合作白皮书由两省各地市、省有关单位、国家及省级图书馆等社会各界存阅，广泛宣传对口合作，营造良好舆论氛围，起到了很好的总结推广作用和示范宣传效应，通过各界广泛参与，两省对口合作相关部门增进了全面了解，互相学习共同促进，总结经验推动工作，为下一步对口合作工作明确了方向。2019年6月，广东、黑龙江两省联合编辑出版的对口合作白皮书获得了时任国家发展改革委副主任罗文同志的高度肯定。

六、科学统筹谋划，推动合作纵深发展

下一步对口合作工作的总体思路：在总结对口合作阶段性工作基础上，面向全面建设

社会主义现代化国家新征程，准确理解和把握合作发展的新形势新目标新任务新要求，按照国家统一部署和国家发展改革委有关要求，进一步提高政治站位，坚持以习近平新时代中国特色社会主义思想为指导，紧扣高质量发展，进一步加强粤港澳大湾区和深圳先行示范区建设、东北老工业基地振兴等重大战略对接，统筹做好疫情防控与对口合作工作。以产业园区合作共建为抓手，加快重点平台建设；以产业合作为重点，进一步巩固深化结对城市合作；以重点任务为主线，务实推进两省产业合作；以干部人才交流培养为纽带，持续推进改革经验共享。力争通过两省合作，为黑龙江实现高质量发展和全面振兴东北老工业基地做出广东贡献。

（一）精心谋划，做好重大战略对接

主动融入以国内大循环为主体、国内国际双循环相互促进的新发展格局。继续加强与黑龙江省对接，准确理解和把握开启全面建设社会主义现代化国家新征程下合作发展的新形势、新目标和新任务，找准两省在新发展格局中的战略定位和比较优势，把对口合作工作放在东北振兴战略、粤港澳大湾区战略、深圳社会主义先行示范区战略和区域协调发展战略中系统谋划，做好东北振兴与粤港澳大湾区两大战略对接，抓好各项重点工作任务的落实，努力取得更多务实成效，精心谋划下阶段对口合作工作，力争两省对口合作走在全国前列。

（二）巩固深化，持续开展交流培训

进一步加强与黑龙江沟通对接，合理商定互派干部挂职数量、层级，严格按照中组部关于规范挂职工作要求，组织开展挂职交流工作。结合主体班次培训计划，继续接收黑龙江省干部到广东各级党校干部进修班培训，促进干部观念互通、思路互动、作风互鉴、办法互学。

（三）统筹协调，推动重点项目落实

进一步完善项目推进协调机制和督导机制，与黑龙江共同推进两省领导见证签约的26个合作重点项目建设。加强项目跟踪落实工作，及时掌握项目建设进展。强化调研和监督督导，及时研究解决项目实施过程中存在的困难和问题。

（四）探索创新，加快重点平台建设

以园区合作共建为抓手，进一步深化两省国家级新区、自贸试验区、国家级经济技术开发区、国家高新技术产业开发区等功能区合作。推动深圳（哈尔滨）产业园等合作园区加快建设，总结推广合作园区建设经验，进一步创新园区共建管理体制和运行机制。协助黑龙江引入广东园区管理团队，复制广东园区建设运营管理方式。协助黑龙江开展招商引资，推动广东电子信息、生物医药、高端装备、家电等龙头企业到园区投资，努力把园区共建打造成为两省对口合作新阶段的新亮点。

（五）深入拓展，扩大重点城市合作

进一步巩固深化13对结对城市合作，继续深入开展"五个一"活动，进一步挖掘合作潜力，不断拓展合作深度和广度，全方位提升合作质效。深入拓展13对城市结对关系外企业合作，协调跨结对关系企业合作项目推进工作，促使双方优势资源对接最佳化。非结对城市间可按照"政府搭台、社会参与，优势互补、合作共赢，市场运作、法制保障"原则，积极探索拓展开展形式多样的合作交流，以产业合作为重点，综合考虑合作方资源禀赋、产业基础、发展水平以及合作现状等因素，支持企业统筹调配合作资源，使合作各方共同受益，力争合作综合效果最大化。鼓励非结对城市企业、商协会、民间组织等社会团体，按照市场运作原则开展各种形式合作。

（六）高质发展，提升产业合作水平

结合两省比较优势，产业合作进一步聚焦农业、装备制造业和文化旅游业，务实开展产业合作。围绕高质量构建现代农业产业体系，深度挖掘两省产需供销互补合作潜力，进一步提升农业和绿色食品产业合作水平，引导广东农业企业到黑龙江建设特色农产品加工基地，助力更多的黑龙江特色农副产品进入粤港澳大湾区市场。围绕打造先进制造业优势产业集群，全面融合两省制造能力和市场技术优势，进一步促进产用结合、产需对接和产业链上下游整合，推动黑龙江电力装备、高档数控机床、汽车装备等装备制造优势企业落户广东先进装备制造基地。围绕全域旅游发展战略，持续挖掘南北文旅差异化合作潜力，深化两省客源互送共享机制，整合黑龙江冰雪、森林、湿地等生态资源和广东亚热带风光、滨海旅游资源，引导社会资本开发互为旅游目的地的特色旅游产品，深度打造"寒来暑往"特色文旅品牌。

黑龙江省与广东省对口合作工作
总结评估报告
（2017~2020 年）

黑龙江省发展和改革委员会

根据国家发展改革委办公厅《关于印发东北地区与东部地区部分省市对口工作评估办法（试行）的通知》（发改振兴〔2020〕752 号）要求，按照《东北地区与东部地区部分省市对口合作工作评估办法（试行）》，对照《东北地区与东部部分省市对口合作工作方案》和《黑龙江省与广东省对口合作实施方案》，对黑龙江省与广东省对口合作四年来的相关工作进行了总结评估，做以下报告。

一、合作总体情况

（一）高位推动对口合作高起点开展

1. 政治站位高

对口合作是以习近平同志为核心的党中央作出的重大战略部署。2018 年 9 月 28 日，习近平总书记在深入推进东北振兴座谈会上的重要讲话中强调，"要以东北地区与东部地区对口合作为依托，深入推进东北振兴与京津冀协同发展、长江经济带发展、粤港澳大湾区建设等国家重大战略的对接和交流合作，使南北互动起来"。黑龙江省始终站在贯彻习近平总书记重要讲话精神、落实党中央和国务院决策部署的政治高度，把对口合作作为党中央交给龙江的重要政治任务，作为全面振兴全方位振兴的重要实践举措，作为乘势而上谋发展的重大历史机遇，纳入全省重要工作日程，统筹部署，精心组织，全力推动。2017

年12月17日，省委书记张庆伟率包括省长和省级分管领导在内的党政代表团赴广东，与广东省委书记李希、省长马兴瑞共同召开两省第一次对口合作座谈会，专题研究合作实施方案，双方就贯彻落实党中央、国务院对口合作决策部署，确定两省对口合作目标方向和重点任务达成高度共识。广东省省长马兴瑞先后两次带队赴黑龙江省，与省委、省政府主要领导研究推进合作工作。时任省长王文涛带领省直机关和市（地）多名主要领导赴广东调研考察，推动思想解放，学习广东先进理念经验。此外，两省党委、政府、政协先后20次组成省级专题考察团，调研分析农业发展、自贸区建设、对外开放、合作项目实施等专项合作工作，为对口合作全方位展开提供了有力支撑和坚强保障。

2. 任务要求实

在国家发展改革委的指导下，深入学习领会国务院办公厅关于《东北地区与东部地区部分省市对口合作工作方案》，全面掌握对口合作的指导思想、基本原则、主要目标、重点任务、保障措施，在此基础上，会同广东省编制了《黑龙江省与广东省对口合作实施方案》，并获国家发改委批准。确定了"政府搭台、社会参与，优势互补、合作共赢，市场运作、法制保障"的合作原则，提出18项重点合作任务，制定了7项保障措施，确保合作顺利开展。认真学习贯彻国家发改委在吉林延边召开的对口合作工作座谈会的讲话精神，并在会议上做了交流发言。按照国家发改委部署，在第十二届中国—东北亚博览会上，举办了"龙粤深哈"两省两市对口合作成果展，胡春华副总理视察展厅，并对两省合作工作给予了肯定。按照国家发改委安排，两省发改委在合肥签订了《黑龙江省精准承接广东省产业转移框架协议》，全面推进哈尔滨新区精准承接深圳市产业转移。

3. 方向目标明

合作伊始，双方就确定了2017～2020年合作总体目标，即建立横向联动、纵向衔接、定期会商、运转高效的工作机制，构建政府、企业、研究机构和其他社会力量广泛参与的多层次、宽范围、广领域的合作体系，形成常态化干部交流学习和人才教育培训机制，在黑龙江省加快推广一批广东省行之有效的改革创新举措，共建一批产业合作园区等重大合作平台，建设一批标志性跨区域合作项目，形成一套相对完整的对口合作政策体系和保障措施。两省以制度创新和产业合作作为对口合作的双轮驱动，突出产业合作的核心地位，逐年提出"双三""双四""双五"的可量化的阶段性目标任务，推动产业合作目标渐次实现。

（二）圆满实现总体合作目标

4. 建立健全运转高效的对口合作工作机制

分别成立了以省委副书记、省长为组长的对口合作工作领导小组，将所属13个市（地）政府（行署）和17个省直部门列为成员单位，领导、组织两省合作工作。黑龙江省 13 个市（地）政府与广东省 13 个市政府建立结对关系，各结对城市均成立了以市（地）主要领导为组长的对口合作领导小组，统筹推动合作工作。两省发展改革、工信、农业等 17 对省直部门建立结对关系，指导本领域合作工作开展。建立并实施了省级领导定期会晤制度、领导小组工作会议制度、编撰年度工作报告制度、制定年度重点工作计划制度、工作协调和信息沟通制度、工作台账管理制度、经常性工作会商制度等工作机制，确保合作有序高效开展。目前，横向联动、纵向衔接、定期会商、运转高效的工作机制全面形成，省市两级工作合力愈加凝聚，合作工作推进扎实有序。

5. 扎实构建多层次全方位合作体系

双方跨省产业协同发展、错位发展、互补发展效果逐渐显现。中国一重、哈电、齐车等大型国有企业在大湾区业务链拓展，龙江建投等七大省属企业与广东企业签订了战略合作协议。两省民间投资蓬勃发展，共有 42 个市县工商联、20 余家商（协）会或行业协会建立合作关系。多所高校院所建立了教学、科研、人才培养合作关系。通过哈洽会、中俄博览会、绿博会、粮交会、广交会、文博会、高交会、冰雪节、旅游节等展会平台，开展了丰富多彩的经贸、文旅、人力资源等领域交流活动。政府、企业、研究机构和其他社会力量广泛参与的多层次、宽范围、广领域的合作体系已经形成。

6. 全面开启常态化干部学习和人才教育培训

黑龙江省高度重视干部人才交流培训，既将其作为开展对口合作的重要内容，又将其作为取得合作实效的重要保障。两省组织部门、结对市县区政府、机关单位、高校院所、商协会、企业之间建立了学习交流机制，以解放思想、提升能力、学以致用、带动示范为目标的学习培训已成常态化，合作以来，通过挂职锻炼、专题培训、插班学习、高级研修等方式，两省先后组织各类培训交流 108 次，近万人参训。参加培训人员更新了观念，学到了知识，带回了经验，成为改革创新的中坚力量。

7. 系统推广一批广东省行之有效的改革创新举措

落实两省签订的《共同开展高质量营商环境建设合作备忘录》，全面借鉴广东省政务服务能力、大数据建设、社会信用、投资项目促进的成功经验，采取复制与创新相结合的方式，紧扣加快转变政府职能、优化投资营商环境、推动改革创新，先后出台了 102 项法规、政策和举措，持续打造市场化、法治化、国际化营商环境。

8. 倾力打造一批重大合作平台

全面借鉴广东省各类功能区建设发展经验，引进广东先进经营管理理念和优秀管理团队，以体制机制创新为核心，推动哈尔滨新区、黑龙江自贸区和各类功能区高标准建设取得突破，走出共赢发展新路。共同建设的深圳（哈尔滨）产业园成为合作开展"飞地经济"的样板工程，正威新一代材料技术产业园成为龙江打造新材料完整产业链的扛鼎之作，江河融合绿色智造产业园成为联顺制药等超百亿项目的优质载体。

9. 着力建设一批标志性跨区域合作项目

突出产业合作核心地位，将龙江雄厚的装备制造、农牧资源、矿产资源、生态资源、科研和人才优势与广东先进的市场、资金、技术、设计、物流优势有机衔接，重点加强在高端装备制造业、新兴产业、农业和绿色食品产业、现代服务业、文旅康养等多领域展开务实合作，着力增创新优势、培育新动能、发展新经济，优化产业结构，推动产业基础高级化和产业链现代化，打造先进制造业优势产业集群，提升产业链供应链稳定性和竞争力，提升发展质量和效益。两省合作项目达到461个，计划投资4715亿元（含地产类企业参与的合作项目），在如期完成"双四"目标的基础上，正在向"双五"目标迈进。

10. 探索形成一套较为完整的对口合作政策体系和保障措施

《中共中央　国务院关于支持东北地区深化改革创新推动高质量发展的意见》要求要以对口合作为依托，深入推进龙江振兴与粤港澳大湾区建设等国家重大战略的对接和交流合作。国家"十四五"规划中明确要求深化东北地区与东部地区对口合作。国家持续在改革创新先行先试、精准承接产业转移、开展跨地区耕地占补平衡等重点领域加大对合作省份的政策支持和保障力度。黑龙江省省委十二届八次全会要求龙粤深哈合作取得突破性进展，并将其作为专篇列入黑龙江省"十四五"规划。把重点合作项目列入省"百大项目"，支持项目加快建设。先后推出了合作项目土地资金保障、粮食异地存储、省际旅游补贴、项目审批等一系列支持政策。通过"一会三函"的合作项目审批绿色通道，宾县长青生物质热电联产项目3小时获省发改委审批通过，创造了黑龙江省项目审批最短用时纪录。13对结对城市纷纷出台项目建设用地、贷款贴息补贴、收费优惠等一系列促进合作的政策措施，支持合作项目实施，实施"首席服务官制"，提供"保姆式"服务。

二、合作取得的成效

（一）强化交流，干部人才合作成果丰硕

两省领导多次研究、部署干部人才交流培训相关工作，强化顶层设计、明晰工作方向、细化具体措施，推动干部人才交流培训取得实效。在省委组织部的统一组织和指导下，各市（地）和省直有关部门积极主动与结对单位对接沟通，签订交流培训协议，制定方案、计划，合理有序安排交流培训工作。

1. 骨干干部挂职锻炼制度化

两省领导高度重视干部挂职，广东省委书记李希强调，通过一批又一批的干部挂职，增进交往、密切联系。黑龙江省委书记张庆伟亲自审定干部挂职方案和名单，要求选派"精兵强将"赴广东"求学取经"，以"学"字为先，通过挂职锻炼真正达到更新观念、开阔眼界、锻炼成长的目的。两省互派341名干部挂职锻炼，选派的挂职干部均为本部门或本地区的优秀骨干干部，哈尔滨市两批20名赴深圳挂职干部中，正局级党政"一把手"就有17人。各接收单位高度重视、精心安排，给挂职干部交任务、压担子，有意识安排他们参与重大问题决策和重点工作组织实施，最大程度给挂职干部创造学习锻炼的机会和平台。挂职干部带着使者的责任、学习的渴望、合作的愿望走进广东，学习广东干部身上敢闯敢试的开拓精神、放眼全球的国际视野、精益求精的工匠精神、务实高效的工作作风和尊商重商的服务理念，带回了经验、信息、项目和深厚的友谊，为两省播下了精诚合作的火种。目前，多数挂职干部已经走上主要领导岗位，成为龙江改革创新的排头兵。

2. 优秀干部交流培训常态化

积极开展两省干部交流，已派出2546名干部赴广东参加各类培训学习。组织"插班"学习，按照两省关于干部教育培训对口合作有关意见，充分利用广东省委党校优质教学资源，从2017年下半年开始，分11批选派100名省直部门、市（地）、省属企业省管干部，参加广东省委党校主体班插班学习。开展异地进修学习，组织省委党校省管干部进修班、处级干部进修班、青年干部战略培训班、县（市、区）长培训班等16个主体班次、553人赴广东开展异地办学和实地考察。开展专题培训学习，先后赴广东省举办深化改革推动高质量发展、提升科研院所创新发展能力、科技创新型民营企业转型升级、推进"一窗四区"建设、提升科技创新能力、省属企业领导人员能力提升等7期专题培训班，培训干部321人。开展结对嵌入学习，结对城市间通过形式多样的交流学习活动，培训干部1562人。广大参训干部更新了观念，拓宽了思路，提升了实战能力，起到了显著的示范引领作用。

3. 专业人才互动学习经常化

广泛开展专业培训，坚持"走出去"和"请进来"相结合，采取专题技能培训、高级研修、讲演讲座、技能大赛等多种形式开展58次各类专业人才培训，共培训企业管理人员、实用性技术人才、专家学者5134人。华为技术有限公司为黑龙江省规模以上工业企业举办四期培训班，对100户企业120多名负责人开展战略规划、管理创新、信息化建设等培训，有力提升受训者管理能力，起到显著的示范性和带动性作用。大力开展交流学习，组织两省企业、商（协）会利用各类展览展会，开展对接考察393次，通过交流合作，展示了两省合作成果，签约了一批产业项目，树立了龙粤携手合作的良好形象。

（二）理念为先，体制机制创新合作取得明显成效

4. 以行政管理体制改革为抓手，塑造发展新环境

全方位对标对表广东创新发展经验，用广东之"石"攻龙江之"玉"。完善体制机制，制定了《黑龙江省优化营商环境条例》，发布了《关于重塑营商新环境的意见》，出台了包括营商环境监督办法、招商引资项目服务保障暂行办法在内的7方面62项规章政策文件，营商环境制度体系不断优化。深化改革创新，深哈产业园"带土移植"深圳市招投标评定分离、M0用地等10余项政策，显著提高了土地使用效率。哈尔滨新区对标"深圳效率"，实施"承诺即开工、办照即营业、一枚印章管审批、一支队伍管执法"，并在全省推广，有效提升了行政服务效能。优化政务服务，大力推进简政放权，实施"最多跑一次""一窗受理"，打造"办事不求人"政务服务品牌，省级行政权力事项由2889项压减至1025项，企业开办压减至3个工作日以内，工程建设项目审批压减至90天以内。

5. 以深化国有企业改革为先导，增创发展新优势

黑龙江省与广东省签订了《国有企业战略合作框架协议》，在资本投资运营平台建设和国有企业混合所有制改革等方面开展全方位深度合作。广东省交易控股集团的交e汇系统与黑龙江联交所项目发布实现实时对接，走出了合作探索国有资产市场化运作平台建设的第一步。共同组建了注册资本39.4亿元的深哈投资开发有限公司，开辟了跨省国企合作新途径。积极引入广东战略投资者参与黑龙江省国企混改，哈西集团携手深圳中国燃气集团共同出资实施了"天然气冷热电三联动"分布式项目，深圳玉禾田集团入股哈地铁集团。

6. 以民营经济加速壮大为支撑，培育发展新动能

加强两省民营经济发展经验交流，加快完善黑龙江省民营经济发展的政策环境、市场环境、创新环境，着力构建"亲""清"新型政商关系，吸引广东民营企业赴黑龙江投资兴业。制定支持政策，出台了《关于进一步支持民营经济高质量发展的意见》等一系列支持民营经济发展的政策举措，以广东省民营经济培育方式为模板，鼓励、支持、引导非公有制经济发展，为非公有制经济营造良好环境，为企业健康成长、实现创新发展提供更多机会。中国平安集团董事长谢永林表示：在龙江感受到了热火朝天的建设场面和日益改善的营商环境，看到了明显变化，这里已经成为竞相投资的热土。强化交流对接，各类商（协）会和民营团体交往日趋频繁，为两省民营企业增进了解、互学互鉴、挖掘商机搭建了平台。黑龙江省优选涉及交通、教育等9大领域，总投资近千亿元PPP项目50余个，在广东相关门户网站发布推介，鼓励广东社会资本参与投资运营，成功吸引广东省企业到

黑河黑龙江大桥桥头区共同设立珠三角对口合作示范区，现已完成选址，吸引电子信息、生物医药、装备制造、绿色食品加工等优势产业集聚。推动项目落地，广东省民企赴黑龙江省投资日趋增多，截至目前，在对口合作项目中，民营企业项目346个，占总项目数的75.1%，计划总投资4071.33亿元，2020年完成投资206亿元，强力助推黑龙江省民营经济实现正增长。

7. 以扩大对内对外开放为牵引，构建发展新格局

两省充分发挥区位优势，并肩融入"一带一路"建设，共同参与中蒙俄经济走廊和粤港澳大湾区建设。联合拓展对外开放空间，广东省正式加入黑龙江省与俄罗斯毗邻五边区（州）省长定期会晤机制，联手拓展与俄罗斯远东地区的交流合作，并作为主宾省参加第六届中国—俄罗斯博览会。黑龙江省联合广东省与俄罗斯经济发展部共同主办了中俄地方合作论坛，召开了中国（广东、黑龙江）—俄罗斯（远东）经贸合作圆桌会议，搭建三方经贸合作交流平台，打通"背靠广东，立足龙江，面向远东，辐射东北亚"的国际国内循环网络。两省对俄贸易额由2017年的1241.99亿元增长到2019年的1957.10亿元，增长58%。联手开展国际合作，广东—独联体国际科技合作联盟在大庆设立分中心，开展教育、科研、人才资源等领域合作。牡丹江市工商联、东莞市工商联和俄罗斯乌里扬诺夫斯克经济开发区签订《三方贸易促进合作协议》，已实现4000万元商品采购业务。黑龙江企业积极参与粤港澳大湾区建设，哈电集团与广东省能源集团合作的粤电大埔电厂2×1000MW超超临界二次再热锅炉设备项目，将成为粤东地区的骨干电源之一。黑龙江省建投集团建设的怀集至阳江港、广明、广佛肇等高速公路工程部分项目，加快了大湾区公路交通运输承载能力提升。

8. 以先进理念互通共享为驱动，催生发展新活力

开展"黑龙江省解放思想推动高质量发展大讨论"活动，借鉴"敢为人先、务实进取、开放兼容、敬业奉献"的广东精神，推动思想再解放、改革再深入、工作再落实。开展"解放思想广东行"专题活动，学习广东人"杀出一条血路"的勇气和创新驱动的战略之举，在补齐"四个短板"、解决"三偏"上发力，增强机遇意识、市场意识、法治意识、创新意识、服务意识，从思想观念破题，激发和生成新时代龙江高质量发展的内生动力，坚定全面振兴、全方位振兴的信心和决心。

（三）产业为纲，结构调整合作步伐加快

黑龙江省把产业合作作为对口合作的支撑点和着力点，发挥双方比较优势，不断探寻两省产业互补的契合点，深入发掘合作潜能，着力优化产业结构，推动高质量发展。

9. 贯通产学研用体系，促进装备制造业提档升级

黑龙江省积极推动省内装备优势制造能力与广东省开放型经济和市场的发展优势相对接，促进装备制造产业互动发展，带动产用结合、产需对接和产业链上下游整合，深化工业和信息化领域合作，推动黑龙江省装备制造业转型升级。老字号国企合作迈出新步伐，齐重数控与广州数控强强联合，共同致力于基于国产数控系统的高端重型机床的研发与制造，并在航空航天、造船、军工、能源等重点行业进行规模化应用，解决国外技术"卡脖子"问题，对国民经济发展与国防建设具有重大战略意义，龙粤双方高度重视这一合作项目，马兴瑞省长在现场考察期间，当场做出该项目享受广东省科技创新相关政策和资金支持的重要决定，为两省协力开启重型数控机床国产化进程提供了坚强支撑。中国一重为黄埔造船厂量身定做14套船舶关键部件，成为了南北装备制造业产用结合典范。中国一重与广东启帆机器人公司合作开发齐车集团智能化柔性加工线，实现两省装备制造业"集群式作战"，形成产、研、用互促互进的发展合力。新合作项目纷纷落地，海能达、海邻科等广东企业相继在黑龙江省设立研发制造基地，军民两用（重型直升机、大型舰艇）高精度变速箱生产基地、高速动车组闸片生产研发等一批装备制造业项目落地，总投资约80亿元的"哈工大智能装备产业园"项目落户广东中山。

10. 匹配技术资源要素，助力新兴产业整合集聚

充分整合黑龙江省科技优势与广东省创新设计优势，促进新材料、生物医药、机器人和"互联网＋"产业对接，形成协同放大效应，培育壮大新兴产业集群。做大做强新材料产业，依托黑龙江省丰富的石墨资源，以哈尔滨新区万鑫石墨谷、呼兰石墨烯科创城等一批石墨产业园区为平台载体，碳纳米管粉体材料生产线、高热通量石墨烯基散热材料产业化、石墨烯微片制备与应用、石墨新材料高端成套自动化生产设备等一大批石墨新材料项目相继落地，形成了集提纯、加工、研发、应用于一体的石墨产业链，助力培育千亿级石墨产业。投资150亿元的正威哈尔滨新一代材料技术产业园，依托黑龙江资源禀赋、产业基础和科研优势，正在建设世界最大单体铜基材料生产车间，打造集特色新材料、新一代电子信息、高端装备制造等领域上下游产业研发、生产于一体的完整产业链为主导的高科技产业园区，巩固行业领军企业地位，同时利用集团在人才、资源、理念、技术等方面的优势，与哈尔滨市开展全方位、多领域的合作。大力发展数字经济，华为公司在哈尔滨开展"智慧供热"取得成果的基础上，与哈尔滨市共同签署《新型智慧城市（冰城智能体）战略合作协议》，双方在加强云服务、人工智能、第5代移动通信等数字技术的基础设施建设和场景化应用开展合作，推动哈尔滨数字经济持续加速发展。华为公司与哈尔滨工业大学签订了战略合作协议，双方在联合科研创新、人才培养、智慧校园建设方面合作不断深入。全省各地积极引入广东省电商发展理念，大力发展"互联网＋"新型业态，

推动中俄"网上丝绸之路"电子商务经济合作试验区建设，黑河市、珠海市联手与俄罗斯"俄速通"开展跨境电商平台合作，为客户提供海外仓储租赁及代运营、境内外清（转）关、境外本地配送服务、国际（国内）运力资源获取及运输等服务。因地制宜发展生物医药产业，依托黑龙江省和俄罗斯远东优质中医"北药"资源，大力发展现代医药产业，利用黑河口岸中药材试进口政策和广东先进中药研发能力，建设了中医药科技产业园，促进中医药人才培养、科技创新和药品研发，推动中医药走向世界。广东中瑞医药股份有限公司在哈尔滨市投资 6 亿元，建成全国首家血液制品应急储备中心和重症急救药物产业基地急救药物中心，成为全国首家省应对疫情指挥部指定新冠肺炎疫情治疗药物供应企业。中瑞医药始终把保障人民生命健康放在第一位，服务生命健康最高点，促进龙粤经济高质量发展。黑龙江中医药大学与华润三九医药股份有限公司签署战略发展框架协议，双方将在中药材产业基地建设、中药材质量标准研究、龙江中药饮片品牌打造、中药配方颗粒省级标准制定、制剂中心建设、科研成果转化、中药新药及健康产品开发、名老中医诊疗机构建设、中医药人才培养等方面开展深度合作。广州医药集团在黑龙江省建设了多个原材料采购基地，"北药"产品品牌竞争力持续增强。

11. 对接产销供需市场，推动农业和绿色食品产业做大做强

立足两省农产品产需合作巨大空间，建立了农业和绿色食品长期产销对接关系，在粮食异地储存、精深加工、绿色食品产业发展方面深度合作，助力黑龙江省加快农业强省建设。粮食异地储备成效显著，两省签订了《粮食安全战略合作框架协议》《异地粮食储备合作协议》《异地储备合作监管办法》，深化粮食安全合作，探索销售区在生产区建立异地粮食储备的长效机制，截至 2020 年底，广东省异地储备粮黑龙江在储量 51.65 万吨，占广东省粮食异地储备总量的 80.7%，在粮食安全省长责任制考核中受到国家表扬。农产品产销硕果累累，两省签订了《关于共同推进"黑龙江好粮油"走进广东的合作协议》，共同主办金秋粮食交易会、产业合作洽谈会、好粮油广东行等 10 余次粮食产销对接活动，建立农产品直销店、体验店、专营店等 30 余家营销网点，在粤打响寒地黑土、绿色有机、非转基因农产品品牌，开展合作以来，"龙粮入粤"规模达到 2200 万吨。农业产业合作稳步推进，广东省推动黑龙江省"粮头食尾""农头工尾"产业发展，支持星湖科技公司整体搬迁至肇东市，得到中央预算内资金 1700 万元支持，目前，肇东星湖生物科技产业园已经投产，可实现年精深加工玉米量 36 万吨，成为当地粮食加工龙头企业，标志着本已停工多年的肇东淀粉厂涅槃重生、活力再现，是两省合作处置"僵尸企业"的开山之作和典范工程，极大地促进了肇东市精准承接产业转移和现代农业产业化升级步伐。成功引进上市企业温氏食品集团在北安市建设年产 50 万头生猪养殖基地，采取"公司＋农户＋客户"养殖模式，促进养殖业产业化、现代化，带动农民脱贫致富。绥化望

奎县在湛江遂溪县成功实施"稻—稻—薯"种植项目的种植规模扩大到1.3万亩，产生良好示范作用，吸引百余家黑龙江农民合作社与种植大户到雷州半岛建立示范基地，广东省长马兴瑞对此项目做出批示，推动在广东全省推广，并投入资金400万元给予支持，有效促进了两省间生产要素合理流动，开创南北农业合作新模式。

12. 衔接金融物流通道，促进生产性服务业发展壮大

突出大湾区全国金融物流中心地位和黑龙江省对俄开放合作枢纽站作用，推动两省在银行、证券、保险、基金、配送仓储、跨境运输等生产性服务业领域开展深度合作，为两省实体经济发展提供支撑。推动企业上市融资，积极利用深交所、港交所等融资平台的优势吸引力，推动黑龙江省优秀企业运用资本市场做大做强，中国飞鹤在香港上市，成为港交所历史上首发市值最大的乳品企业，广联航空成为创业板注册制改革后东北地区首家上市企业，垦丰种业等3家企业接受上市审核，科能熔敷等3家企业也在积极筹备上市。深交所黑龙江基地正式落户哈尔滨，全力推动资本市场赋能龙江振兴。深化金融服务合作，深哈金融科技城项目由中国平安集团、华夏幸福集团联手打造，涵盖金融服务、科技服务、智能产业、总部经济、高端商业5个领域的超级产业集群，总投资200亿元，将成为黑龙江省产城融合发展新范本，随着这一项目的开工建设，平安集团在龙江创造的就业岗位突破5万个，带动、辐射、衍生的经济效益和社会效益极为可观。广发证券在哈尔滨、大庆设立分部，深创投与哈创投合作设立黑龙江励恒红土基金、瑞恒红土基金。拓展现代物流通道，引入大湾区先进现代物流管理和经营理念，推动哈尔滨、黑河、绥芬河国家跨境电商综试区高标准、高质量、高水平发展，开创跨境物流多仓联动数据集成新模式，实现了快速联运，降低了物流成本，提升了购物体验。加强跨区域物流业合作，共同建设农产品物流配送中转仓，寒地黑土优质农产品"北菜南销"，热带瓜果、海产品"南货北运"模式运行顺利。将俄罗斯丰富木材资源和广东家具制造业优势相对接，东莞铧为物流与牡丹江先锋物流联手打通木业运输通道，探索开通龙粤联合班列。

13. 融合南北差异体验，带动文旅康养产业跨越发展

深度挖掘两省文化旅游康养资源互补互促合作潜力，实现两省客源互送共享，深化黑土文化与岭南文化交流互鉴，推动"候鸟式"旅居养老，加强健康卫生资源互补互通，形成两省文化、旅游和康养事业相互促进、共同繁荣的发展新格局。打造旅游品牌，共同实施了"南来北往，寒来暑往，常来常往"省际旅游工程，创建国内跨区域旅游合作典范。推出两省间游客景点门票优惠、住宿价格补贴等政策，鼓励互为目的地旅游。打造了"广结齐缘""花城看花"等精品文化旅游品牌，推出"乐享冰雪体验游""广州过年"等特色旅游线路，开展"百企千团万人游龙江"活动，哈尔滨—惠州、大兴安岭—揭阳、黑河—珠海航线，齐齐哈尔—广州和谐夕阳号专列相继开通，哈尔滨市政府与深圳航空公

司签署战略合作框架及补充协议，支持深航参与哈尔滨市国际航线项目。开展合作以来，两省实现旅游客源互送人数突破 2600 万。发展旅游产业，累计互推旅游合作项目 131 个，投资金额超千亿元。投资 1100 亿元的广州恒大集团"头号工程"绥化文旅康养城项目，集"多元性文化""风情式旅游""互动型养老"产业融合发展于一体，使龙江特有的"黑土文化"和绿色生态旅游资源得到空前释放，与贯彻新发展理念、构建新发展格局高度契合，成为哈大绥都市圈加速建设的先行区。以生态性、整体性、保护性为特色的横道河子小镇开发项目，也在稳步推进当中。推动文化互鉴，实施"春雨工程"，联合举办了涵盖绘画、音乐、光影艺术等领域的 15 个专题、100 余场文艺演出和文化展览活动。共同策划编导了音乐剧《木兰前传》和大型冰雪节目《冰雪的游戏》等文化作品，深化两地文化互动交流。大庆话剧团原创的经典话剧《地质师》和先锋话剧《对不起，我爱你》在深圳上演，分别从石油大庆、时尚大庆两个维度，讲述了大庆故事，展示了大庆形象，受到深圳观众广大好评，密切了两省、两市之间情感和文化交流。加强医疗合作，齐齐哈尔市第一医院挂牌成为南方医科大学附属医院，建设了基础实验室与研究中心，实现了品牌与资源整合，开创医院合作新模式，同时与广州第八人民医院合作开展远程会诊，提升诊疗水平。哈尔滨市与中兴网信公司合作的健康医疗云项目一期工程已全部完成，目前共接入 119 家各级医疗机构，采集数据 22.1 亿条，形成 694.46 万份居民电子健康档案。新冠肺炎疫情暴发后，广东省在防控任务重、防控物资紧缺、防控形势严峻的情况下，第一时间向黑龙江省伸出无私援助之手，分管省长积极沟通协调，协助黑龙江省采购口罩生产设备 67 台（套），帮助黑龙江省第一条 N95 医用口罩生产线投产，捐赠口罩 632 万只，其中，N95 口罩 5.2 万只。捐赠医用防护手套 7.5 万双、洗手液 4 万瓶、医用酒精 1.6 万瓶、医用防护服 2780 套、护目镜 1000 套、测温枪 5000 个、测温门 30 个、热成像仪 51 个、对讲机 50 台、药品 1164 瓶（盒），捐赠资金 71.6 万元，有效缓解了黑龙江省疫情防控压力，加深了龙粤亲情。推动养老服务，深哈两市共同签署《深圳市民政局与哈尔滨市民政局养老服务对口合作框架协议》，推广深圳市公建民营管理模式并已在道里区正式实施。投资 5 亿元的哈尔滨宜康养老中心项目可提供养老床位 3200 张，建设集疗养、康复、护理及市郊生态休闲旅游等多种功能为一体的养老旅游综合体。

（四）创新驱动，科研教育合作扎实推进

黑龙江省注重将粤港澳大湾区市场因素活跃、资金实力雄厚、国际信息流通的优势和龙江科研教育优势相结合，以科技创新作为经济增长的主要驱动力，整合两省科技资源，不断深化科技创新合作，全力构建两省共同的区域创新体系、信息共享平台和科技人才高地。

14. 坚持市场导向，促进科研成果转化

将黑龙江科研优势和广东省市场、资金、信息、产业优势相结合，整合两省科技产学研用资源，促进跨区域科研成果转化。培育良好政策环境，引入广东省在科技成果处置权、收益权、股权激励等方面的成熟经验，出台了《黑龙江省科技成果推广计划管理办法》《黑龙江省科技成果推广计划技术依托单位权利、职责和义务》和《黑龙江省技术转移示范机构奖励实施细则》等一系列配套政策，鼓励科技成果产业化。建立产学研究院，两省企业合作创建了万鑫石墨谷石墨（烯）新材料研究院、黑龙江省乐新石墨烯研究院、鸡西市乐新石墨新材料研发中心、深圳与哈工大特种陶瓷研究所、哈工大深圳（智合）先进材料应用研究院、黑龙江智能机床研究院、双佛绿色食品研发中心暨博士工作站、双顺智能社区居家健康养老技术研发培训中心等一大批集产学研用于一体的企业研发机构，提高科技成果产业化水平。推动校企合作，华南理工大学与建龙北满特殊钢有限责任公司合作开展"高品质模具钢关键技术研发及应用研究"项目，推动齐齐哈尔市高品质模具钢在华南市场的应用。粤港澳大湾区金属新材料产业联盟与黑龙江省金属新材料产业联盟开展合作，达成中国一重与广东技术师范大学联合开展长寿命切削刀具研制等 12 项合作意向。

15. 坚持育才聚才，深化高校院所交流合作

引导两省高校和科研院所间交流合作，鼓励高校联合办学，支持学科共建和学生联合培养。哈尔滨工业大学在深圳设立分校，目前设有 10 个学院、4 个研究院，有 8 个国家一级重点学科，在校师生 6600 人，其中硕士及博士研究生 3500 余人，已累计向华为等广东省企业输送 4000 余名优秀人才。哈尔滨工程大学凭借在船舶与海洋工程领域的优势，推动深哈两市共同筹建哈尔滨工程大学深圳海洋研究院。黑龙江省农科院耕作栽培所与华南农业大学罗锡文院士团队紧密合作，解决了寒地水稻直播栽培全苗难、早发难和除草难的主要问题，为黑龙江省水稻直播栽培技术推广应用提供有力技术支撑。深圳大学与哈尔滨市共同建立了理论经济学博士后流动站，联袂开展顶级人才输送合作。南方科技大学与哈尔滨工业大学开展工程博士联合培养项目。

16. 坚持资源共享，推动创业创新

黑龙江省学习广东省大众创业、万众创新经验，深入挖掘"双创"资源，推进"双创"建设。优化"双创"环境，出台了《黑龙江省扶持科技企业孵化器和众创空间发展政策实施细则》等政策，支持推动"双创"工作开展。广东省通过多种形式为黑龙江省培养各类孵化管理人才 300 余名，助力科技孵化市场建设。哈尔滨市借鉴深圳市技术转移人才培育经验，组织开展技术经纪人培训 600 余人次。哈深共同承办第十八届中国国际人才交流大会俄罗斯主宾国活动周，组织 78 家俄罗斯高等院校、企业机构，携 183 项科技

创新合作项目在网上设展参会。举办深圳创业创新哈工大专场赛、"双山合作，双创共赢"论坛等系列活动，促进两省"双创"交流。共建孵化基地，引入广东资金、技术、管理理念，建设了黑龙江创投孵化基地、广东黑龙江科技合作双鸭山孵化基地、牡丹江市孵化器服务创新联盟、佳木斯天鸿孵化器、齐齐哈尔创业帮孵化器、黑龙江省科技企业孵化器、大庆市科技企业孵化器等一大批科技企业孵化器，有力支撑了创业创新。深圳市四方网盈孵化器管理有限公司与黑龙江省工研院在龙岗产业园共建孵化器已正式招商运营。创业创新成果显著，东莞中科蓝海在牡丹江建设的"智能视觉创新创业中心"，吸引了一批高科技项目入驻。佳木斯高新技术创业服务中心引入广东大唐盛视理念和创新管理模式，有效融合当地企业科研优势和硬件基础优势，为两地经济提供双向互通平台。哈尔滨市与深圳市共同开展科技成果转化项目专场路演活动，哈尔滨龙声超声、博尔特新能源公司获得了风投机构 2600 万元融资支持。

17. 坚持工匠培育，强化技能人才交流培训

加强两省高级人才和专业技术人员培养合作，搭建人才信息共享交流平台，鼓励双方人才合理流动。建立职业院校结对，两省签订职业教育东西协作行动计划落实协议，14 对职业教育院校建立结对关系，共建示范专业点 9 个、示范性实训基地 3 个、职教集团（或联盟）6 个，共同研发科研课题 4 个，合作开发教材 4 部，实现互派交流和培训学习 4740 人，显著提高了两省职业院校教学水平和人才培养能力。加强人才交流，两省多次开展各类职业技能大赛，促进高水平专业技能人才培养能力。建立劳务输出对接机制，定期组织劳务人员供需对接活动，推动劳务人员合理、有序输出。

（五）集聚发展，各类载体合作取得突破

黑龙江省将平台载体建设，作为吸引产业集聚的重要支撑和高质量发展的坚强堡垒，学习广东经验做法，突出产城融合导向，培育结构完整、肌体健康的平台载体，大力发展现代化都市圈。

18. 取广东所长，功能区建设开启新局面

大力借鉴推广广东省各类功能区建设发展政策举措和经验，以体制机制创新为核心，强力推动哈尔滨新区和黑龙江自贸区高标准建设。打造"策源中心"型园区，哈尔滨新区与深圳市进行了 40 余次互访交流，持续优化营商环境，政策"洼地"效应显著，在深圳设立展示服务中心，集中展示宣传黑龙江省、哈尔滨市及哈尔滨新区。黑龙江自贸区哈尔滨、黑河、绥芬河片区分别与深圳前海蛇口、珠海横琴、广州南沙片区签署战略合作协议，建立了对口合作关系，围绕推进改革创新经验复制推广和系统集成等 8 个方面展开合作。哈尔滨自贸片区复制推广改革试点经验 167 项，先后出台了"黄金 30 条""温情 21

条""新驱 25 条"等一批优惠政策，持续优化营商环境；黑河自贸片区复制推广试点经验 140 项，携手珠海横琴自贸区设立创新发展研究院，开展自贸区创新发展研究，全面提升园区建设和管理水平；绥芬河自贸片区复制推广试点经验 125 项，推动贸易投资便利化。打造"产业转移"型园区，落实两省精准承接产业转移协议，推动哈尔滨新区承接深圳市产业转移，得到国家 1.16 亿元资金，支持基础设施建设，形成良好的承接产业转移载体，41 个与广东省合作项目落地新区，引资 1142.67 亿元，引入宝能国际经贸科技城、深哈金融科技城等多个大型合作项目，呈现出经济提速、后劲增强、人气升温的良好态势。

19. 凝龙粤智能，园区共建开创新模式

两省持续深化平台载体共建，引进广东先进经验、管理团队，创新管理体制和运行机制，全力以赴打造对口合作示范园区，共同建设了深圳（哈尔滨）产业园等 10 个合作园区，积极探索"飞地经济"新模式。打造"带土移植"型园区，规划面积 26 平方千米的深圳（哈尔滨）产业园引入深圳运营团队，"带土移植"深圳市场观念、管理理念、政策环境和创新文化，实现了对"特区基因"的深度复制，园区建设赶超"深圳速度"，科创总部首期基本建成，综合展览中心投入使用，累计完成企业注册数量 127 家，注册资金 62.5 亿元，签约 24 家企业，储备重点客户 108 家，计划投资总额约 432.8 亿元，成为哈尔滨市经济增长新引擎。七台河市与江门市共同建设的江河融合绿色智造产业园晋级为省级开发区，聚焦"五头五尾"，引进了包括投资 120 亿元的联顺制药等多个项目，构建多点支撑、多业并举、多元发展的产业格局。打造"孵化培育"型园区，哈尔滨龙岗科技创新产业园，注册企业 752 家，实体入驻企业 58 家，引进了 5 家众创空间，培育了 12 家国家高新技术企业，拥有各类自主知识产权 280 余项。2019 年入园企业实现产值约 1 亿元，纳税接近 1000 万元，汇聚各类创新创业人才近 1000 人。打造"专业产业"型园区，广东烯旺公司合资建设的黑龙江石墨烯科创城，实现石墨烯全产业链布局，规划入驻 100 家企业，将为构建黑龙江省石墨烯及周边产业集群提供核心技术支持平台、人才引进支撑和产业集聚基础，成为国内一流的石墨烯创新及产业化基地。打造"定向加工"型园区，广州—齐齐哈尔现代农业产业园依托农业资源，大力发展面向广东的订单农业。东莞市众家联绥芬河中俄木材园区，整合 800 余家东莞企业集采俄罗斯木材，促进资源优势向经济优势转变。

20. 借合作之势，城市互促发展呈现新常态

两省着力加强市（地）间深度合作，推进对口合作向纵深发展，形成上下一体多层级结对关系。黑龙江省所辖的 13 个市（地）分别与广东省 13 个市结对合作，共同制定合作实施方案、工作机制和支持政策，并将结对关系延伸至 58 对县区。通过开展"五个

一"活动，结对市县区所属部门共签订了 98 项对口合作协议，互学互鉴、项目合作取得显著效果，多层级、多方式、多部门的干部人才交流培训已经进入常态化，各结对城市县区联系日益紧密、互动日益频繁、合作机制日益完善、合作成果日益显著。

21. 汇各界合力，合作体系构建形成新格局

两省不断推动政府部门和民间团体间开展形式多样的合作交流活动。省直对口部门之间交流合作持续深化，干部人才交流、商贸活动开展、科技创新合作已成常态化、制度化。各类商（协）会等民间社团互动交流频繁，合作层次不断深入，60 余对工商联和商协会签订了合作协议，开展了 50 余场次互访交流活动，广东省发展研究中心与黑龙江发展研究中心联合开展对俄贸易课题研究，形成《加强龙粤优势整合大力拓展对俄经贸合作》等研究报告。广州碳排放权交易所与齐齐哈尔市金融工作办公室签署合作框架协议，在建设碳市场、发展绿色金融等领域开展长期合作。

三、工作感悟启示

在国家发展改革委的指导和支持下，两省对口合作实现了预期目标，达到了预期效果，成绩的取得主要依靠：

（一）始终坚持高位布局，坚定合作共赢这个主基调

必须认真贯彻落实党中央的决策部署和习近平总书记对两省的重要讲话和重要指示批示精神，全面把握对口合作工作的重大意义，始终坚持政治高站位，切实增强责任意识和使命担当，坚持用全面、辩证、长远的眼光看待形势，不断坚定发展信念，持续凝聚合作共识，顶住挑战和压力，把握优势和机遇，科学谋划布局，发挥比较优势，着力补齐短板，扭转区域各领域发展差距拉大的趋势，逐步实现两省基本公共服务均等化和相互促进、优势互补、互利共赢的发展格局，奋发有为书写新时代龙粤合作的新篇章。

（二）始终坚持解放思想，唱响高质量发展这个主旋律

必须深入学习广东省不断解放思想、锐意进取、用改革创新来解决难点问题，进而实现综合实力跨越发展的成功经验，在思想僵化、利益固化、懒政怠政、不干事不担责的发展藩篱中杀出一条血路，将改革开放进行到底，闯出一片新天地。从制度、体制、机制、政策和人文环境方面，让广东省新发展理念在龙江干部群众心中扎根，让解放思想成为新

时代东北振兴的内生动力，成为深化改革、扩大开放、创新驱动的根本保障，成为促进高质量发展的重要抓手。

（三）始终坚持市场运作，夺取资源合理配置这个主阵地

必须准确区分政府和市场在对口合作中的定位，使二者密切关联、形成合力，共同促进对口合作高水平开展。充分利用黑龙江省在优化营商环境和完善市场法制体系方面取得的最新成果，突出政府的引导、桥梁作用，积极对接广东省优质资源，杜绝盲目引入，维持公平、公正的良性竞争环境，建立良好的市场秩序，加快黑龙江省市场化进程。着重发挥市场在资源配置中的决定性作用，抓住合作机遇，带动和激发黑龙江省市场活力，通过市场化运作促进产业转移和资本、人才、技术等要素合理流动，构建健康的市场机制，形成政府搭台、企业唱戏的发展局面，确保对口合作工作顺利有效开展。

（四）始终坚持产业为主，升级重点领域合作这个主引擎

必须把产业合作摆在各项工作的核心位置，充分考虑双方资源禀赋、基础条件、产业结构、区位优势等因素，以互利共赢为产业合作的出发点和落脚点，深度分析、挖掘合作潜力，找准合作方向，突出优势互补点，深入拓展合作领域。助力打通黑龙江省经济循环堵点，提升产业链、供应链的完整性，助力扩大广东省在产业基础高级化、产业链现代化等方面的优势，提高经济质量效益和核心竞争力。在促进国内产业有序转移、优化区域产业链布局、谋划和生成重大项目和其他重点领域持续用力，紧紧围绕制造业高质量发展求进取，围绕科技创新应用求突破，围绕战略性新兴产业求提升，围绕文旅康养产业求共鸣，不断为龙粤合作拓展更为广阔的空间。

四、下步工作思路

全面贯彻党的十九届五中全会和黑龙江省委第十二届八次全会精神，全方位对标黑龙江省国民经济和社会发展第十四个五年规划和2035年远景目标，准确理解和把握合作发展的新形势、新目标和新任务，找准两省在新发展格局中的战略定位和比较优势，把对口合作工作放在东北振兴战略、粤港澳大湾区战略、深圳社会主义先行示范区战略和区域协调发展战略中系统谋划，强化组织领导，狠抓推进落实，勇于开拓创新，推动龙粤合作取得突破性进展。

（一）紧扣机制创新，持续开展干部人才交流培训

不断丰富干部人才交流培训方式，扩大受训对象范围，重点选派各级党政主要领导和部门负责同志到广东挂职锻炼，有针对性地举行各类行政岗位专题培训，组织企业管理人员、高级人才、技术骨干开展形式多样的学习交流活动，充分利用各种大型会展平台，推动经贸、文化交流合作。在学习借鉴粤港澳大湾区建设和深圳社会主义先行示范区建设创新经验中，持续更新观念、拓展视野，增强机遇意识和风险意识，准确识变、科学应变、主动求变，保持定力毅力，增强干劲韧劲，坚定龙江全面振兴、全方位振兴的信心和决心。把体制机制创新作为对口合作工作的重中之重，坚持问题和目标导向，在市场化改革、要素市场建设、营商环境优化等重点领域，加快复制推广广东行之有效的政策、措施、做法，力求学以致用，取得实效。

（二）紧扣产业升级，持续扩大产业合作规模层次

围绕高质量构建现代农业产业体系、生产体系和经营体系的目标要求，深度挖掘两省产需供销互补合作潜力，进一步提升农业和绿色食品产业合作水平。扭住"粮头食尾""农头工尾"等发力点，引进广东农业龙头企业，助力食品及农副产品精深加工成为第一支柱产业。压缩中间环节，打通农产品直销广东渠道，不断提升"龙粮入粤"和"异地存储"的规模、质量，进一步提升龙江寒地黑土、绿色有机、非转基因品牌效应，深入拓展广东市场。围绕打造先进制造业优势产业集群，全面融合两省制造能力和市场技术优势，进一步促进产用结合、产需对接和产业链上下游整合，推动黑龙江省装备制造业优化升级，重点在重型数控机床、船舶制造、直升机主要部件研发生产等领域开展深度合作。围绕大力发展战略性新兴产业，深化黑龙江省石墨新材料、生物制药、新一代信息技术、新能源等新兴产业融合，放大协同效应，助力培育一批新兴产业集群。围绕现代服务业提质扩容，提升两省金融、现代物流等生产性服务业合作层次水平，力争在跨境跨区域合作、北药开发和智慧城市建设等领域取得突破性进展。围绕全域旅游发展战略，持续挖掘南北文旅差异化合作潜力，探索建立两省客源互送共享机制，进一步利用广东融资环境、市场开发、品牌营销、消费能力优势，打造宜居宜行宜游宜养的旅游产业。

（三）紧扣科教强省，持续深化科教领域合作

继续拓展科技创新合作空间，进一步学习借鉴广东经验政策，不断完善黑龙江省科技研发和成果转化鼓励机制，深化产学研用合作，提升产业技术支撑能力和科技创新能力，推动科技成果高质量就地转化。提升两省高校和科研院所间交流合作的深度和广度，持续

推进院校共办、学科共建和学生联合培养。继续加大两省"双创"资源开发力度，吸引更多优秀的创业投资企业和创业投资管理团队来黑龙江省创业发展，深化两省企业孵化器发展合作，提升龙江孵化器育企育人机能。提高两省职业院校、科技院校结对共建水平，培养更多高质量技术人才，助力实体经济发展。

（四）紧扣模式创新，持续推进平台载体共建

深化两省国家级新区、自贸试验区、国家级经济技术开发区、国家高新技术产业开发区等功能区合作，重点推动哈尔滨新区、黑龙江自贸区高标准、高质量建设。推动深圳（哈尔滨）产业园等合作园区加快建设，提升管理经营水平，推广"飞地经济"经验和园区共建模式。提升结对城市合作深度和质量，扩大合作成果，推动结对关系继续向基层延伸，助力乡村振兴和县域经济发展。推进两省社会各界和民间团体继续高频率、多层次、大规模开展交流合作，广交朋友，密切关系，进一步深化龙粤亲情。